二十一世纪"双一流"建设系列精品教材

体育场馆经营与管理教程

杨远波　主编

西南财经大学出版社

中国·成都

图书在版编目(CIP)数据

体育场馆经营与管理教程/杨远波主编.—成都:西南财经大学出版社,
2023.11
ISBN 978-7-5504-5793-5

Ⅰ.①体…　Ⅱ.①杨…　Ⅲ.①体育场—经营管理—教材②体育馆—经营
管理—教材　Ⅳ.①G818

中国国家版本馆 CIP 数据核字(2023)第 094496 号

体育场馆经营与管理教程
TIYU CHANGGUAN JINGYING YU GUANLI JIAOCHENG

主　编　杨远波

责任编辑:林　伶
责任校对:李　琼
封面设计:墨创文化
责任印制:朱曼丽

出版发行	西南财经大学出版社(四川省成都市光华村街 55 号)
网　　址	http://cbs.swufe.edu.cn
电子邮件	bookcj@swufe.edu.cn
邮政编码	610074
电　　话	028-87353785
照　　排	四川胜翔数码印务设计有限公司
印　　刷	四川煤田地质制图印务有限责任公司
成品尺寸	185mm×260mm
印　　张	15.25
字　　数	286 千字
版　　次	2023 年 11 月第 1 版
印　　次	2023 年 11 月第 1 次印刷
书　　号	ISBN 978-7-5504-5793-5
定　　价	39.80 元

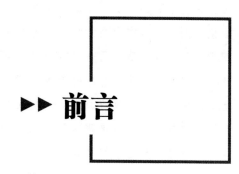

▶▶ 前言

体育场馆是进行体育锻炼和比赛的主要场所，是体育赛事运营的重要载体，也是体育产业发展的物质基础，在供给公共体育服务、构建公共体育服务体系和改善民生的进程中发挥着重要作用。体育场馆的发展规模和建设水平高低是一个国家或地区经济发展水平和社会文明程度高低的重要标志之一。随着全民健身热潮的兴起，我国体育产业得到了前所未有的发展。作为承载体育产业发展的基础，体育场馆的建设、完善和发展对整个产业的支持和推动作用显得极为重要。依据全国第七次体育场地普查数据，2019 年，我国共有体育场地 354.44 万个，其中体育场馆 637 个，体育场地面积共 29.17 亿平方米，人均体育场地面积 2.08 平方米。从产出来看，2019 年我国体育场地和设施管理总产出 2 748.9 亿元，体育场地设施建设 939.8 亿元，与 2018 年相比均有所增长。根据国家体育总局发布的《2021 年全国体育场地统计调查数据》，截至 2021 年 12 月 31 日，全国共有体育场地 397.14 万个，体育场地面积达 34.11 亿平方米，人均体育场地面积达 2.41 平方米。与 2020 年的统计数据相比，全国体育场地数量增长 6.95%，体育场地面积增长 10.07%，人均体育场地面积增长 9.55%。我国体育场馆建设进入发展平稳期，整体经营模式较为稳定，但商业化程度仍有待加深。

继教育部、国家体育总局 2017 年出台《关于推进学校体育场馆向社会开放的实施意见》后，2019 年，《体育强国建设纲要》出台，指出将体育场地设施建设列入重大工程，人均体育场地面积需达到 2.08 平方米。我国体育场馆建设和经营管理进入了一个以市场化运作为导向，充分利用各种市场化筹资渠道和方式筹集资金，鼓励社会机构参与体育场馆的经营管理活动，建立体育场馆经营管理新模式的新阶段。积极探索体育场馆建设和经营管理的新模式，努力实现体育场馆管理体制和机制的创新已成为体育场馆建设者和管理者必须面对的新课题。如何更有效地提升体育场馆经营管理、维护水平，增加经营收入，降低运营成本，已成为中国体育场馆业主、管理者、投资商最为关注的重要问题。

党的二十大报告指出："广泛开展全民健身活动，加强青少年体育工作，促进群众体育和竞技体育全面发展，加快建设体育强国"，把发展全民健身事业、开展群众体育工作摆在了更加重要的位置，提出了更加明确的要求。体育强国的基础在于群众体育，健康中国的根基在于全民健身。随着成都第 31 届世界大学生夏季运动会、杭州第 19 届亚洲运动会以及第一届全国学生（青年）运动会的胜利举办，如何提高赛后体育场馆的使用率、提升体育场馆的长效运营水平成为摆在业界面前的突出问题。因此，我们要更加主动，更加有效地把工作融入全面建设社会主义现代化伟大进程中，找准切入点和突破口，更好地展现全民健身在强国建设中的独特功能与价值。在这一进程中，体育场馆建设与运营就更有其紧迫性与重要性。

本教材是笔者在积累多年从事体育场馆的管理与经营工作经验的基础上，查阅、搜索了大量的文献资料，通过调查、整理与分析，从多学科理论的视角，较全面地介绍了我国现今体育场馆的分布状况，通过对资料的筛选与对比，客观地总结了我国体育场馆的经营管理现状。针对体育场馆的自身性质，提出应选择的经营模式，合理地运用法律法规完善体育场馆经营手段。本教材力求紧扣体育场馆运作的特征，以体育场馆的设置原理和依据为分析基础，通过对体育场馆项目的经营实务研究，来促进体育场馆经营的组织机构与人力资源管理的完善，并促使体育场馆经营管理者提高服务质量，加强对体育场馆的设备管理和安全与卫生的监督，科学利用现代管理理念来提高经营管理效率。笔者希望通过这本教材，将自己对体育场馆管理经营过程中所获得的一些启发和管理的心得与读者分享、交流、探讨，也希望本教材能给体育场馆经营管理者提供一些参考，起到抛砖引玉的作用。

本教材主体分为两大部分，经营与实务篇由蔡兴林、刘辛丹、毛艳、宋羽婷和孙巨杉老师完成，管理与实务篇由陈丛刊、付磊和沙临博老师完成，最后由杨远波教授、蔡兴林副教授统稿。本教材的撰写还得到了国家体育总局、四川省教育厅、四川省体育局、成都市体育局、四川省大学生体育协会等部门的领导和专家的大力支持，在此表示衷心的感谢！

由于时间和笔者水平有限，书中难免有不足的地方，敬请读者批评指正。

编者

2023 年 11 月于西南财经大学

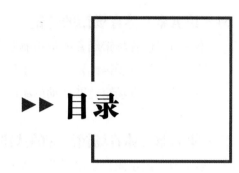

▶▶ 目录

第一篇
引　言

第一章
绪论

第一章

体育场馆的发展现状与分类

■ 学习目标

1. 了解我国体育场馆的发展现状，从总体上把握我国不同系统体育场馆的数量、分布等情况，学习体育场馆行业相关政策，明确体育场馆的建设为我国体育事业的发展发挥的重要作用。

2. 掌握体育场馆的性质和分类，结合相关案例和体育场馆介绍，认识不同划分标准下体育场馆的类型。

第一节　体育场馆的发展现状

体育场地是供人体育运动或体育比赛使用的设施统称，主要分为室内全封闭的体育场馆与室外露天或设有伸展顶棚的体育场。体育场馆和体育场在功能方面都是为人们提供锻炼和举办体育赛事的场所，在经营管理方面，体育场馆在供给公共体育服务、构建公共体育服务体系和改善民生的进程中发挥着重要作用，是体育赛事运营的重要载体。体育场馆的发展规模和水平也是一个国家或地区经济发展水平和社会文明程度的重要标志之一。党的十九大报告提出："经过长期努力，中国特色社会主义进入了新时代"，人民对日益增长的美好生活需要的不断增加。自从我国第六次场馆普查以来，体育场馆的数量和规模都发生了很大变化，涌现出一批具有与新时代健康意义相融合的功能齐全的体育场馆，为我国体育事业的蓬勃发展奠定了基础。

一、我国体育场地总体状况

根据国家体育总局发布的《2021年全国体育场地统计调查数据》，截至2021年12月31日，全国共有体育场地397.14万个，体育场地面积达34.11亿平方米，人均体育场地面积达2.41平方米。与2020年的统计数据相比，全国体育场地数量增长6.95%，体育场地面积增长10.07%，人均体育场地面积增长9.55%。

二、我国体育场馆行业相关政策汇总

体育场馆的建设对我国体育事业大发展起了重要的推动作用，党和国家所颁布的政策为体育场馆的发展提供了坚实的政策保障，从而推动了体育行业产业升级和快速发展。近年来，国务院和国家体育总局主要颁布了《关于加快发展体育产业促进体育消费的若干意见》《"健康中国2030"规划纲要》《全民健身计划（2016-2020年）》等，这些政策和文件的颁布将极大地推动体育场馆的改造与建设（见表1-1）。

表 1-1 体育场馆行业重要政策汇总

发布时间	政策	相关内容
2013年10月	《关于加强大型体育场馆运营管理改革创新 提高公共服务水平的意见》	意见指出，国家体育总局将用五年左右的时间，实现大型体育场馆规划建设更加科学，功能设计更加合理，运营能力明显加强，使用效率大幅提高，发展活力不断增强，公共体育服务水平显著提升
2014年10月	《关于加快发展体育产业促进体育消费的若干意见》	到2025年，基本建立布局合理、功能完善、门类齐全的体育产业体系，体育产业总规模超过5万亿元，人均体育场地面积达到2平方米，经常参加体育锻炼的人数达到5亿，体育公共服务基本覆盖全民
2015年1月	《体育场馆运营管理办法》	体育场馆应当在坚持公益属性和体育服务功能，保障运动队训练、体育赛事活动、全民健身等体育事业任务的前提下，按照市场化和规范化运营原则，充分挖掘场馆资源，开展多种形式的经营和服务，发展体育及相关产业，提高综合利用水平，促进社会效益和经济效益相统一

表1-1(续)

发布时间	政策	相关内容
2015 年 12 月	《关于体育场馆房产税和城镇土地使用税政策的通知》	国家机关、军队、人民团体、财政补助事业单位、居民委员会、村民委员会拥有的体育场馆,其用于体育活动的房产、土地,免征房产税和城镇土地使用税;经费自理事业单位、体育社会团体、体育基金会、体育类民办非企业单位拥有并运营管理的体育场馆,符合一定条件的,其用于体育活动的房产、土地,免征房产税和城镇土地使用税;企业拥有并运营管理的大型体育场馆,其用于体育活动的房产、土地,减半征收房产税和城镇土地使用税
2016 年 5 月	《体育发展"十三五"规划》	《全民健身计划(2016—2020 年)》有效实施,全民健身公共服务体系日趋完善,人民群众健身意识普遍增强,身体素质逐步提高。到 2020 年,经常参加锻炼的人数达到 4.35 亿,人均体育场地面积达到 1.8 平方米
2016 年 6 月	《全民健身计划(2016—2020 年)》	全民健身公共服务体系日趋完善,人民群众健身意识普遍增强,身体素质逐步提高。到 2020 年,经常参加锻炼的人数达到 4.35 亿,人均体育场地面积达到 1.8 平方米
2016 年 7 月	《体育产业发展"十三五"规划》	要在坚持改革引领、市场主导、创新驱动和协调发展的基本原则下,实现体育产业总规模超过 3 万亿元,产业增加值在国内生产总值中比重达到 1%,体育服务业增加值占比超过 30%,体育消费额占人均居民可支配收入比例超 2.5% 等目标
2016 年 10 月	《"健康中国 2030"规划纲要》	统筹建设全民健身公共设施,加强健身步道、骑行道、全民健身中心、体育公园、社区多功能运动场等场地设施建设。到 2030 年,基本建成县、乡、村三级公共体育设施网络,人均体育场地面积不低于 2.3 平方米,在城镇社区实现 15 分钟健身圈全覆盖。推行公共体育设施免费或低收费开放,确保公共体育场地设施和符合开放条件的企事业单位体育场地设施全部向社会开放。加强全民健身组织网络建设,扶持和引导基层体育社会组织发展
2016 年 10 月	《关于加快发展健身休闲产业的指导意见》	意见提出,到 2025 年,基本形成布局合理、功能完善、门类齐全的健身休闲产业发展格局,产业总规模达到 3 万亿元
2018 年 8 月	《全民健身指南》	积极鼓励全国人民参与各项有代表性的体育锻炼活动
2019 年 1 月	《进一步促进体育消费的行动计划(2019—2020 年)》	到 2020 年,人民群众的体育消费观念显著提升,体育消费习惯逐步养成,体育消费设施完善,体育消费环境优化,体育消费产品和服务供给丰富,体育消费政策健全。全国体育消费总规模达到 1.5 万亿元,人均体育消费支出占消费总支出的比重显著上升,体育消费结构更为合理

表1-1(续)

发布时间	政策	相关内容
2020 年 9 月	《国务院办公厅关于加强全民健身场地建设发展群众体育的意见》	以习近平新时代中国特色社会主义思想为指导,深入贯彻党的十九大和十九届二中、三中、四中全会精神,完善健身设施建设顶层设计,增加健身设施有效供给,补充群众身边的健身设施短板,大力开展群众体育活动,统筹推进新冠肺炎疫情防控和全民健身促进工作
2021 年 10 月	《关于推进体育公园建设的指导意见》	以习近平新时代中国特色社会主义思想为指导,全面贯彻党的十九大和十九届二中、三中、四中、五中全会精神,认真落实习近平总书记关于体育工作的重要论述,坚定不移贯彻新发展理念,坚持以人民为中心,深入实施全民健身国家战略,聚焦群众"健身去哪儿"的问题,扩大公益性、基础性全民健身服务供给,坚持系统观念,以绿色生态为引领,处理好公园风貌与健身设施之间的关系,推动健身设施同自然景观和谐相融,打造绿色便捷的全民健身新载体

第二节 体育场馆的性质与分类

一、体育场馆的性质

客观地讲,体育场馆就是为各种体育活动提供的场所或空间,其本质就是为体育运动的开展按照一定标准建设的户外或室内专用场地。在某些方面,比如经营方面,体育场馆与宾馆的经营有相似的地方,其共同点就是为需要的人提供特定的空间和服务。

在进入市场化经营之前,体育场馆一般都是作为一般公共设施建设的,它是由政府、公司或私人捐助建设的,但其是面向所有人的公益设施。这一点又与图书馆有相似之处。

在进入市场化经营后,体育场馆就不再属于一般公共设施了。很多经营性体育场馆都是为了获得经济利益而存在的,是非公益性的。

在国外,很多体育场馆都是经营性的。这与其国家的经济体制及社会制度有密切关系。

在我国,体育场馆一般都属于公益性的,主要由政府投资建设。但是,随着我国市场化进程的加快以及体育的社会化、产业化发展,体育场馆也逐渐走上市场化经营的道路。

二、体育场馆的分类

关于体育场馆的分类，至今都没有统一的意见。按照不同的划分标准，有不同的类型。一般说来，体育场馆大致可以分为以下几类：

（一）以体育场馆投资主体为划分标准的分类

从体育场馆的投资主体来看，体育场馆可分为国有、集体、个体、外资（含中外合资）、其他。在这些体育场馆中，我国国有体育场馆占有相当大的比重，超过了2/3，但前文已经说明我国体育场馆的产权性质已呈多元化状态，标志着体育场馆建设从纯政府事业化开始向着社会化方向转移。

国外大型体育场馆的前期资金投入由中央和地方政府承担，这是因为修建体育场馆被视为政府的一项责任和义务，是对纳税人生活权利的尊重和保护。另外，体育场馆投资属基础性投资，具有投资规模大、回收期长的特点，较难吸引社会和个人资金。国外体育场馆投资建设的程序通常是：由政府体育管理职能部门或国家奥委会按照城市建筑规划制定总体发展设想和体育场馆技术标准，经议会或政府讨论通过后，由各级政府分层负责建设。中央政府一般负责重点体育场馆建设，如奥林匹克中心的建设；地方公共体育场馆建设，以地方政府投资为主，中央政府酌情资助。近年来，国外已经出现了体育场馆投资结构多样化的趋势，社会资本以及私人资本积极参与到场馆投资中。比如，悉尼奥运会主会场总共6.1亿澳元的预算投资中，政府、体育场馆、个人投资分别为1.2亿澳元、2.1亿澳元、2.8亿澳元。类似的还有英国温布利大球场的改建工程等。因为政府的投入力度毕竟有限，不能满足增长迅速的大众体育和体育竞赛表演的需求。西方政府为了调动社团、体育场馆和个人对体育场馆建设的积极性，分别在建设资金补贴、贷款、税收和土地征用等方面提供优惠政策。如西班牙政府规定，凡公司、体育场馆或个人在市政规划内投资修建的体育场馆项目，均给予投资额20%的资助；德国则提供优惠的土地价格；意大利还对私人建场馆赋予土地无偿使用权。这些相关政策措施较好地调动了体育场馆和个人对修建体育场馆的积极性。据报道，目前德国、西班牙、意大利三个国家由政府与社会共建的体育场馆占比均有一定提高，德国有些州市已达40%。

国内大型体育场馆的前期投资建设基本上都由中央和地方政府投资。其中，以地方政府投资为主，如广东省政府投资12.3亿元修建的广东省奥林匹克中心；武汉市政府投资15亿元修建的武汉体育中心；上海八运会的各场馆修建中央政府只拨款6 000万元，其余资金均由上海市政府筹措。八运会主会场上海体育场总投资12.9亿元，资金来源分别是银行贷款 7 亿元，市计委贴息 3.5 亿元，东亚运动会结存 2.4 亿元。考虑到我国经济所有制的特点，这种情况不能称为投资结构的多元化，只能看作政府通过多种渠道筹措资金。

目前，大型体育场馆的建造呈现新的形态。例如体育场馆生态产业链模式、城市体育服务综合体开发模式、PPP（Public-Private Partnership）模式和体育小镇模式。

1. 体育场馆生态产业链模式

体育场馆生态产业链模式是一种全新的场馆一体化经营模式。以中体产业集团股份有限公司（以下简称"中体产业"）为例，中体产业体育场馆生态产业链模式的四大核心业务：场馆全产业链服务、顶级赛事运营、体育综合服务和体育主题地产开发。在场馆全产业链服务方面，中体产业业务范围涵盖体育场馆整个生命周期，致力于为大型体育场馆提供前期咨询、场馆设计、融资建设、建设管理和运营管理的一站式体育场馆全链条服务；也正是凭借这一产业链服务，中体产业成为国内规模最大的跨区域融资建设和运营管理大型体育场馆设施的企业。在顶级赛事运营方面，中体产业已持续多年运营北马、环中国公路自行车赛、中巡赛—美巡中国系列赛、中国高尔夫俱乐部联赛等国内外知名赛事，与众多体育组织和知名企业保持密切的合作关系。在体育综合服务方面，中体产业旗下业务囊括体育经纪、票务服务、综合性运动会服务和企业/城市体育营销。在体育主题地产开发方面，中体产业业务涵盖体育住宅地产、中央体育商务区、体育商业地产、体育养生地产、体育休闲地产五大城市体育地产领域，地产项目现已遍布全国 4 个直辖市、19 个省 44 个城市，共 60 余个项目。

2. 城市体育服务综合体开发模式

随着居民健康观念的深入以及消费的升级，在社区就能锻炼、购物、娱乐等的城市体育服务综合体模式将迅速发展。据了解，中体产业已经率先在宁波推出城市体育服务综合体，把传统的商业中心转变为以体验为中心的商业中心，把有目的性的消费人群转向持续性的消费人群。其最典型的成功案例就是浙江宁波江北全民健身中心。

浙江宁波江北全民健身中心总占地总面积约 9.5 万平方米，包含体育建设用地和商业商务用地。项目规划包括 5.8 万平方米全民体育公园、1.2 万平方米国家级配置全民健身中心、体育主题商业区，建成运营后将成为一个集休闲、娱乐、餐饮、文化、健康、运动、商务为一体的家庭体验式文化体育服务综合体。

3. PPP 模式

体育场馆 PPP 模式是从筹资角度来说的，即政府和企业组织合作建设体育场馆设施，或者说市场化引入社会资本，把很多费用和成本以市场化的方式变为效益。当然，体育场馆 PPP 项目是一个很大的投资，单从回报周期来看要 10 年或更长的时间，对于企业资金或者投资基金管理都是不小的压力，因此在打造产业链时还要互补其他业态，比如房地产业、娱乐业等，要看综合业态的回报。从基金进入的形式来看，在场馆 PPP 项目早期阶段基金会以股权的形式进入，起到前期资本金的作用；等到项目逐渐稳定后，基金一般会以债券形式进入。

4. 体育小镇模式

体育小镇具有体育功能属性，面积在 3~5 平方千米，3 年规划投资在 20 亿元以上，具备旅游属性、鲜明的地方特色等特征，是融合了旅游、文化、健康等项目元素的体育产业新形态。体育小镇是场馆运营的高级形态，如果说场馆运营实现了群众锻炼的目标，那么体育小镇则实现了群众第二居所的功能。

这种高级形态主要体现在三个方面：

第一是注重体验，最大的核心是群众能够参与。

第二是重复消费，大多数体育场馆可能去一次就够了，但是体育小镇可以不断重复吸引人群。

第三是可复制性，可以在一个城市里复制多个。

赛迪顾问发布的数据显示，体育小镇主要围绕户外、冰雪、足球、自行车、马拉松这些大众体育项目，并且以户外运动为主。2017 年 5 月，国家体育总局公布了第一批 96 个运动休闲特色小镇建设名单。截至 2021 年，全国国家级加省级体育特色小镇数量大致在 200 个，2021 年全国体育小镇的规划总投资规模达 1.2 万亿元。

（二）以体育场馆经营性质为划分标准的分类

从场馆的经营性质来看，我国体育场馆可分为公益型、商业型和混合型三类。公益型场馆指用于运动训练、竞赛、各类福利性社会体育活动的体育场馆。此类场馆大多属于国有性质，一般为中等或中等规模以上。公益型还有一种形态就是学校及各类企事业单位所属的场馆，此类场馆在改革开放之前主要用于单位内部师生、职工的体育教学和群体活动，但目前已逐步向社会公众开放。商业型体育场馆指以盈利为目的的经营性体育场馆，包括单独经营场馆的宾馆、饭店以及其他等附设的体育场馆。

目前，我国体育场馆多属于混合型场馆。如北京工人体育场，它建于 1959 年，占地面积 35 万平方米，建筑面积 8 万平方米。体育场为椭圆形混凝土框架结构，南北长 282 米，东西宽 208 米，有 24 个看台，可容纳观众 71 112 人。它是一个符合国际足联要求的标准的专业化足球比赛场，也可进行综合的体育比赛。1959 年至今，北京工人体育场承接了不计其数的体育比赛和各类大型活动，影响较大的有长城杯足球邀请赛，柯达杯足球比赛，第 1、2、3、4、5、7 届中华人民共和国运动会，第十一届亚洲运动会，第六届远南残疾人运动会，"红塔杯"皇马中国行友谊赛，并从 1996 年开始承接全国足球甲 A 联赛北京现代队主场比赛。而且，这里还曾经一度是中国国家队的主场。除承办各种大型体育活动外，该场馆还对外经营。

商业型体育场馆是在近几年我国市场化进程中发展起来的新兴场馆。这类场馆多是私人或公司兴建经营的。如各种健身馆、室内网球馆、室内足球场馆等。邻近北京机场的亚洲最大的宝迪沃综合性健身中心，就是个人投资兴建的拥有篮球馆、足球场、击剑道、攀岩、自助餐厅等先进设施的体育场馆。它附带有北京首家阳光泳池，诸多配套设施以及人性化的教练服务。到现在，宝迪沃已经拥有 4 家连锁店和近万名会员。

（三）以体育运动规则为划分标准的分类

这里的体育运动规则主要是指依据体育专项活动自身规则，如场地大小、高度、地板、灯光、色彩、座位等标准建设的体育场馆。一般分为标准体育场馆和非标准体育场馆。

第五次全国体育场地普查范围包括 64 种标准体育场馆。其中，体育场、体育馆、游泳馆、跳水馆等大型体育场馆共 5 680 个，占标准体育场馆总数的 1.0%，占全国体育场馆总数的 0.69；室内游泳池、综合房（馆）和篮球房（馆）等室内体育场馆共 55 678 个，占标准体育场馆总数的 10.2%，占全国体育场馆总数的 6.5%；室外游泳池、室外网球场和足球场等室外体育场馆共 485 818 个，占标准体育场馆总数的 88.8%，占全国体育场馆总数的 57.1%。在室外体育场馆中，篮球场、小运动场和排球场共 436 278 个，占标准体育场馆总数的 79.7%。

按照各体育项目的国际协会所规定的标准设计的体育场馆，我们习惯上都称为标准体育场馆，除此之外，称非标准体育场馆。如国际壁球联合会规定，壁球场地分为单打和双打两种。单打场地长 9.75 米，宽 6.4 米，高 4.57 米；双打场地长 13.72 米，宽 7.62 米，高 6.1 米。美国的壁球馆场地要小一些，它的宽度仅有 5.64 米，高 4.88 米。

国际网联颁布的《网球竞赛规则》中规定，一片标准网球场地的占地面积不小于 36.6 米（南北长）×18.3 米（东西宽），这一尺寸也是一片标准网球场地四周挡网或室内建筑内墙面的净尺寸。在这个面积内，有效双打场地的标准尺寸是 23.77 米（长）×10.98 米（宽），每条端线后留有不小于 6.40 米的余地，在每条边线外应留余地不小于 3.66 米。在球场安装网柱，两柱中心测量柱间距是 12.80 米，网柱顶端距地面是 1.07 米，球网中心上沿距地面是 0.914 米。

如果是两片或两片以上相连而建的并行网球场地，相邻场地边线之间的距离不小于4.0米。如果是室内网球场，端线6.40米以上的上空净高不小于6.40米，室内屋顶在网球上空净高不低于11.50米。

室外网球场的四周围挡高度一般在4~6米，视球场周围环境与建筑物高度，也可适量增减。需要安装照明灯的网球场，除室内屋顶灯具外，室外网球场上空和端线两侧不应设灯具，室外灯光球场灯具应设置在两侧围网距地面7.0米以上，灯光从两侧朝地面均匀照射，灯光照射应根据球场使用的不同用途，请电光源技术人员专门设计。经验告诉我们，每片网球场灯光的平均照度应当在400lux~1 000lux。网球场配件包括球柱、球网、推水器、预埋件、照明灯等。

（四）以建设规模为划分标准的分类

这样的划分主要分为大型体育场馆、中型体育场馆和小型体育场馆。广州天河体育中心、上海东方体育中心和沈阳奥林匹克中心体育场等都属于大型体育场馆。参照国家体育总局公布的第六次全国体育场地普查数据——《第六次全国体育场地普查数据公报》的统计口径，以座席为单位，按照不同的座位数分为不同的座席级别，并以表格的方式分别给出用地指标。城市公共体育场根据座席数分为40 000~30 000、29 999~20 000、19 999~10 000、9 999~5 000、4 999以下五个级别；城市公共体育馆根据座席数分为15 000~10 000、9 999~6 000、5 999~3 000、2 999~1 500、1 499以下五个级别。同时，根据《体育建筑设计规范》，在指标设定时，考虑了按照包含冰球或体操场地和不包含冰球或体操场地两种情况计算，应用时按照实际情况选取对应指标。

（五）以适用度为划分标准的分类

适用度主要指专门用于某一体育项目或综合应用于某一体育项目的情况。按照这样的标准，体育场馆可以分为专用体育场馆和综合性体育场馆。专用体育场馆在竞技体育领域中应用比较广泛。另外，专用体育场馆还有专门给某一群体使用的意思，比如专门供残疾人运动的场馆等。

目前，随着市场经济的发展，体育产业化步伐的加快，体育场馆的投资主体逐渐向社会化发展。因此，综合性体育场馆越来越多。甚至，很多专用体育场馆也开始向综合性发展，开展多种经营活动。

综合性体育场馆是国家对体育投资资金密集型的项目，是开展群众体育活动、建设精神文明的重要基地，是竞技体育训练竞赛基地，也是发展体育产业、搞活体育经济的重要场所。目前，我国已有综合性体育场馆数量不少，主要集中在省会、直辖市等大中型城市。随着市场经济和体育产业的不断发展，综合性体育场馆实行差额预算拨款以及自收、自支等多种运行机制，使经营工作呈现出勃勃生机，形成崭新局面，主要表现在以下几个方面：

（1）本体经营初具规模，经营领域不断拓宽。综合性体育场馆"以体为本"的体育市场框架日趋清晰。"以体为本"的竞赛表演市场前景更加乐观，健身、体育培训市场蓬勃发展，体育科技与咨询市场成绩显著；综合性体育场馆充分挖掘有形资产和无形资产的潜力，积极开办体育用品、广告、旅游、资产运营等相关产业；大力发展餐饮娱乐、宾馆等的馆办体育场馆，形成了多种经营并存的局面。

（2）综合性体育场馆的经营开发引起了社会各方面的关注。综合性体育场馆经营项目的投资、引进和管理，由过去的单一型逐步发展为场馆、社会、外资等参与的多元化局面。综合性体育场馆经营的文化性、竞争性和娱乐性吸引了不少体育场馆专家纷纷投资和参与场馆建设，使综合性体育场馆的经营工作从投资、管理到经营显现百花齐放的大好形势。

（3）综合性体育场馆建在城区经营效益好于建在郊区。位于城区的综合性体育场馆活动人数大于郊区的活动人数，致使位于城、郊两区的综合性体育场馆的消费人群有着明显的差异。此外，综合性体育场馆主要收入还依靠房屋、土地出租。但由于郊区的综合性体育场馆远离市中心和经济中心，对商家吸引力不大，出租房屋、土地受到很大影响。所以，将综合性体育场馆建在市区、人口稠密地区、经济文化中心是最合理的选择。

（4）综合性体育场馆的经营项目逐渐多样化。综合性体育场馆的经济效益与项目种类的多样性有着直接关系。除"以体为本"，提供健身娱乐项目外，综合性体育场馆还提供桑拿、康复理疗按摩、健身咨询、美容以及餐饮服务。项目越多，种类越齐全，形成健身娱乐系列为消费者提供越多便利，就越能够形成集中的体育娱乐消费市场，从而获取最大的经营效益。

（5）综合性体育场馆经营对象的基本情况构成。从消费者经济收入水平看：高收入者占统计人数的30%，中等收入者占56%，低收入者占14%。中等收入者居多，表明场馆开放并没有脱离大众化方向。从消费者性别看：男性占消费者总数的74%，女性占26%，男性比重较大。从消费者年龄结构看：儿童占统计人数的10.5%，青少年占55.7%，中年人占17.3%，老年占16.5%。青少年体力充沛，参加体育活动的人数最多。调查结果还显示，大部分对外开放的综合性体育场馆，在项目投资中，以满足一次消费20元以内（单位时间）的低档消费为基础；注意发展一次消费50元左右（单位时间）的中档消费；根据本地区经济发展水平，适当设置高档消费。

（6）综合性体育场馆经营性开放比率不断提高。综合性体育场馆的开放情况一定程度上决定了场馆的效益。按产权性质分类，开放率为：国有场馆占统计总数的30%，集体占60%，外资占80%，股份制占100%。目前，综合性体育场馆开放率为67.5%，特别是国有体育场馆，开放率过低。

（7）综合性体育场馆用于健身娱乐项目时间的比例最高。在已开放的综合性体育场馆中，健身娱乐占总使用时间的53.6%，学校体育占8.3%，运动训练占13.7%，运动竞赛占14.4%，体育培训占10.0%。在计划经济条件下，综合性体育场馆开展群众性体育活动的比例甚低。随着市场经济的不断发展，群众性体育活动的时间的比例不断提高，体育系统所属的综合性体育场馆用于群众性体育活动的时间比例已达90%。但与西方国家相比开放率还不是很高。这是由于我国群众体育消费能力还处于较低水平，体育场馆对群众开放很少能收回成本，因此直接影响了场馆对群众开放的积极性，从而造成有些场馆不愿开放。

（8）综合性体育场馆开展会员制是经营创收的有效办法。采用会员制的场馆占统计总数的35%，散客占65%。从调查结果看，采用会员制的场馆并不多，因为大多数场馆并不具备采用会员制的条件。但采用会员制的综合性体育场馆，会员消费比率明显高于散客消费比率。故大力发展、完善会员制，是综合性体育场馆创收的有效途径之一。

虽然，近几年我国综合性体育场馆经营发生了巨大变化，但也存在着诸多问题，主要表现在：

（1）综合性体育场馆经营工作发展不平衡。由于所在地区的经济发展水平、人均收入、体育普及程度、消费观念、场馆的管理水平不同等因素，综合性体育场馆之间经营工作不平衡，表现在经营项目、规模、经济效益等方面存在明显差异。从综合性体育场馆所在地理位置看，北京优于其他地区，经济发达地区优于经济落后地区，沿海地区优于西北地区。

（2）综合性体育场馆经营管理水平低、缺乏人才，影响发展速度。有些综合性体育场馆经营管理人员，对体育市场经济的政策和理论研究不够，使得经营工作管理缺乏力度，经营管理办法滞后，管理制度不完善、不先进。有些经营管理制度没有相应的管理法规和实施细则，加上管理者的思路和模式不尽相同，使得经营管理水平和管理效果参差不齐，经营管理与经营开发不能协调发展。所以，体育经营人才的培养是一个值得政府和全社会关注的问题。

（3）综合性体育场馆经营创收缺乏优惠政策，经营后劲不足。目前，大多数综合性体育场馆都是差额拨款的事业型单位，且国家拨款逐年减少，保障场馆维修有一定困难，更谈不上更新设备。当前大众体育消费意识比较淡薄，愿意花钱到体育场馆健身娱乐的群众还不多，况且体育自身的创收能力有限，设立与引进新兴体育健身项目又需要大量资金。利用自身优势开拓经营的新途径弥补了部分资金不足，但资金短缺问题没能根本解决。因此，国家应对综合性体育场馆在税收政策上给予一定的倾斜，如减免税收、返还税金、返还国有资产占用费和有偿使用费等，从而推动现有综合性体育场馆的维修改造，以便使综合性体育场馆更有效地为全民健身及竞技体育服务。

（4）综合性体育场馆经营管理必须改革体制，转变运行机制。目前，我国的综合性体育场馆所采用的运行机制主要有：①少数采用封闭式管理，全额预算拨款，统收、统支、统管。这种运行机制没有与市场接轨，主要承担上级机关分配的体育训练比赛任务，造成大量国有资产闲置。②多数采用经济责任制和体育场馆承包经营责任制。但承包责任制的经济指标制定缺乏科学的依据和客观标准，不利于健全和完善场馆方自主经营、自负盈亏、自我发展的运行机制，不利于国有资产的保值增值，已经到了不改不行的阶段。③部分采取资本多元化的运作方式，如股份制、合作形式等，突破单纯靠自身创收增资的运行模式。这样的场馆还较少，如长春的五环休闲城，完全按照国家规定的标准的股份制形式运作，收效显著。

目前，改革现行的运行机制，根本问题是产权归属问题和缺乏改制政策问题。因此，政府有关部门应尽快出台推动综合性体育场馆经营体制改革的政策、法规和制度。各综合性体育场馆也应按照国家建立现代体育场馆制度的基本要求，积极探索体育场馆管理的新模式和新路子。

思考与实践

1. 简述我国体育场馆的发展现状。

2. 结合实际案例谈谈大型体育场馆的建造模式。

3. 简述体育场馆的分类。

第二篇
经营与实务

第二章

体育场馆的经营现状分析

■**学习目标**

1. 掌握国内体育场馆的经营现状，学习不同场馆的经营管理模式，在学习过程中总结体育场馆经营管理中存在的问题。

2. 了解国外体育场馆的经营现状，依据国外体育场馆的经营分析，明确体育场馆经营的特点和内容。学习国外体育场馆经营的类型和优点。

第一节　国内体育场馆的经营现状

体育场馆是为满足运动训练、运动竞赛、学校体育开展和大众体育消费需要而专门修建的各类运动场所的总称。从项目来看，可以分为专用体育场馆和综合性体育场馆。从聚散程度来看，可以分为单体体育场馆和体育中心（一般拥有体育馆、体育场和游泳馆三大件）。从所有权形式来看，一般可以分为公共体育场馆、单位体育场馆和个人体育场馆。

体育场馆的功能能否得到最佳发挥，是关系到体育运动的盛衰和竞技体育运动水准的高低，也关系到体育场馆自身存活与否的大事情。

一、国内体育场馆的经营管理模式

（一）单位内部自主经营模式

单位内部自主经营的体育场馆多为一些规模较小、经营内容较为单一的体育场馆。这种经营模式普遍存在于由体育场馆所属单位内部的一个分支部分或者二级部门具体负责日常经营管理，一般不单独核算，如学校有偿对外开放的体育场馆多属于这类经营管理模式。

（二）体育行政部门自主经营模式

体育行政部门自主经营模式是我国大中型体育场馆目前所采用的主要经营模式。体育场馆作为各级体育行政部门下属的一级事业单位，实行全额财政拨款或差额拨款，在行政部门的领导下，由体育场馆进行自主经营、独立核算。

（三）企业化经营模式

我国部分高档体育场馆和以盈利为主要目的的健身俱乐部等多采用企业化的经营管理模式，这类体育场馆会单独建立具有独立法人资格的企业来进行场馆经营管理，并建立企业管理制度和财务管理制度，有较为完善的管理机制。

（四）承包管理经营模式

承包管理经营一般指由政府作为主体建设投资方，政府部门对体育场馆具有所有权，并由政府部门通过公开招标方式，将体育场馆的经营管理权在某个约定期限内交由中标公司或者个人全权管理，也可称为"托管"。具体经营者除自负盈亏外，还需确保体育场馆的社会功能，为全民健身和运动训练提供场地服务。收费标准一般由体育场馆的主管部门会同物价部门共同制定。

（五）其他经营模式

此外，常见的体育场馆经营管理模式还有资本多元化的合作经营模式、委托经营管理模式、物业公司管理模式等。

二、国内体育场馆的经营现状

在现代经济生活中，体育场馆越来越多地具备了除体育运动外的其他功能，综合功能越来越齐全，作为一个地区标志性的场所，天然的空间能承接不同级别的演艺、娱乐、展览等方面的活动，极大地提高了体育场馆的利用率，提升了其经济价值。有些体育场馆更是利用其自身特点，开发体育旅游、体育会展、体育商贸、康体休闲等多元业态。总之，随着市场对体育场馆的功能需求越来越多，体育场馆转型经营趋势也越发明显。

随着市场经济和体育产业的不断发展，体育场馆确立了"以体为本、多种经营并存"的经营理念，场馆经营性开放比率不断提高，经营领域不断拓宽。体育场馆经营项目的投资、引进和管理，由过去的政府单一型逐步形成场馆、社会、外资等参与的多元化局面。经营项目逐渐多样化，除"以体为本"的健身娱乐项目外，体育场馆还提供桑拿、康复、理疗按摩、健身咨询、美容以及餐饮服务，有的地方以体育为核心带动多种产业的发展，形成了以体育为主的集运动、娱乐为一体的健身休闲圈。场地冠名权、广告、连锁经营等无形资产开发的项目也在不断拓展，并依托互联网发展智慧场馆，进而获得社会和经济效益。

随着全民健身的积极开展，政府对公共体育场馆的投资力度不断加大，社会投资也在逐渐增加，推动着多元化投资格局的形成。同时场馆规划建设的创新理念也在不断发展，体育场馆运营的内容和手段不断丰富，运营模式不断创新，这些都为体育场馆的发展带来新的机会，多种多样的体育场馆运营模式不断涌现，但其发展过程中的问题也是明显的。

部分体育场馆前期规划和建设结构与实际经营管理所需功能不匹配，经营管理存在问题，运营人才匮乏，影响了体育场馆的综合利用，有的还成为政府的财政负担。如今，很多学校的体育场馆也在对外开放，但是学校的体育场馆数量仅占总量的6%左右。近年来，我国许多体育场馆都按市场机制进行了管理和运作，提高了场馆经营的社会开放程度，并通过市场化经营增加了收入。

我国部分体育场馆维修经费来源情况及固定资产情况见表2-1、表2-2。

表2-1　我国体育场馆（部分）维修经费来源情况

单位名称	日常维修经费来源	大型维修经费来源
国家奥林匹克体育中心	财政拨款与自筹结合	财政拨款与自筹结合
首都体育馆	财政拨款与自筹结合	财政拨款
上海虹口体育馆	自筹经费	财政拨款与自筹结合
重庆市体育场	财政拨款与自筹结合	财政拨款
重庆市奥林匹克体育中心	财政拨款与自筹结合	财政拨款与自筹结合
广州市天河体育馆	财政拨款与自筹结合	财政拨款
广州市越秀山体育场	财政拨款与自筹结合	财政拨款
广东奥林匹克体育中心	财政拨款与自筹结合	财政拨款
贵州省体育馆	财政拨款与自筹结合	财政拨款与自筹结合
贵阳市人民体育场	自筹经费	自筹经费

表2-1(续)

单位名称	日常维修经费来源	大型维修经费来源
绵阳市南河体育中心	自筹经费	财政拨款与自筹结合
西安市人民体育场	财政拨款与自筹结合	财政拨款
长春体育中心五环体育馆	自筹经费	财政拨款与自筹结合
陕西省体育场	自筹经费	自筹经费
云南省拓东体育中心	财政拨款与自筹结合	财政拨款与自筹结合
江西省体育馆	财政拨款与自筹结合	财政拨款
成都体育中心	自筹经费	财政拨款

表 2-2　我国体育场馆（部分）固定资产情况

场馆名称	建设资金来源	建成时间	建设总投资/万元	建筑面积/平方米	占地面积/平方米
国家奥林匹克体育中心	财政投入	1990 年	80 000	135 000	660 000
首都体育馆	财政投入	1968 年	1 700	40 000	—
上海虹口体育馆	财政投入为主	1991 年	1 400	10 900	8 000
重庆市体育场	财政投入	1956 年	200	9 665	97 500
重庆市奥林匹克体育中心	财政投入	2004 年	71 000	62 500	118 600
广州市天河体育馆	财政投入	1986 年	—	17 159	510 000
广州市越秀山体育场	财政投入	1950 年	—	—	43 000
广东奥林匹克体育中心	财政投入	2001 年	167 000	328 000	1 010 000
贵州省体育馆	财政投入	1988	2 900 年	16 200	20 000
贵阳市人民体育场	财政投入	2002 年	760	8 500	20 000
绵阳市南河体育中心	财政投入	1992 年	3 600	57 040	95 990
西安市人民体育场	财政投入	1980 年	1 000	60 000	66 000
长春体育中心五环体育馆	非财政投入	1998 年	21 000	31 192	—
陕西省体育场	财政投入	1998 年	25 000	40 000	50 000
云南省拓东体育中心	财政投入	1958 年	30 000	30 700	14 000
江西省体育馆	财政投入为主	1990 年	4 585	23 353	26 530
成都体育中心	财政投入	1992	6 790 年	37 935	95 883

　　从上表可知，一些体育场馆虽然进行了经营创收和市场化运作的尝试，但是多数场馆经营的收入状况并不理想，依靠政府拨款的体育场馆数量仍然不少。也就是说，

目前多数体育场馆都开展了经营活动，虽然从市场上获取到一定收入，但仍未从根本上解决资金缺口和自身"造血"的问题。

三、体育场馆经营管理中存在的问题

（一）体育场馆前期规划、建设中存在的问题

近年来，体育场馆的建设、改造多数是依托于体育竞赛的需求，则其规划、建设方案都是以竞赛为主要目的，且多为一至两个项目的赛事规划，尤其是在赛事举办日期的压力下，建设周期有限，因此对于场馆赛后的使用功能定位不合理，建设之初就先天不足，仅能满足高水平体育竞赛需要，不利于群众体育活动开展。又如一般新建场馆选址多在城市边缘地带，大型赛事活动与群众日常健身活动的服务半径存在较大差异，因此距离问题使赛后经营管理受到很大影响。

另外，很多地方把体育场馆作为城市标志性建筑，力求打造体育名城、赛事名城等，致使体育场馆建筑体积和观众坐席等规模过大，单次大型体育赛事后场馆观众坐席、音频系统等则多处于闲置状态，后期还需较高的维护费用，一定程度上也给体育场馆的经营管理带来了困难。

（二）体育场馆综合业务开展缺乏政策支持

现在，体育场馆大多已不仅是只有观赏、竞赛和健身功能，而是更多利用体育场馆的附属资源开展多种经营，以形成"商体结合，良性循环"的模式，也可称为"体育综合体"。但是在体育场馆迈向观光旅游、餐饮娱乐、购物、休闲、展览等全方位商业服务过程中，这种混合的经营模式在很多地方还得不到相应的政策支持。

（三）体育场馆经营管理人才缺乏

体育场馆经营管理人员，从全面的角度来说，需要具备体育工艺知识、体育场地建筑知识、场馆运营管理知识，小到对体育设施设备标准、规格，体育项目的特点，大到对体育竞赛策划、组织和管理等都需要全面掌握。但是，往往这样的复合型人才是少之又少。目前，体育场馆管理人员多数是从体育院校体育专业毕业的，或有一定的体育相关行业从业经验，但是他们往往较为缺乏体育项目专业知识、体育设施设备专业知识、体育场地建设施工规范知识、体育场地维护等专业知识。体育场馆的管理人员应该是识体育、懂法律、会管理的复合型人才，以适应工作的需要。

（四）体育场馆经营意识落后

市场需求迫使体育场馆从行政管理向经营管理转变，但由于长期习惯于国家统包政策，尚有相当部分管理者的观念与意识仍停留在原来的位置上。体育场馆的经营活

动受到市场的影响和制约，而体育场馆内部管理体制仍维持在原有的行政管理基础上，难以适应市场经济的需要。如财务核算无法正确反映经营状况，分配体制在相当大的程度上仍存在着"大锅饭"现象，无偿占用国家固定资产使之耗用无法得到及时补偿等。

（五）体育场馆利用率不高，经营手段落后

尽管不同的项目场馆、器材设施的利用率不尽相同，但总的来说，目前我国体育场馆利用率较低，其中最低的为高尔夫球场，其利用率只有12.50%，乒乓球的场馆利用率平均只有50%，综合体育场利用率最高的也只有56.80%。不少场地器材经常处于闲置状态，周一至周五的白天表现更为突出。大部分运动项目场地都不同程度地存在利用率低下的问题。

另外，目前大部分场馆使用的经营手段，基本上是被动性的手段，具有时代性特征的主动性经营手段很少得到采用，尤其是一些传统体育的健身娱乐项目更是如此。

在体育场馆健身娱乐业项目所采取的营销手段中，具有健身娱乐专业特色的营销手段和渠道，以及数字化、线上推广和营销的手段，尚未在多数场馆管理中普遍推广。尽管许多场馆都不同程度地推行专业性的俱乐部会员制，但不少只是流于形式、停在表面，充其量是一种打折优惠的形式，既没有为会员组织制定系列活动，也没有规定会员的权利和义务。

（六）体育场馆运营资金来源无法满足可持续发展

体育场馆除修建一次性投入外，日常运营成本主要包括人员开支、耗材、场馆维护维修、税费，尤其是大型场馆其维护费用和税费支出比重较高。场馆资金来源目前主要可以分为自筹和财政拨款或两者相结合。通过自主运营活动获得场馆运行经费的，大多数依靠房屋租赁、场地租赁等租金收入，以及近年来发展趋势较好的体育场馆综合业态收入，一些公共体育场馆还可通过信贷资金或者社会捐赠配置资产，但是不同级别的体育场馆资金收入差异较大。场馆使用时间越长，维护维修成本就越高。而随时代发展，体育场馆也需与之相适应来进行升级改造，智慧场馆的投入成本较高。因此，场馆现有资金来源已无法满足场馆可持续发展的需要。

（七）体育场馆运行机制影响资源效益的发挥

目前，我国体育场馆所采用的运行机制主要分为两种：①少数采用封闭式管理，全额预算拨款，统收、统支、统管。这种运行机制没有与市场接轨，其主要承担国家级机关分配的体育训练比赛任务，造成大量国有资产闲置。②大多数采用经济责任制和体育场馆承包经营责任制。但承包责任制的经济指标缺乏科学的依据和客观标准，

不利于鼓励和完善场馆方自主经营、自负盈亏。

另外，体育场馆经营不能兼顾体育事业与体育经济。体育事业主要突出社会效益，而多种经营必须以经济效益为首位，事业与经济在一定时间内仍存在矛盾。

第二节　国外体育场馆的经营现状

一、国外体育场馆的经营状况与模式

大型体育场馆是国家发展体育运动、实现国家体育发展目标的基础条件，也是体育产业发展的重要物质保证。大型体育场馆作为主要由政府投资建设的用于开展体育活动、提供公共体育服务的重要场所，在供给公共体育服务、构建公共体育服务体系和改善民生的进程中发挥着十分重要的作用。以下介绍几座知名体育场馆的经营情况：

英国的谢菲尔德体育场馆：场馆建造时就注重多功能综合性，日常由谢菲尔德国际场馆管理集团运营，每年举办 2 000 多场赛事。集团客户超过 400 万，所辖的谢菲尔德体育场馆每年承办超过 100 场音乐会，所管理的 4 个会馆每周举办超过 300 个健身课程，目前有 8 个英国国家体育协会设在谢菲尔德。

荷兰的阿贾克斯体育场：作为用于足球比赛的场地，该体育场综合设施非常完善，设有 60 余个快餐店和售货点，在没有比赛时，影剧院、银行、舞厅、托儿所等均对外开放，还可以举办展览和演出活动，同时体育场还形成城市交通的重要枢纽。

美国的 NBA 各俱乐部场馆：场馆经营收入主要由豪华包厢租金、场地使用特许权、停车费、场地广告和命名权等组成，占经营总收入的 75%。

德国的慕尼黑奥运会场馆：慕尼黑市政府投资成立的奥林匹克公园责任有限公司负责奥运会场馆的赛后经营，并与私人公司建立密切的合作伙伴关系，为德国第一竞技场公司、慕尼黑票务公司、S&K 市场资讯公司等提供活动策划、新闻媒体、票务、市场营销等服务，还在 1992 年推出了"相聚奥林匹克公园"合作项目，为世界各大公司提供产品展示的场所，吸引了阿迪达斯、宝马、可口可乐、德国抵押联合银行等公司。

西班牙的巴塞罗那蒙锥克山奥林匹克中心：主要场馆以满足社会大众的公共效益为原则和依据，每年举办的活动 38% 是体育赛事，24% 是音乐会，11% 是家庭活动，27% 是展销会、宗教活动、产品发布会、政治社团等其他大型活动。

澳大利亚的悉尼奥运会主要场馆：它将不同体育项目甚至非体育活动的室内设施

组合在一起，提高使用率。其中，在奥运会主要场馆集中地区建有澳大利亚皇家农业协会展馆，是当地一年一度著名复活节展览会和日常农业展览场所。

通过对国外的体育场馆的梳理发现，国外场馆运营企业更倾向于轻资产运营模式，采取委托运营方式获取场馆运营权。其经营模式主要分为三种：职业体育俱乐部模式、体育服务综合体模式和体育地产模式。

（1）职业体育俱乐部模式：国外以职业联赛球队入驻、运营或所有的场馆。职业俱乐部体育场馆商业模式是围绕俱乐部进行构建的，注重球迷和会员的培养，拥有很多的会员，俱乐部庞大的粉丝也能给体育馆带来较为稳定的客流量。

（2）体育服务综合体模式：体育服务综合体是未来场馆发展的重要趋势之一，它将体育元素融入人们的生活，改变单一业态发展方式，类似于大型商业综合体的商业模式。在体育服务综合体中，体育产业相当于渠道价值强的主力店，能够制造流量，而商业综合体的主力店则由其他业态构成（如餐饮、旅游等），形成利益共享、收益共享的机制，进而能够产生强大吸引力，带入大量消费者，促使运营商新建或改造现有场馆，以获取更多收入。

（3）体育地产模式：同教育、文化、养老等地产一样，体育地产将体育业态视为地产附加值，提升地块价值。体育地产包括商业地产、住宅物业等，它们的利润率较高，为开发商提供了快速变现的可能，降低了开发商自持及自运营风险，并使其可通过地产板块收回部分投资资金，减轻资金回转与后期运营压力。较为典型的模式是尤文图斯安联球场，尤文图斯将安联球场周边地块开发为购物中心与酒店，购物中心与球场形成闭环，大型活动期间可将人流导入购物中心，有效疏散人流的同时，为购物中心带来消费，获取更多收益。

二、国外体育场馆经营过程中的职能分析

1. 社区健身服务功能

体育场馆作为提供公共服务的重要场所，其核心功能是提供健身设施并组织健身服务。在西方发达国家，有义务或非义务的健身指导为会员提供咨询和服务。体育场馆中的健康与健身部门负责设计、协调和执行有关健身和有氧运动的相关服务，这在国外体育场馆运营中十分普遍。例如，澳大利亚西部体育馆管辖的竞技场和挑战体育馆还提供私人教练服务，旨在协助家长实现孩子假期活动与课业的平衡。悉尼奥林匹克公园是社区体育锻炼和体育休闲活动的绝佳场所。公园内所有的场馆和体育设施都对公众开放，并针对不同人群细化产品，开发了适合多年龄段和各类人群的体育活动项目。

2. 体育精神文化的传播功能

在西方发达国家，职业体育俱乐部所在的体育场馆对体育精神和体育文化的传播有不可替代的作用。在美国大型职业联赛的主场、英国和意大利超级杯的球队主场都会将体育场馆作为球队精神的一部分。例如，美国的丰田体育馆作为 NBA 休斯顿火箭队的主场，其名字和火箭队密不可分。球迷对球队的追随和体育场馆带来的自豪感都是体育精神与文化传播的具体体现。

3. 体育运动技能的培训功能

在西方发达国家，体育场馆肩负着推广体育运动、提升群众体育技能和身体素质的重任，因此会根据不同人群开发体育运动项目。法国曾在 20 世纪 70 年代开展"流动学习游泳池"活动，活动每到一个地区，开放 3~5 个月，吸引 8~11 岁儿童学习游泳，每年约有 25 万名儿童接受了游泳训练。英国针对妇女特点，开发出专门的妇女体育锻炼项目，并安排专业人员到社区体育中心进行辅导，政府也会拨款补贴。

4. 体育活动的组织功能

体育场馆作为体育活动的场所，必须承担组织各种大中小型体育活动的责任和义务，大到奥林匹克运动会、世界锦标赛和国家级体育赛事，小到城镇、社区的小型体育运动会和家庭娱乐活动。在澳大利亚西部体育馆的竞技场每年举行的主要活动包括西珀斯的 WAFL 的家庭运动会。在澳大利亚首都行政区（ACT）内，堪培拉国际体育及水上运动中心（CISAC）是为市民提供的室内体育设施最好的运动馆，它有超过 12 000 平方米的室内场馆，全年开放 363 天（不包括复活节和圣诞节），每年超过 70 万居民到此锻炼、健身和休闲。

5. 大众体育活动的监控功能

在西方发达国家，体育场馆承担监控大众体育活动的工作，各个体育场馆开展的体育、娱乐、休闲活动情况，都会反馈到政府和相关体育部门，为制定政策提供重要依据。

英格兰体育总署对经常参加体育活动的人口比例和年龄构成、参加不同体育运动项目的群众比例和收入以及不参加体育锻炼的原因在各类体育场馆和社区体育活动中心进行大规模调查，发现不同项目在不同地区的受欢迎程度不同，高收入青年人和低收入老年人最缺乏体育锻炼。

6. 竞技体育的公共服务功能

竞技体育公共服务是西方发达国家体育场馆的主要功能，包括组织和举办各种竞技体育比赛，为体育组织提供办公场所，为国家的精英运动员提供训练设施、场地和其他的相关服务。竞技体育和体育场馆的公共性是密不可分并相互作用的，其为西方体育场馆的运营起到了良性作用。充分利用体育场馆的设计和功能，体育协会和体育俱乐部必然会为体育场馆带来更多的比赛和合作。

三、国外体育场馆运营管理对我国体育场馆的启示

对比国外体育场馆运营管理的功能分析，我国体育场馆通常也具有相似功能，例如社区健身服务功能、体育运动技能培训功能、体育活动组织功能和竞技体育公共服务等功能。但是与西方大型体育场馆的体育公共服务相比，我国大型体育场馆在提供更加市场化、细致化和多元化的社区健身服务，体育运动技能培训，体育活动的组织与开发以及竞技体育的组织与合作等方面还需要提高。

首先，借鉴国外体育场馆的体育公共服务职能，全方位发挥我国现有体育场馆的作用。为群众提供十分方便的社区健身计划，课程应具有很强的计划性和应用性，符合社区居民健身与康乐活动的市场需要。根据不同类型社区人群的需要，在不同的时间或季节设计和提供不同的社区健身项目。提供多元化社区体育健身的课程对我国的社会体育指导和职业体育健身教练提出了更高的要求，特别是多样化的体育技能培训。我国应当加大对青少年体育技能培养和假期夏令营市场的开发，从小培养青少年良好的体育参与习惯和健康意识。

其次，发展竞技体育公共服务是我国大型体育场馆发挥体育活动组织作用的催化剂。体育行政机构、体育社团和各个单项协会进驻体育场馆不但为我国组织体育活动提供便利，同时促进各个体育团体之间的协作和资源共享。与许多西方国家相比，我国体育的职业化水平除了篮球和足球以外，其他职业联赛的规模都有很大的提升空间。很多的大型体育场馆，例如万事达演艺中心、国家体育场以及为举办 2010 年广州亚运会和 2011 年深圳大学生运动会所兴建的大型体育场馆，其建设标准、场馆功能设计以及观众容纳人数都具有承办国际体育赛事和大型职业联赛的能力，遗憾的是，这类大型体育场馆大部分都没有职业球队和联赛的进驻。在我国体育场馆缺乏大型职业联赛运动队入驻的情况下，应当积极寻求举办其他中小型体育活动的机会。

最后，我国大型体育场馆应当发挥更大的大众体育活动的监控作用和竞技体育公共服务作用，帮助政府和科研机构进行科学性、针对性强的大众调查，掌握大众对体育服务需求的变化，认识我国大众体育在发展中的盲点，并以此为指导，建设、改造体育设施和组织、实施、促进重点人群开展体育活动的计划。

思考与实践

1. 简述我国体育场馆的经营管理模式。

2. 结合实际谈谈我国体育场馆经营过程中存在的问题。

3. 简述国外体育场馆经营的优点。

第三章

体育场馆经营的目的与任务

┌ ■学习目标
│
│ 1. 明确体育场馆经营的目的，清楚体育场馆在全民健身、日常服
│ 务和经济发展中的重要作用。
│ 2. 学习体育场馆经营的任务，进一步明晰体育场馆在人们不同的
│ 需求中所扮演的角色。
└

第一节　体育场馆经营的目的

一、建设系统的、全面的体育场馆

随着社会的不断进步，人们对体育的需求越来越多。很多人甚至把体育活动作为生活中必不可少的内容。在很多人的日程中，不论寒冬酷暑，总把在体育场馆进行体育活动列入其中。我国政府高度重视体育场馆在全民健身和促进体育消费中的作用。《国务院关于加快发展体育产业促进体育消费的若干意见》（国发〔2014〕46 号）提出，"至 2050 年，人均体育场地面积达到 2 平方米；新建居住区和社区要按相关标准规范配套群众健身相关设施，按室内人均建筑面积不低于 0.1 平方米或室外人均用地

不低于 0.3 平方米执行，并与住宅区主体工程同步设计、同步施工、同步投入使用"。

1919 年，现代奥林匹克之父顾拜旦提出"一切体育为大众"。从这一点上来说，虽然近年来我国在奥运会和各项世界锦标赛等赛事中屡创佳绩，但是，无论是大众体育场馆数量和质量、参与人数，还是大众体育活动的数量、水平都不如发达国家，所以我国并非体育大国。

从供需关系的角度出发，基于广大人民群众对体育场馆的需求和体育场馆的供给，体育场馆的收费标准需要通过市场调节。1994 年以后，住宅区内、公园内兴建了各种全民健身设施，各种群众性的体育活动积极开展。近年来，大众体育事业的发展是有目共睹的，但广大人民群众的体育活动较多在低水平的体育场馆中开展。尽管目前已建有不少经营性的功能较为齐全的体育场馆，但大多数的普通消费者倾向于选择在公共场所或免费场地进行体育活动，以年轻群体为主的少数消费者选择前往设施完备的专业性体育场馆进行锻炼。因此，从全民健身的日常性、普及性出发，如何使大众产生对高质量体育场馆服务的需求和形成体育消费的习惯，是当前亟待解决的问题。这不仅依赖于整个社会经济水平的提高，还对体育场馆的经营提出了要求。现代科技的发展提高了社会劳动生产率，缩短了工作时间，使人们获得了更多的闲暇时间。闲暇时间的生活质量高低成为衡量人们生活好坏的标准之一。如今，以体育锻炼为主要内容的闲暇生活已经成为人们一种时尚和高质量的生活方式。

从发达国家的经验来看，尽管普通群众普遍有较高的消费能力，大众体育场馆的经营还是需要国家和政府进行补贴和投资。在我国目前国情下，想完全依靠国家资助投资体育场馆的经营不是出路，体育场馆的经营应该在现有条件下拓宽思路、另辟蹊径，采取 PPP 模式、政府购买服务等公私合作方式，建设系统的、全面的体育活动场馆，不断满足大众的体育活动的需求，但目前仍有约 90% 的体育场馆还是由场地方自主运营，而非与社会组织合作运营或委托运营。

二、提高体育场馆的经济效益，弥补体育经费的不足

体育经济的发展使体育场馆增加了经费来源渠道，即由主要依靠国家拨款转变为以经营收入为主、国家拨款为辅甚至完全达到自收自支状态，在一定程度上减轻了国家的财政负担，弥补了体育经费的不足。

现代体育场馆建设是出于经营需要和增加营业收入的目的。不少人在选择体育场馆时，往往很注重体育场馆是否具有较完善的体育设施，也有人是由于对某体育场馆的体育活动有较浓厚的兴趣而选择的。

体育场馆设施的完善与否、体育器材的现代化程度高低，能够在很大程度上影响体育场馆使用率。设施较完善的体育场馆，消费者就比较稳定，否则消费者往往不够稳定，特别是到了营业淡季，使用率的下降非常明显。例如北京某体育馆，只有少量的体育场地在经营的初期使用率较低。经调查发现，该体育馆使用率不高的主要原因就是人们对其体育场馆设施不满意。后来该体育馆的决策者投入大量资金增设了较大规模的游泳池、10条球道的保龄球馆等，使体育馆的服务项目更加丰富。从此以后，该体育馆的使用率一直保持在较高水平，而体育场馆的投资也很快就收回来了。

在一个越来越讲求效益的时代，在个体权利和大众权益越来越受到重视的社会，人们逐渐把目光投向了那些支撑着体育活力的相关资源。群众很容易就发出这样的疑问：为什么漂亮的体育场馆里却没有自己锻炼的空间？

2003年12月，"2003中国体育场馆经营论坛"在北京举行，来自国内外的一批体育场馆融资、设计、运营领域的专家共同为中国体育场馆的经营献计献策。围绕着北京奥运会相关体育场馆经营的研讨会已经举行了4次。学者和专家们一致认为：中国体育场馆存在着总体数量不足与浪费闲置并存的不平衡状况，以及功能单一与需求多元的矛盾。这一矛盾长期存在，至今仍是我国大型体育场馆，特别是为综合性国际赛事而修建的比赛场馆其赛后的运营面临的主要问题，贯穿赛事申办到结束之中。体育场馆的相关问题早已不仅是百姓闲暇时的话题，而且日益成为一个具有学术价值甚至政治意味的课题。

在中国，长期以来体育场馆里的"主角"都是运动员，是体育运动中的精英。因为很长一段时间以来，修建体育场馆的目的就是营造一个运动员比赛、群众观赏的体育文化氛围。这样一来，似乎大型体育场馆就是专门为运动竞赛建造的，是为运动员等体育精英们服务的，群众在体育场馆中往往是配角，是给运动员捧场的。大部分的体育场馆由体育主管部门或市场化运营的国有企业进行管理运营，作为体育系统的一部分，财政拨款、体育彩票公益金是大型体育场馆的主要资金来源。如今政府已有专项补贴，以政府购买公共服务的方式购买供群众健身使用的场馆服务。在绝大多数体育场馆里，座位所占据的面积要超过体育活动面积。当轰轰烈烈的体育比赛结束后，群众要想到体育场馆里去活动就难了。周期性很强的体育比赛给体育场馆腾出了大量的时间空档，并不稳定的体育观赏者又时时为体育场馆留下大量的空座位。这是不少体育场馆面临的尴尬局面。几万个座位的看台上只有十几个人看一场足球比赛，几千个座位的体育馆里只有不足100名观众。时至今日，体育职业化改革仍无法改变大部分体育赛事上座率低的问题。

体育场馆的设计和经营是一个系统工程。很多场馆事先在设计上就没有考虑今后经营的问题，这显然会给一些老体育场馆的经营带来较多的困难，也是我们目前不少体育场馆经营和管理水平不高的原因。当前，体育场馆经营存在两个极端：一是不讲效益的使用，二是过分注重效益的禁用（关闭起来，不对外开放）。如果具备了先进的经营理念和人文情怀，我们就能大大提升体育场馆的服务质量，进而提高经济效益。

三、提高体育场馆的利用率和扩大服务范围

由于体育场馆一般地处市区较优越的地理位置，若能利用各自条件开展多种经营，对各类社会服务网点的不足会起到较好的拾遗补缺作用。

现代消费观念认为，高档体育场馆应该是一个包罗万象、应有尽有的社区，在那里人们可以享受到各方面的乐趣。随着生产力的发展和科技水平的提高，人们在生产劳动过程中的脑力劳动大大增加，社会竞争加剧，工作压力越来越大。同时，以汽车为代表的现代交通方式的普及，家务劳动的自动化、机械程度的提高，大幅度减少了人们日常的体力劳动。另外，环境污染、生态平衡被破坏以及膳食结构中高脂肪食品的增加，对人类的身体健康和全面发展带来了严重的威胁和挑战。现代化的生活方式成为现代"文明病"的主要原因。以保健、抗病、休闲和娱乐为目的的现代体育理念应运而生。

体育场馆经营就是要充分利用现有的场馆资源，不断满足人们的需求，提高其对体育活动的满意度。在满足人们一般健身消费需求的基础上，还应满足他们在康体、娱乐自我实现和提高生活质量等方面的精神需求。体育项目就是为满足这些需求、扩大服务范围而设置的服务项目。

四、提高体育场馆的档次，树立场馆形象

体育场馆档次对体育场馆的市场定位有很重要的影响，体育场馆档次高是吸引消费者的重要条件。我国的体育场馆评定还没有统一的标准，但是随着我国与国际惯例逐渐接轨，体育场馆档次的评定也将很快实现，其中应对体育场馆的内外设置有全方位的明确规定。

在体育社会学的理论中，西方国家往往把体育场馆看成"城市的代言人"。言下之意是：气派、宏伟、壮观的体育场馆能够影响人们对一个城市建筑物乃至整个城市形象的认识。当年的北京工人体育馆就曾经起到过这样的"历史作用"。朴素、实用已经成为多数体育场馆设计的趋势，当初那种更多从审美角度设计体育场馆的思路正在发生改变。

在澳大利亚，某赛马场举行一年一度的赛马总决赛时，赛马场没有一个个的独立座位，只有一级级的台阶，整个赛马场散发出一股清新、朴素的气质。可见，体育场馆应该是朴素的、实用的，是符合大众需要的，而不是华而不实的。科学、系统的经营管理，能够提高体育场馆的档次，树立场馆形象。

第二节　体育场馆经营的任务

体育场馆经营的任务就是满足人们在体育活动方面的需求。健康、长寿、智慧是人类的美好愿望。数千年来，人们一直在努力探求防御疾病、抵抗衰老、延长寿命的奥秘。今天，人们更加认识到健康的可贵，也更加重视提高生活质量。今天的人们对健康的认识已不是过去的那种单纯地将健康理解为"无病、无伤、无残"，而是对健康赋予了新的更高层次的含义，即人体健康的五种标志：躯体健康、智力健康、情感健康、社群健康（指具备良好的与别人交流、沟通的能力及适应环境的能力）、精神健康。体育场馆经营的任务就是满足人们达到新的健康标准的需求，具体应表现在以下几个方面：

一、满足人们参加体育活动的需求

人们除了参加传统的体育锻炼活动外，还在不断寻求并积极参加更有情趣的体育活动。因此，满足人们在体育锻炼方面的需求就成了体育场馆经营的任务之一。人们对体育锻炼的需求是多方面的，形式也是多种多样的，且有一般运动与专门运动之分。一般运动指散步、做操、跑步、趣味运动等；专门运动指各种专项运动，如器械锻炼、羽毛球、形体、武术、乒乓球、举重、游泳、网球、高尔夫球等。

二、满足人们练就形体的需求

由于时代不同，人们对形体美的追求标准是不一样的。过去，人们曾追求过以胖为美，看看达·芬奇画的《蒙娜丽莎》或中国唐代的仕女图，便可了解这一点。后来又曾经历过以瘦为美。而现在，人们对形体美的追求更符合科学规律，以健康为美成为大众形体美追求的目标。

形体美是一种天然健康的美。美是建立在健康基础上的，有损于健康的美不会长久，也不可能是真正的美。一个人的身材、容貌是与先天因素如遗传和后天因素如营养、锻炼以及健康状态密切相关的。形体美来源于科学合理的营养和锻炼，这是青春常驻、健美持久的重要因素。从现代审美观点来看，形体美应身姿丰满、挺拔，拥有健美而富有弹性的肌肉，以及充满青春活力的精神面貌和气质。具体来说，可以从以下各方面来衡量形体美：骨骼发育正常，身体各部分均匀相称；肌肤柔润、嫩滑而富有弹性，体态丰满而不觉肥胖臃肿；眼睛有神，五官端正并与脸型协调配合；双肩对称，圆浑健壮，无缩脖或垂启之感；脊柱背视直线，侧视具有正常的体型曲线，肩胛骨无翼状隆起和上翻的感觉；胸廓宽厚，胸肌圆隆、丰满而不下垂；腰细而有力，微呈圆柱形，腹部扁平，标准的腰围应比胸围约细 1/3；臀部鼓实微微上翘，不显下坠；下肢修长，两腿并拢时正视和侧视均无屈曲感；双臂骨肉均衡；肤色红润晶莹，充满阳光的健康色彩；整体观望无粗笨、虚胖或过分纤细的感觉，重心平衡，比例协调。

一个人要获得这样的形体美，最直接的方法就是参加各种体育活动。随着经济的发展、社会的进步以及人们生活水平的不断提高，人们对形体美的要求也越来越高。满足人们在这方面的需求也是体育场馆经营的任务之一。塑造健美的形体可以在健身房及其他运动项目中或在健美培训班中进行。

三、满足人们体育娱乐的需求

人们对娱乐的需求历来就有。体育场馆里的人们来自四面八方，他们的娱乐需求因人而异。因此，体育场馆经营的任务之一就是为人们提供丰富多彩的体育娱乐服务，以满足他们的需求。

体育娱乐项目可分成三类：第一类是以亲身参与而不需要辅导为主，如到体育场馆进行器械练习、打羽毛球、打网球、踢足球、打篮球、游泳等；第二类是以观赏为主，如观看各种体育比赛等；第三类是以参加培训或辅导为主，如参加网球培训班、篮球培训班、乒乓球培训班、高尔夫球培训、武术培训等。这些项目都具有很强的生命力，并已被越来越多的人所接受。这些体育活动之所以受到人们的喜爱，其主要原因就是这些体育活动有很强的娱乐性，能够给人带来欢乐，充实闲暇时光。因此，体育场馆经营的任务还应包括为人们提供体育娱乐服务，满足他们体育娱乐的需求。

四、满足人们安全的需求

做好设施设备的安全保养工作，满足人们安全的需求，为他们提供一个既安全又舒适的体育休闲环境，是体育场馆经营的基本任务之一。

这个问题可以从两方面去认识：一方面，任何一项活动都可能存在着不安全因素。

例如，打保龄球可能出现滑倒、摔伤或扭伤的危险，游泳可能出现溺水的危险。这就需要体育场馆的服务人员时刻注意人们的活动情况，及时提示人们按照安全规范参与体育活动。另一方面，随着设备使用次数的增加、使用时间的延长、累计客流量的增加，设备的损耗和老化就会加快，不安全因素也会增加。如果不注意设备的检查和保养，就有可能给人们带来伤害。例如，水滑梯的接口如不及时检修，就可能发生划伤使用者皮肤的事故；游泳池附近的地面如果滋生青苔，就可能使人们滑倒摔伤；在保养保龄球道时如果不及时擦干净滴在发球区的球道油，也可能使人们滑倒摔伤。凡此种种，不一而足。体育场馆经营的一项重要任务，就是要消除这些不安全因素，尽最大努力为人们提供一个安全舒适的体育消费环境，满足他们的安全需求，同时购买必要的场地责任险也可为正常经营提供一定的保障。

五、满足人们卫生的需求

体育场馆应是个高雅、洁净的地方，但因其客流量大，设备使用频繁，所以它的卫生条件较难满足。体育场馆的环境卫生工作要经常做，设备的清洁卫生也要经常搞，设备的手柄部分由于每天被许多人触摸，清洁和消毒工作非常重要。此外，还要注意：严格控制噪声，积极采取措施以降低噪声强度；保持空气清洁，经常通风和消毒，使空气中细菌含量不超过卫生防疫部门规定的标准；空气的温度、湿度要控制适当；采光照明要符合规定。游泳池水需要循环过滤并且应该每天定时投药消毒。不同的消毒方式需要用不同的化验方式进行监测，其测量值应保证符合卫生防疫部门规定的标准。

总之，要每时每刻保持体育场馆的环境卫生和设备卫生，为人们提供优雅、洁净的体育环境，满足他们卫生的需求，是体育场馆经营的基本任务之一。

六、满足人们对体育技术、技巧学习的需求

体育场馆经营的体育项目，一般都要求使用它的人们具有一定的技能、技巧；有些项目的设备又具有较高的科技含量，使用时必须按照有关的使用规定去操作，否则就可能损坏设备或发生其他事故。对于初次来体育场馆消费的人们，有些看似简单的项目，实际操作却需要较全面的技能、技巧，为了避免发生事故，提高运动效果，体育场馆经营服务人员应向人们提供耐心、正确的指导性服务。

健身房的运动器械各不相同，设备的复杂程度也不一样，尤其是那些较为先进的设备，如由电脑控制的健身单车、跑步机等，而人们对运动项目的熟悉程度因人而异，因此体育场馆经营服务人员要不失时机地提示和帮助人们。

另外，一些运动项目的技术要求很高，也需要服务员甚至专业的教练员向不熟悉该项运动的人们提供技术上或规则上的服务，如网球、壁球、台球等。有些项目还可以通过开办培训班的形式向人们提供技术上的服务，以满足他们在运动技能技巧方面的需求。近几年，为响应国家"带动3亿人参与冰雪运动"的号召，一些开展冰雪运动的体育场馆在固定时间段会开设公开课，在非固定时间段会提供有偿的私人教练服务，为不同客户群体提供所对应的服务产品。

思考与实践

1. 简要说明体育场馆经营的目的。
2. 结合实际举例说明体育场馆经营的任务。

第四章

体育场馆的经营模式

■学习目标

1. 学习体育场馆经营模式中的 BOT 模式，清楚 BOT 的内容和特点，在此基础上掌握 BOT 经营的具体方式，结合实际进行适用性分析，总结出该模式在经营中需要注意的问题。

2. 学习租赁经营模式，了解其概念、作用及意义，明确其适用的范围。

3. 学习体育场馆承包经营模式，明晰该模式的含义及其相关法律依据。

4. 清楚社会力量投资运营体育场地时所面临的政策困境，并思考采取何种相关措施应对。

第一节　BOT 经营模式

一、BOT 经营的内容和特点

（一）BOT 经营的内容

BOT 是英文 Build Operation Transfer 的缩写，产生于 20 世纪 80 年代初，指的是私营机构（本国和外国的公司）参与国家项目（一般是基础设施或公共工程项目）的开发和运营。政府同私营部门的项目公司签订合同，由该项目公司筹资设计并承建一个具体项目，在双方协定的一段时间内，由该项目公司通过经营该项目获得的资金偿还债务、收回投资、取得利润。政府机构与私营公司之间形成一种"伙伴关系"，以此在互惠互利、商业化、社会化的基础上分配与项目计划有关的资源和利益并分担风险。起初，BOT 产生的目的在于吸收国外资金投资本国基础设施建设，现在许多亚洲国家已经将 BOT 方式的项目公司的范围扩展到国内私人投资的领域，以吸收民间资本参与基础设施和公共工程的建设。

（二）BOT 经营的特点

BOT 作为项目融资方式的一种，具有与一般融资方式明显不同的特征：①项目导向性。项目融资的典型特征就是以项目为主体的融资安排，贷款银行在项目融资中的注意力主要放在项目在贷款期间能够产生多少现金流量用于还款，贷款的数量、融资的成本以及融资结构的设计都是与项目的未来现金流量和资产价值直接联系在一起的。这一特点可以使投资者得到较好的担保条件，以提高贷款比例。一般的 BOT 可以获得较高的贷款比例，根据项目的状况通常可以筹集 60%~75% 的贷款，有些项目甚至可以得到 90% 以上的贷款。②债务有限追索和风险分担。债务追索，是指借款人未按约定偿还债务，贷款人可以拥有要求借款人用除抵押资产之外的其他资产偿还债务的权利。为了实现 BOT 项目的有限追索，对项目有关的各种风险要素，需要以某种形式在项目投资者、与项目开发有直接或间接利益关系的其他参与者和贷款人之间进行分担。③非公司负债型融资。这里指的是项目的债务不表现在项目投资者公司资产负债表中，或是这种债务只以某种说明的形式反映在公司资产负债表的注释中，从而使得项目投资者有机会从事超过自身资产规模的项目投资，或是同时进行几个较大的项目开发。

二、体育场馆采用 BOT 经营模式的适用性分析

体育场馆建设具有部分竞争性，为了弥补政府投资以外的资金来源，应当大力吸引国外资金和民间资本进入这一领域。

在国外，体育健身娱乐场所大部分为民间资本投资。在英国，个人对体育健身娱乐场所的投资额是政府公共投资额的 5.3 倍，在西班牙这一数字是 6 倍多。我国目前居民储蓄存款较高，保险基金、社保基金等机构投资者不断壮大。如果政策上为民间资本通过 BOT 方式提供了制度保障，我国民间资本完全具备投资体育场馆的资金实力和物质条件。下面我们从适用性的角度来分析这一融资模式。一般讲，一个投资项目的适用与否是从其收益性、风险性和流动性的角度来分析的。因此，我们具体以北京奥运场馆 BOT 经营模式的适用性为例进行探讨。首先，由于体育场馆经营可以场馆经营权转移收取租金、场馆广告摊位出租、场馆冠名权出售、门票收入实现经济利益，所以奥运场馆具有相当大的商业投资价值，符合收益性的要求。根据北京申奥委的预测，仅 2008 年北京奥运会期间的门票收入就可能达到 1.4 亿元。其次，与任何项目的投资一样，奥运场馆的投资也面临市场的、政策的风险。体育场馆建设是一项有利于全民发展的事业，可以得到政府的支持，因此其政策风险会比一般的投资小。而且，BOT 项目可以取得来自工程承包商、场馆使用方、场馆设施供应商、经营商的担保，从而降低 BOT 项目的经营风险。最后，从流动性的角度看，虽然奥运场馆投资的资金是以固定资产的形式存在的，但是由于 BOT 项目以项目为导向，单个项目资产的低流动性不会影响投资方的其他资产的流动速度。

北京奥运场馆建设积极借鉴发达国家的先进经验，采用 BOT 模式，将场馆建设与赛后利用有机地结合起来。北京 12 个新建奥运场馆共投资 83.69 亿元，其中业主自筹占 50.46%，地方财政投资占 25.51%，国家财政投资占 10.67%，海外华人捐赠占 13.35%[①]。

由以上分析可知，在奥运场馆建设中运用 BOT 经营方式具有可能的基础和可行的条件。并且，从实施意义的角度看，采用 BOT 方式具有以下几个优势：一是化解我国面临的体育场馆滞后和体育场馆建设资金不足的矛盾，可以加速奥运场馆的发展；二是改善我国利用外资的资金结构，拓宽外资来源，突破原有利用外资的固定模式，降低国家外债比重；三是促使政府加强对重大项目的宏观管理，提高体育场馆设施建设

---

① http://www.gmw.cn/01gmrb/2009-08/06/content_959175.

的营运效率；四是逐步培养体育场馆使用者有偿使用的新观念，建立体育场馆投资的良性循环；五是在不影响国家所有权的前提下，分散奥运大型场馆投资建设的风险；六是有利于在融资建设及营运管理中引进国外先进技术和管理方法。

三、体育场馆 BOT 经营的具体方式

在体育场馆 BOT 经营中，一般政府的体育行政部门代表政府行使投资人的权力，以体育场馆的投资额为股份成立独资或股份制的法人公司，专门经营管理体育场馆。

该模式是由政府组织将场馆的经营权在一定时间内移交或委托给经营性公司、非盈利性社团进行管理。该方式的不足之处在于：它容易滋生短期行为，难以保证体育场馆的公益性和社会效益。比如香港温响莱有限管理公司管理香港大球场期间，因唯利是图最后被政府收回管理权；再比如，八运会建成的上海体育馆，原归东亚集团所属的上海体育公司负责经营和管理，后因各种原因又移交上海市体委管理。

（一）BOT 经营的主要内容

（1）由发起人发起设立的项目公司以同政府签订的特许协议作为项目建设开发和安排融资的基础。

（2）项目公司将特许协议等权益转让给贷款银行作为抵押，并提供其他信用担保，安排融资。

（3）工程承包商与项目公司签订承包合同进行项目建设，并提供完工担保。

（4）经营公司根据经营协议负责项目运行、维护，获得投资收益并支付项目融资的贷款本金和利息。

（二）BOT 经营的程序

特许经营期结束时项目公司将项目的所有权移交给政府，用以支持我国公共体育事业的发展。在与政府初步达成项目投资意向或签订特许经营权合同后，项目公司发起人便可以展开筹资活动，组建成立项目公司来支付项目的投入资金并实施项目的管理。一般来讲，在国外的 BOT 项目下的 70%～90% 的资金都可以通过有限追索权的贷款或发行债券的形式得以满足，而发起人及其他投资者只需给项目公司投入 BOT 项目下的 10%～30% 的资金。在中国，由于没有对 BOT 项目的优惠贷款政策，企业债券发行市场尚不成熟，因而 BOT 方式下投资者投入的资金是占大部分的，一般要达到 50%以上。

BOT 项目的融资程序一般为：

第一步：由公司发起人募集资金发起组成项目公司，项目公司的组成资本大约为

BOT项目所需资金的50%～60%，项目发起人在项目公司中可以占5%～10%的股份。项目公司负责项目的日常管理、财务监督工作，并取得项目的收益，年终按投资比例给各个投资人分红。第二步：项目公司以自身的名义借贷或发行债券，使公司负债比率达到公司资产的40%～50%，从而利用财务杠杆效应提高各投资者的投资回报率。其中，一方面，项目公司经项目当地人民银行批准，发行一部分地方中长期债券；另一方面，可以利用国家的鼓励措施，向项目所在地的商业银行申请商业贷款，适当的情况下，可以由项目发起人或其他股东做担保。需要指出的是，使用负债筹资在现阶段我国利率水平普遍较低的经济形势下，更有利于项目公司的股东获得高额的投资回报。

以上是以项目公司为中心，对项目融资过程进行的简要说明。实际上，一个完整的BOT项目融资除了有以上谈及的公司和投资股东的股东协议、贷款银行的贷款协议，还牵涉项目公司和政府之间的特许协议和最低收入担保协议、项目公司和工程承包集团的工程承包合同、项目公司和材料供应商的材料采购合同、项目公司和最终客户的产品销售合同。如果项目公司股权中外资占主要份额，则还会涉及贷款银行和政府出口信贷机构以及和国际金融机构的贷款合同。

四、BOT经营中要注意的问题

（一）宏观管理问题

BOT项目要求有配套的管理方式。目前，我国相关法律法规等不能涵盖BOT项目投资方式的全部方面，需要政府对其程序尽快做出明确的规定。东南亚有国家成立专门机构负责BOT项目审批，其管理的经验是值得借鉴的。

目前，我国缺乏对BOT项目进行全国统一集中管理的机构，对BOT项目的引进缺乏总体性的宏观规划，对BOT项目的引进仍然处于地区分割的状态，在信息及运作经验方面不易推广，针对BOT项目的各地方政策也无法在短期内实现统一，有可能出现各自为政、布局混乱的状况。应当成立全国统一的集中管理机构，集中规划BOT项目的引进，组织有经验的咨询评估机构对BOT项目的可行性方案进行研究评估，做出合理的风险划分方案，确定项目公司的资格和公开招标的规定，制定外汇管理计划等宏观决策管理方案。与此同时，需要配备项目所在地方政府在微观运行环境中的协调监督体系。

（二）运营和产权转移的监管问题

在规定运营期限届满时，BOT项目产权发生转移，面对这个确定的结果，BOT项目投资方可能在场馆运营的后期，过度使用场馆设施和相关设备，造成届满转移时，某些资源（如机器设备）的不可再生性（过度老化）；同时，这些项目在运行过程中，可能造成对周围环境的影响或对自然资源一定程度的破坏。因此，政府必须对这些项目进行监管。

（三）隐含机会成本问题

BOT 项目的融资特征之一是：融资成本低、金额大、期限长，项目公司承担还本付息同时享有投资的回报，不需要融资方的投资，不会增加财政负担等。事实上，在基础设施建设特别是大型场馆建设方面，会牵涉使用土地的价值。若某个场馆建设需要占用价值 200 万元的土地，特许经营期为 30 年，假设市场投资回报率为 20%，那么融资方，也就是政府在土地这一项上投入的隐含机会成本为 $200 \times (1+20\%) \times 30 = 4\ 747$（万元）。融资期限越长、市场一般投资回报率越高，付出的机会成本额也越高，相应的隐含收益损失也越大。

（四）掠夺性经营问题

BOT 项目的融资特征之二是：项目公司为早日收回投资并获取利润，就必须在项目的建设和经营中采用合理的运营方式，提高生产效率和经营业绩。这就使得在使用 BOT 方式进行场馆建设时，项目公司在较长的经营期限内，可能忽视对场馆的基本维护和适当的资本性支出，加速场馆设施的折旧，这势必会降低项目公司经营期满后所回收的体育设施的价值。因此，需要对项目合同文本中的相应条款做出适当的规定，采取逐步分阶段回收方式，逐步参与项目的内部经营管理。

（五）价格水平监控问题

基础设施项目由民间资本或外商建设和经营，打破了长期以来由国家单独出资进行体育场馆建设的局面，可以提高运作效率，保证建设和服务的质量，但是，这又会产生新的问题。虽然 BOT 融资中政府可以在项目公司运营期间对其经营价格进行必要的监控，以维护本国消费者的利益，但是在市场经济条件下，对价格水平的监控绝非易事。而事实上，这些体育场馆的收费和价格水平直接影响到人民群众文化体育生活的质量和国家精神文明建设水平的高低。因此，融资方政府必须拥有对 BOT 项目经营服务收费及产品价格的监控权，事先在 BOT 合同中对收费及产品价格确定一个基准价格和相应的浮动幅度。

第二节　租赁经营模式

一、租赁概论

（一）租赁的含义

从词典中查"租赁"是租用或出租的意思。租用被解释为：以归还原物并付给一定代价为条件而使用别人的东西。习惯上从出租人的角度出发，出租物件叫租；从承租人的角度看，租人物件叫赁。和"买卖"的用法相近，租赁是一笔交易的两方不同的说法，其实都是指一个经济行为。在实际运作中，从不同的角度理解租赁，可以得到不同的释义。如融资租赁就有如下几种定义：

从法律的角度定义：租赁合同是出租人将租赁物交付承租人使用、收益，承租人支付租金的合同。融资租赁合同是出租人根据承租人对出卖人、租赁物的选择，向出卖人购买租赁物，提供给承租人使用，承租人支付租金的合同。

从监管的角度定义：融资租赁业务，是指出租人根据承租人对出卖人、租赁物的选择，向出卖人购买租赁物件，提供给承租人使用，向承租人收取租金的交易。它以出租人保留租赁物的所有权和收取租金为条件，使承租人在租赁合同期内对租赁物取得占有、使用和受益的权利。

从税务的角度定义：融资租赁是指具有融资性质和所有权转移特点的设备租赁业务，即出租人根据承租人所要求的规格、型号、性能等条件购入设备租赁给承租人，合同期内设备所有权属于出租人，承租人只拥有使用权，合同期满付清租金后，承租人有权按残值购入设备，拥有设备的所有权。

（二）租赁的历史

人们将租赁的历史起源追溯到原始社会（约 4 000 年），认为产品的剩余产生了产品的交换，而在很多场合下人们需要频繁交换闲置物品，用后再归还，而不必让渡该物品于对方。这种仅仅涉及物品使用权的交换，是最原始形态的租赁。在中国历史上，有文献记载的租赁可追溯到西周时期。《卫鼎（甲）铭》记载，邦君厉把周王赐给他的五田，出租了四田。这是把土地出租的例子。据历史学家考证，涉及租赁叛乱的诉讼，在西周中期以后已不少见。从封建社会到中国近代，向农民收取地租始终是统治阶级实行封建统治、剥削农民的一个重要工具，维护以地租为核心的土地制度成为中国封建统治的一个重要特点。

一般认为是 19 世纪以后随着资本主义生产关系的建立和发展而建立起来的租赁制度属于近代租赁。人类社会从封建社会进入资本主义社会，其社会生产力大幅提高，社会化大生产的规模空前扩大，作为重要经营方式的租赁也随之得以发展。最早的租赁记录是 1831 年英国法院的一个租赁纠纷案件的判例。

现代租赁的起点一般认为在 1952 年，美国加州的一家公司利用租赁的特点，将贸易和金融同时创新，把推销和金融服务融合在一起，形成融资租赁这样一种新的租赁模式。1963 年该模式传入日本，1981 年由荣毅仁先生将其从日本引入中国。开始是以利用外资为目的，引进了当时先进的国外设备和管理方式。进入 20 世纪 90 年代，各种形式的租赁在中国开始如火如荼地发展起来。仅在北京注册的租赁公司就有 1 200 多家。

（三）租赁行业在经济发展中的作用

人们通常知道汽车和房地产的发展可以七八倍、十几倍地带动其他行业的经济发展，但它仅解决企业或个人的局部需求。尽管对经济的拉动作用较大，但其效果远不如租赁全面，部分物件还需要用租赁的方式扩大消费需求。租赁，特别是融资租赁，它的最终转移所有权特征，使得企业租用设备时不再是短期行为。为满足租赁物件（机器设备）运转的要求，需要增盖厂房和增加配套的生产、生活、办公设施，从而带动了多种投资需求和消费需求，创立了长期稳定的就业岗位。这种稳定的就业机会可以给人们带来长期、稳定的经济收入，使得人们敢于消费，甚至愿意贷款消费或采用赊销（具有融资租赁的特征）的方式。这种消费方式反过来促进了租赁业的发展，使经济的发展步入良性循环的轨道，对保持社会稳定的作用更是不言而喻的。在物资过剩的微利时代，租赁兴能带动百业兴，租赁业不旺百业难旺。

（四）租赁的种类

我国的租赁已经进入创新时代，租赁业务的运作模式千变万化，这正是租赁业兴旺发达的象征。

一般人认为传统的租赁服务包括了对租赁物件的选购、维护和保养，租期结束时租赁物件不转移给承租人。这种方式叫经营性租赁。租赁物件在租赁开始时由承租人选购对象，租赁期间由承租人负责租赁物件的维修、保养；租赁结束时，租赁物件转移给承租人。这种方式叫融资租赁。在中国，租赁业已进入创新阶段，两种经营模式都在朝着相互的方向发展，其界限越来越难分清，但两种不同的运作模式税收和营运资质都有所不同。为了方便管理，按照我国颁布的《企业会计准则——租赁》中的界定，租赁只有两种：经营性租赁和融资性租赁。

（五）国外租赁业概况

现代租赁是 20 世纪 50 年代世界金融创新潮流的产物，60 年代，租赁业进入主要西方国家并逐步国际化，发展中国家于 70 年代中期也开始发展租赁业。租赁业在世界上以年平均 30% 的速度增长，在国际资本市场中占有非常重要的地位。80 年代因为经济发展逐渐稳定，竞争趋于激烈，许多税收优惠政策被取消，租赁公司为了生存开始进入创新阶段。90 年代租赁公司开始出现合并和重组，朝规模化、专业化发展。进入 21 世纪，租赁不仅提供金融服务，而且朝知识经济、信息技术方面发展，更多的是利用知识和智慧，充分发挥服务贸易的功能。

国外租赁业的发展有如下态势与特点：

（1）租赁已成为仅次于银行信贷的第二大融资方式；

（2）租赁业务额总体上增长速度快，但市场占有率分布不均衡；

（3）发达国家的租赁业的规模和市场占有率占绝对优势；

（4）发展中国家租赁业起步晚，占比小，但其中很多国家发展速度较快；

（5）发达国家租赁公司的规模庞大，业务渗透的行业十分广泛；

（6）发达国家租赁业务日益国际化。

上述态势与特点的形成是因为：市场经济条件下加速工业化是各国租赁业产生与发展的经济动因；融资与融物结合创造了租赁业独特的经济功能和竞争优势；资本结构多元化及运行方式创新是租赁业适应市场需求变化的改革方向；法律和制度规范是租赁业健康运作的前提；政府政策扶持是租赁业发展的必不可少的条件；行业协会是对租赁业纵向管理和横向协调的最佳组织形式。

（六）我国租赁业的发展状况

现代租赁是我国 1981 年从国外引进的一种先进的融资技术。因为当时我国正处于改革开放的初期，市场经济刚起步，租赁对经济环境和人才素质的要求非常高，其一开始就处于非常被动的地位。尽管如此，租赁业还是经过 1985—1988 年的设备租赁高峰和 1992 年以后的经营性租赁高增长阶段。1999 年中国人民银行在秦皇岛召开了租赁研讨会，邀请美国、日本和韩国的租赁专家参加研讨，从那时起，我国租赁业开始摆脱日本的租赁模式，从思想观念和运作模式上都发生了深刻的变化。2000 年我国的租赁业开始步入创新租赁的新阶段，《中华人民共和国合同法》《金融租赁公司管理办法》《企业会计准则第 21 号——租赁》相继出台，税收制度不断完善，租赁业有了新的转机。

二、体育场馆租赁经营的含义、作用及意义

（一）体育场馆租赁经营的含义

体育场馆租赁经营是指体育场馆出租人将体育场馆交付承租人使用、收益，承租人支付租金的合同。

体育场馆租赁经营的开展需要有四大支柱支持，即法律法规、会计准则、税收鼓励、监管制度。没有法律保障，体育场馆租赁就难以正常开展；没有会计准则，就无法准确界定经营活动属于何种法律保护范围；没有税收鼓励，租赁就会因成本高而没有吸引力；没有监管，租赁的无序发展将有可能扰乱市场秩序。四大支柱相辅相成，缺一不可，只有它们之间适度的同步建设，才能保证租赁良好的营运环境。否则法律过细反而形成漏洞，会计准则过于苛求将限制租赁的创新，监管过严制约行业的发展，税收过于优惠将成为企业的避税工具。

体育场馆租赁经营的开展还要靠五大驱动因素（经济环境、资本的供给、成本与种类、技术变革、市场的特征）。经济环境主要有良好的经济秩序，包括担保、保险体系和企业及个人信用体系。资本的供给主要是长期资本必须充足到能够抵抗融资的风险。成本与种类涉及资金来源的成本高低和租赁的运作模式。技术变革主要是科技的发展要满足租赁的需求。市场特征主要结合人们对体育场馆租赁经营的需求。目前我国体育场馆的租赁市场急待开发，暂时不存在激烈竞争的现象。

以北京奥运场馆为例。2014年北京奥运城市发展促进会代表北京官方正式说明"北京奥运场馆赛后利用总体很好"。奥运会后鸟巢以"旅游+租赁"为主要开发模式，五棵松体育馆则以"冠名+商演"为开发模式。五棵松体育馆是CBA北京首钢男篮主场馆、2019年男篮世界杯八强赛主场馆，NBA中国赛、CBA全明星赛、中国之队比赛等各项职业篮球赛事等也多次在这里举办，2022年这里还将举办冬奥会冰球比赛；除了体育赛事之外，五棵松体育馆更是国内外一线艺人来京举办演唱会的首选场馆：碧昂斯、Super Junior、后街男孩、贾斯汀·比伯、刘德华、张学友、王菲等都在这里举行过演唱会，占据了北京市大型演唱会80%的份额。这些活动的场地租赁费也是五棵松体育馆最基础和便捷的收入[1]，但是离收回投资成本还有很大的距离。

（二）体育场馆租赁经营的作用

（1）体育场馆租赁经营可以解决体育场馆维护需要的资金，以及器械和设备来源

---

[1]　https://m.sohu.com/a/294917996_680577.

问题。租赁可以渗透体育改革之中。现代体育场馆租赁经营还有一种新的方式就是资产管理租赁。过去对承租人没有强有力的监督制约机制，没有提供设备、资金和技术方面的服务，经营混乱，造成体育场馆资产流失。现代体育场馆租赁经营提供全面的服务，而且还参与经营、参与管理，弥补了过去简单体育场馆管理的缺点。

（2）合理配置体育场馆资源。体育场馆租赁经营一大特点就是合理配置社会资源。不管是企业还是事业单位，都有一些长期不用或少用的体育场馆；同时，有许多单位或个人又迫切需要使用这些体育场馆但缺乏投资资金，这便制约了体育的发展和大众体育锻炼的参与。重复投资和大量的闲置体育场馆是计划经济时代的产物，是经济发展后物资过剩的产物。通过租赁的方式可以更好、更快地化解上述矛盾。部分体育场馆在有些人看来已经是淘汰过时的、不适用的，但对于普通百姓来说，可能是可用的，通过租赁方式盘活这些体育场馆既不会造成资产流失，又可以发展体育，还可以解决国家在体育场馆维护方面的财政投资问题以及再就业问题。

（三）体育场馆租赁经营的意义

体育场馆租赁经营模式可以降低体育场馆投资者的风险，增加体育场馆的收入，提高体育场馆人员的素质，可将知识直接转化为生产力而不需要过多依靠资金。其利用人才优势和体育场馆特征，结合国家配套政策，通过撬动体育场馆内部资源的杠杆，合理配置外部社会资源，使之成为一个融资中心、销售中心和资产管理中心。其服务将产品的整个生命周期都涵盖在整个过程中，是一种全方位的服务贸易。

体育场馆租赁使得体育场馆经营发展成为知识密集型产业，没有多方面的知识、系统归纳能力、独特的创意、独立分析问题和解决问题能力的营销人员，是不能开展这方面业务的。为了开发体育场馆市场，体育场馆投资者本身面临向新观念、新技术和新的运作模式的转变。

第三节　承包经营模式

一、体育场馆承包经营的含义

一般来说，体育场馆承包经营是指体育场馆与承包者通过订立体育场馆承包经营合同，将体育场馆的全部或部分经营管理权在一定期限内交给承包者，由承包者对体育场馆进行经营管理。在体育场馆承包经营期内，由承包者承担经营风险并获取部分体育场馆的收益。

在 20 世纪 90 年代，作为改革开放初期的一种经营方式，体育场馆承包经营曾经在国内风靡一时，许多濒临破产的体育场馆因体育场馆承包经营而焕发生机，不少有远见、有魄力的体育场馆承包经营者则因此走上了自主创业之路。

体育场馆承包经营者一般都具有该行业比较丰富的经验，对该行业的发展趋势比较了解，对所承包体育场馆的现状和存在的问题也比较熟悉。这样，承包之后，其就能对症下药，通过改善经营管理，使体育场馆尽快在市场竞争中取得优势。一般来说，体育场馆在承包前后，员工、设备等硬件条件变化不大，而承包者对体育场馆的发展策略、市场方向、经营管理等软件方面做出调整。因此，可以这么说，体育场馆承包经营是一种改善经营管理产生效益和利润的创业方式。

有人认为，体育场馆承包经营已经属于过去一个时代了，现在一般都是重组、入股等方式。其实，作为一种初始的创业方式，体育场馆承包经营有着自己的特点和优势，就是在现在也还并不过时。

一般来说，承包只是在经营管理方面下工夫，承包者并不具有体育场馆的产权，因此对体育场馆的未来长远发展"话事权"有限。正如一位创业者所言，自己只有在成为"当家人"之后，才能坚持本本分分走自己的路，踏踏实实搞经营。

事实上，创业者在体育场馆承包经营成功赚得"第一桶金"后，初尝涉足商海的甜头，接下来就会采取收购或者重新打造自己的体育场馆等方式进一步发展。

二、体育场馆承包经营权及其法律依据

体育场馆承包经营权是指非所有人根据法律或合同取得对体育场馆的财产的使用权，并享有收益的权利。所谓使用经营权，就是非所有人可以根据法律或合同，直接经营或使用体育场馆所有之物，并取得因经营或使用而获取的利益之权利。

承包者不拥有场馆所有权，通过招标、谈判、协商、聘任后，场馆所有者将场馆的管理权和经营权在一定时间内移交某一公司、社团或个人全权管理，场馆运作经费自收自支。政府对场馆的承包法人或个人有比较具体的、明确的条件和要求，如体育场馆的资产评估、体育场馆的保养、维修、开放时间、门票价格、利润分成、经营年限、政府应提供的保障条件和管理权限，以及承包者应承担的民事责任等。承包者要保证履行上述职责和义务。

承包的使用经营权具有以下特征：

（1）使用经营权的基础是占有，它是一种占有支配权。从本质上看，它是对物的

直接支配权，是使用经营人和所有其他非使用经营人之间的财产关系。

（2）其核心内容是从物本身获取利益或收益，取得物的使用价值。但使用经营权人不能对物做最终的处分，如出卖、赠与或其他转让行为，以至将其消灭。

（3）它可以依法律直接取得，也可以依合同取得。这里指的使用经营权只是合法的使用经营，并受法律保护。不包括非法的使用经营。

（4）使用经营权人享有和所有权人一样的对物的请求权。

总之，使用经营权是独立于所有权的直接对物加以使用并获取利益的权利。

使用权与所有权有明确的法律规定。所有权是所有人对属于他所有的物享有直接利益以及充分、完整的支配权利。其中，使用权是所有权的四权能之一，是按照物的性能和用途加以利用的意思。使用权就是非所有权人取得物的使用价值，从物本身获取利益或收益，但使用收益权人不能对物做最终的处分。由于他不是所有人，所以他无权像所有人那样，决定该物的命运，从事买卖、赠与或其他转让行为以至将其消灭。

使用经营权不是指所有人对自己的财产所享有的使用经营权，而是指非所有人对体育场馆的财产所享有的使用经营权。我们把前者称为所有权权能的使用经营权，或所有人的使用经营权。它不是独立的权利，而只是所有权的权能之一。而后者称为与所有权相分离的使用权，或非所有人的使用经营权，它是独立的权利，是与所有权并行的一种财产权利。

一般来说，体育场馆承包经营合同应当包括下列主要条款：

（1）承包形式。承包的形式有多种，有减亏承包、盈利承包，有按比例支付承包费，也有固定承包费。

（2）承包期限。承包期限一般以三年左右为宜，太短尚无法实现目的，太长则可能因受市场变化等诸多不确定因素影响承包收益。

（3）产品（体育场馆）质量、技术（体育器械）改造任务及其他主要经济技术指标。这往往是发包人所关心的，但是作为承包人也要考虑该项任务指标对承包费以及履约能力的影响。

（4）承包前的债权债务处理。这条非常重要，特别是对已经经营多年的体育场馆而言尤其如此。最好与历史旧账割断关系。如果做不到这一点，则须谨慎考虑，要求如实披露其债权债务情况，并考虑债权实现的可能性。

（5）双方权利和义务。通常可以约定：发包的体育场馆所有者有权按体育场馆承包经营合同规定，对承包者的经营活动进行检查、监督；发包的体育场馆应当按体育场馆承包经营合同规定维护承包者的合法权益，并在职责范围内帮助协调解决承包者经营中的困难。承包者享有国家法律、法规、政策和体育场馆承包经营合同规定的经营管理自主权；承包者必须按体育场馆承包经营合同规定完成各项任务等。在签订合同时，应根据具体情况对上述内容进行细化。

（6）违约责任。由于发包的体育场馆拥有者没有履行合同，影响体育场馆承包经营合同完成时，发包的体育场馆拥有者应当承担违约责任；同样地，承包人完不成体育场馆承包经营合同任务时，也应当承担违约责任。违约责任约定应当具体明确，具有可操作性，以免违约时扯皮。

第四节　其他经营模式

一、BCO 模式[①]

无锡市属国有体育场馆的运营模式，可概括为 BCO 模式，即由政府负责投资建设（build）、由体管中心代表政府出资人负责监管（control）、由场馆运营管理平台负责经营（operate）。

2005 年起，无锡市在社会事业领域实施"政事分开、管办分离"的改革，组建无锡体管中心代表政府履行出资人职责，体管中心对所属国有资产享有使用权、处置权和收益权。体管中心成立后，又进一步实施了体育场馆所有权和经营管理权的"两权分离"改革，将所属场馆的经营管理权授予场馆市场化运作的平台——场馆运营管理公司，负责对相关体育场馆进行市场化运作、企业化管理、社会化服务。

作为体育场馆运营管理平台的国有独资公司成立后，无锡体管中心所属体育场馆新进人员不再有事业身份，全部实行聘任制，建立绩效考核办法，个人贡献与薪酬挂钩，人员的工作积极性被充分调动起来。

无锡市属国有体育场馆由企业负责经营后，全部实行"全民健身、全年无休"的工作制度，主动延长场馆开放时间，同时充分挖掘无锡的体育健身市场，利用错时调价充分提高场馆利用率，开发体育培训市场，吸引体育健身消费，实施体育场馆标准化管理。目前体育中心的游泳馆、羽毛球馆已成为群众的健身乐园。场馆运营企业作为市场主体，在市场营销中也大显身手，每年有百余场的赛事、演艺、会展和群体活

[①]　http://www.sport.gov.cn/n319/n364/c573729/content.html.

动落户各大场馆，企业举办体育赛事、文艺演出和会展，获得了良好经济效益。

二、一体化智慧运营[①]

先享后付的篮球馆，无人值守的羽毛球馆，自助进出的游泳馆，新潮的 AR 体感互动科技体育玩乐园……这是总建筑面积达 4.4 万平方米，涵盖多个体育业态和多个文化业态的阿里体育中心，也是杭州首个大型智慧文化体育综合体。

场馆依托阿里智能设备、数字媒体、人工智能、大数据等新技术，推进体育场馆新服务、新产品、新运营，结合体育新零售、运动银行、运动黑科技等元素，探索创新大型体育场馆"一体化智慧运营"新模式。

以鹏之星游泳馆为例，通过刷脸便能完成自助入场、自助取还手环、储物、支付；与此同时，入场人数、水质监测等数据也实时传送到指挥中心，场馆"大脑"及时应对不同人流量下的不同状况。

场馆还与阿里体育在支付宝轻应用"运动银行"进行了巧妙的结合。运动银行一直鼓励"运动当卡币、卡币当钱花"，在这个场馆里，用户平日里通过积累步数、看体育节目、购买运动商品等运动消费行为所积攒的卡币（卡路里币），便可以兑换成货币进行馆内消费，并享受优惠。

三、体育综合体[②]

体育综合体是城市综合体的延伸，在体育、娱乐、餐饮与零售等各业态间建立起相互依存、相互助益的能动关系，也可以简单理解为"一个空间解决体育需求"。体育综合体主要内容为青训、休闲运动、观赛。

2014 年国务院提出打造城市体育综合体；2015 年 1 月，国家体育总局印发《体育场馆运营管理办法》，提出鼓励建设体育服务综合体和体育产业集群；2016 年 6 月，国务院发布《全民健身计划（2016—2020 年）》，提出到 2020 年每周参加 1 次及以上体育锻炼的人数达到 7 亿，体育消费总规模达到 1.5 万亿元；2016 年 7 月发布的《体育产业发展"十三五"规划》将场馆服务业归为重点行业；2016 年 10 月，《国务院办公厅关于加快发展健身休闲产业的指导意见》文件中表示，"鼓励健身休闲设施与住宅、文化、商业、娱乐等综合开发，打造健身休闲服务综合体"。

① https://baijiahao.baidu.com/s? id=1640847921684846045&wfr=spider&for=pc.

② https://baijiahao.baidu.com/s? id=1651447169926475120&wfr=spider&for=pc.

（一）提升型体育中心

很多场馆建设之初，是为了运动会或者某项赛事而修建的，而没有考虑到后续的利用。大多数大型体育场馆都归属政府系统，没有经营和盈利上的压力。2016 年 4 月，国家发改委、国家体育总局等 24 个部门联合印发了《关于促进消费带动转型升级的行动方案》，提出盘活大型体育场馆资源，通过引入社会资本和公司化机制，推广所有权属于国有，经营权属于公司的分离改革模式。自此，我国大型体育场馆资源盘活进程加快。

提升型体育中心作为一个综合体育场馆提升改造项目，重点以原有竞技体育为核心，创新体育项目，融入击剑、拳击、电竞等新兴国民追捧的体育项目，配套全民健身、健身培训、餐饮住宿、休闲娱乐及商务会议等功能业态。

（二）改造型城市体育综合体

由于城市规划调整、产业布局变化、环保政策引导、企业自身转型等原因，城市工业用地内的企业逐渐搬离市区，出现大量闲置厂房、车间、仓库等物业，同时受限现有土地政策、用地指标日趋紧张等现实问题，2016 年出台的《中共中央　国务院关于进一步加强城市规划建设管理工作的若干意见》提出：利用旧厂房进行改造，融入新功能，恢复老城区功能与活力。基于全民健身热潮背景，体育产业为旧厂房改造功能融合的重点方向之一。为迎合日益激增的国民健身需求，围绕"体育+商业综合体"为核心，可打造"运动主题区+商业配套区"两大载体，汇集全民健身、健身培训、大众赛事、餐饮住宿、休闲娱乐等多种体育休闲业态，最终打造面向全民健身的多功能体育综合体。

第五节　社会力量投资运营体育场馆的政策困境

一、社会力量投资运营，场地难以获得土地使用权

土地资源是建设体育场馆的前提和基础。《中华人民共和国土地管理法》规定，我国实行土地用途管制制度，但随着土地供应日趋紧张，社会力量投资运营体育场馆在获得土地使用权方面存在较大难度。从城市建设用地性质划分看，参照《城市用地分类与规划建设用地标准》，仅体育用地（A4）和康体用地（B32）可用于建设体育场馆；从土地供应方式看，根据建设项目的性质和功能，符合国土资源部《划拨用地目

录》项目用地的可以采取划拨方式供应土地，不符合划拨用地的，应采用出让方式供地，故我国体育用地绝大多数由政府以划拨方式无偿供地。

二、利用公园绿地、废旧厂房等建设场地时，难以办理项目用地规划许可手续

利用闲置土地投资运营临时体育场馆，可破解健身"去哪儿"的难题。临时体育场馆具备搭建周期短、重复利用率高、拆迁搬迁便捷、受场地条件和季节限制较小等优点，如以气膜馆和装配式建筑为代表的新型临时体育场馆备受青睐。废旧厂房属于城市存量工业用地，用其改建体育场馆具有天然优势，将其打造成集办公、文化艺术、休闲娱乐、体育于一体的小型城市综合体，变废为宝，不仅避免了"大拆大建"的开发模式，也实现了闲置工业建筑的再利用，符合可持续发展的要求。

案例 1：武汉市某社区足球运营机构公司租赁原规划为景观绿化用地建设临时社区足球场地，投资 1 200 万元进行土地平整和项目建设，建成后对外开放。然而，运营期间，当地城管部门以擅自更改绿化用地用途，在规划预留绿地上修建临时足球场地，且社区足球场未取得"建设用地规划许可证"和"建设工程规划许可证"等理由，实施"强行"拆除。

案例 2：广州市某民营企业利用荔城街闲置用地投资开发建设的全民健身气膜运动馆。该企业向当地发改局提出利用闲置土地建设气膜馆申请，完成项目立项手续，区国土规划局批复该项目为土地平整及修缮，无须办理规划审批手续。企业启动项目后，当吹起气膜顶棚时，区国土规划局认为气膜顶棚为建筑物，督促企业按照建筑物的建设流程办理相关手续。据了解，气膜结构顶棚是一种可完全收放、拆卸及移动的新型结构材料，不属于永久性建筑物的范畴，无法按照固定建筑物取得相应的手续。区城管部门以该"构筑物"未办理用地规划许可手续，不能取得"建设工程规划许可证"为由，认定该"构筑物"和钢结构属于违章建筑，且无法采取改正措施消除对规划实施的影响，责令停工并停止供电，导致该全民健身气膜馆面临限期拆除的困境。

三、缺少利用非体育用地投资运营体育场馆的规划建设指引

国家关于利用闲置地、临时地、公园绿地等非体育用地建设体育场地的原则性政策是明确的，但并未就此给出具体的操作性政策或解释，更缺少规划建设指引性内容，难以为社会力量利用非体育用地投资运营体育场馆提供实质性指导。

四、社会力量投资运营的场馆难以享受房产税和城镇土地使用税等优惠政策

由《财政部　国家税务总局关于体育场馆房产税和城镇土地使用税政策的通知》（以下简称《通知》）可知，运营大型体育场馆的企业，符合条件的事业单位、社会团体、体育基金会和体育类民办非企业单位可作为减免房产税和土地使用税的主体。部分民营企业性质的场馆运营机构，因不符合现行税法及《通知》规定，虽企业单位运营场馆符合国家政策导向，但因相关税收政策不配套，造成同一场馆事业单位和民营企业单位运营缴纳的税负差距较大。

以李小双（仙桃）体育管理有限公司为例分析说明。该公司通过协议出让方式获得土地使用权，并缴纳土地出让金后，将原有的工业用地变更为商业用地，建设占地约 126 666 平方米的全民健身生态运动城，涵盖恒温游泳池、气膜篮球馆、羽毛球场地等 20 余个健身场馆。依《通知》规定，由于该公司目前不符合减免房产税和城镇土地使用税的主体条件，缺乏中小型体育场馆地（馆）房产税和城镇土地使用税优惠政策，故使得该公司预计每年须缴纳城镇土地使用税 101 万元左右（按照 8 元每平方米的标准缴纳）、房产税约 168 万元。

思考与实践

1. 举例说明体育场馆经营有哪些模式。

2. 简述体育场馆经营模式中的 BOT 模式。

3. 如何理解社会力量投资运营体育场地时所面临的政策困境？

第五章

体育场馆的营销

■学习目标

1. 学习体育场馆经营价格制定的方式，清楚不同制定方式的优缺点，在应用过程能够正确匹配实际情况。

2. 熟悉体育场馆经营常用的营销手段，掌握不同营销手段所带来的营销效果，适时选择。

3. 学习体育场馆竞赛活动的操作方式，掌握活动策划和实施的方法，能够独立策划一场竞赛活动。

第一节　体育场馆经营的价格制定

体育场馆经营的营销是体育场馆市场营销的一部分，并且占有重要的地位。在体育场馆和以体育消费为主、住宿为辅的度假型体育中心中，体育场馆价格的制定对其营销起着决定性的作用。

一、成本加成定价法

成本加成定价法是按产品单位成本加上一定比例的利润制定产品价格的方法。也就是在产品成本上增加一部分盈利的方法。大多数企业是按成本利润率来确定所加利润的大小的，即：价格 = 单位成本 + 单位成本 × 成本利润率 = 单位成本 × （1 + 成本利润率）。

这种方法的具体步骤为，首先确定每一个产品的变动成本；其次估计固定费用，按照预期产量分摊到单位产品上去，加上单位变动成本，求出全部成本；最后在全部成本上加上按目标利润率计算的利润额以及相关税金等，得到构成产品的价格。

公式中成本费包括：投资总额分摊、人工费用、日常管理费、维修费及其他物料消耗费。公式中的利润是指毛利，即收入减成本的差额。

这种定价方法简便易行，因此应用历史较长，应用面较广，是企业较常用的定价方法。其优点在于：

（1）计算方法简便易行，资料容易取得。

（2）根据完全成本定价，能够保证企业所耗费的全部成本得到补偿，并在正常情况下能获得一定的利润。

（3）有利于保持价格的稳定。当消费者需求量增大时，按此方法定价，产品价格不会提高，而固定的加成也使企业获得较稳定的利润。

（4）同一行业的各企业如果都采用完全成本加成定价，只要加成比例接近，所制定的价格也将接近，可以减少或避免价格竞争。

但是其缺点也同样明显，表现为：

（1）完全成本加成法忽视了产品需求弹性的变化。不同的产品在同一时期，同一产品在不同时期（产品生命周期不同阶段），同一产品在不同的市场，其需求弹性都不相同。因此产品价格在完全成本的基础上，加上一固定的加成比例，不能适应迅速变化的市场要求，缺乏应有的竞争能力。

（2）以完全成本作为定价基础缺乏灵活性，在有些情况下容易做出错误的决策。

（3）不利于企业降低产品成本。

二、目标收益定价法

目标收益定价法又称目标利润定价法，或投资收益率定价法。它是在成本的基础上，按照目标收益率的高低计算的方法。在体育场馆经营中，根据体育场馆总成本和估算的销售量，确定一个目标收益率作为定价目标的计算方法。这种方法在新建的体育场馆中应用较多，因为新建体育场馆都有投资偿还期，所以要在价格中保证到期能偿还贷款。

例如，假设某体育馆的高尔夫球馆投资 3 000 万元人民币，预计投资收益率为每年 100%，体育馆可同时接待 300 人，估计每天销售额为 5 万元，一年按营业 360 天计，请根据上述条件求出该高尔夫球馆每张门票的价格。

目标收益定价法的优点是可以保证企业既定目标利润的实现。这种方法一般是用于在市场上具有一定影响力的企业、市场占有率较高或具有垄断性质的企业。目标收益定价法的缺点是只从卖方的利益出发，没有考虑竞争因素和市场需求的情况。

前面所述的两种定价方法依据的条件中比较固定的因素较多，如成本、税率、投资额等，考虑真实情况的因素较少。下面的几种定价方法则较多考虑变化的因素、消费者心理的因素等，更加贴切现实生活中的体育场馆经营的价格制定，有利于适应不断变化的市场。

三、需求差异定价法

同一产品因不同时间、不同地点、不同人群、不同情况可以制定不同的价格。对于需求差异定价法，同一产品的价格差异并不是因为产品成本的不同而引起的，而主要是由消费者需求的差异所决定的。这种定价方法，对同一商品在同一市场上制定两个或两个以上的价格，或使不同商品价格之间的差额大于其成本之间的差额。

在体育场馆经营的价格制定中具体表现在：

（1）对不同的体育消费者的差别定价。

（2）同一产品（如游泳池）集体票和散客票价格不一样，成人与儿童价格不一样。

（3）不同购买时间差别定价：不同营业季节价格不同；不同日期（周末或重要节日与平日）价格不同；不同时段价格不同，如上午和下午价格不同；购买时间长短不同价格也不同，如保龄球包道两小时以下和两小时以上价格不同。

（4）不同场所差别定价：如室内游泳池和室外游泳池、室内网球场和室外网球场，其地点不同，价格也不同。

（5）不同付款方式的差别定价：是现金付款还是支票付款，是一次性付款还是分期付款，是预先付款还是赊账，情况不同，价格也不同。

（6）行业或系统内外的差别定价：行业内部可以协议优惠甚至免费，如保龄球协会会员享受优惠价。

需求差异定价法的优点是可以使体育场馆定价最大限度地符合市场需求，促进相关产品或服务的销售，有利于体育场馆方获取最佳的经济效益。其缺点为该定价方法必须具备一定的前提。这些前提条件包括：

（1）符合国家的相关法律法规和地方政府的相关政策。

（2）市场能够细分，且各细分市场有不同的需求弹性。顾客对产品的需求有明显的差异。

（3）不同价格的执行不会导致本企业以外的企业在不同的市场间进行套利。低价市场和高价市场之间是相互独立的，不能进行交易，否则低价市场的购买者将低价购进的商品在高价市场上出售，使企业差异定价不能实现。

（4）顾客在主观上或心理上确实认为产品存在差异。不要引起顾客的反感，不可使他们产生被歧视的感觉，从而放弃购买、抵制购买。

需求差异定价法能考虑消费者的因素，体现企业以市场为中心的营销观念，如果应用妥当，能使产品价格符合市场实际情况，但是这种方法的应用较为复杂，需要进行深入的市场调研，而要准确地确定消费者对产品价格的认同情况，是一项相当困难的工作。

四、随行就市定价法

随行就市定价法，是企业根据市场竞争格局，一般采用行业领导者价格或行业平均价格。平均价格水平在人们的观念中常被认为是"合理价格"，易被消费者接受，企业试图与竞争者和平相处，避免激烈竞争产生的风险。随行就市定价法适用于完全竞争型市场。完全竞争型市场是指本行业存在着众多的体育场馆，经营相同的产品，各自在市场上占有的份额都不大，每个体育场馆的加入和退出对市场价格没太大影响。在这种情况下，产品价格由市场整个供给量与需求量来决定，每个体育场馆的产品价格只能随行就市，跟着市场流行的价格水平走，例如北京、上海、深圳的保龄球场馆以及近年来风靡的室内射箭运动馆就是鲜活的案例。

五、垄断定价法

当一家或少数几家大公司控制了某种商品的生产和流通时，就可通过独家垄断或达成垄断协议，将商品价格定得大大超过或低于其价值的高价或低价。垄断企业及其组织操纵生产或市场，抑制竞争，通过高价获得超额利润，借助低价打击竞争者，将竞争者挤出市场。垄断企业为避免相互之间的竞争，通常公开或秘密地协商定价，以使它们的价格高于自由竞争市场的价格。垄断价格是垄断企业或组织在市场控制条件下人为确定的。由于垄断企业或垄断组织不可能无限地、长时期地抬高或压低价格，所以，它们采取的是稳定价格的策略，以边际成本和边际收入相等作为定价原则。

在体育场馆经营中，垄断体现为一家体育场馆控制了某项体育服务产品的几乎全部供应量，而且市场上几乎没有其他可替代产品的情况。在这种情况下，可以通过控制供应量来定价，可以要高价以缩小消费群体，也可以定低价以扩大消费群体。

六、声望定价法

声望定价法是指企业利用消费者仰慕品牌的心理来制定大大高于其他同类商品的价格。在市场上有许多商品在消费者心中有极高的声望，如名牌工艺品、名牌高级轿车等，消费者购买这些商品，目的在于通过消费此类产品获得极大的心理满足。他们重视的是商品的商标、品牌，重视商品能否显示他们的身份和地位。因此，可以按照消费者对这类商品的期望价值，制定出高于其他同类产品几倍，甚至十几倍的声望价格。这样既可以满足消费者的心理需求，又能增加企业盈利，促进销售。

前往体育场馆消费的客人要求消费环境好、设备档次高、服务质量好、消费群体的层次高。在很大程度上，体育场馆的价格是反映体育活动质量和消费者地位的一个标志。针对这种心理，一些体育场馆会将价格定得高一些。这种方法在高档体育场馆中常用，如某些网球场、高尔夫球场以及骑马马术训练场等。

但是声望定价法的合理应用还需要注意以下四点：

（1）必须是具有较高声望的企业或产品才能适用声望定价法，若产品没有名气，要想方设法创造名望，因而必须结合企业的广告宣传和公共关系。但在创造"声望产品"时，要有自己的特色，不能一味模仿。如1990年北京亚运会，北京、天津两地市场上几乎所有产品都贴上了熊猫"盼盼"的标志，结果哪种产品也没能给消费者留下深刻的印象。

（2）有些不易直接鉴别质量的商品可适用声望定价法。因为当无法直接判别商品质量高低时，价格便成为人们衡量质量的主要标准。高价给人"商品质量高"的感觉，相反，低价会给人"便宜无好货"的感觉。

（3）声望定价法的价格水平不宜过高，要考虑消费者的承受能力，否则，顾客只好"望名声叹"，转而购买其替代品，而且，定价太高也容易违反《制止牟取暴利的暂行规定》。

（4）当声望产品被创造出来后，其有关标志要及时注册，用法律保护起来，以免被他人败坏声誉。

七、变动成本定价法

变动成本定价法是以产品的变动成本为基础，加上一定数额的边际贡献，以二者之和作为产品价格的定价方法。在这种方法下，作为价格基础的变动成本可采用标准成本，也可采用近几期平均实际单位成本。加成的边际贡献的确定有一定弹性，其数额取决于企业经营管理的具体情况。变动成本定价法的优点是重视变动成本的补偿，在产品定价中运用边际利润概念，使企业可在边际利润大于或等于零的较大幅度范围内灵活确定价格，以适应市场机制，并在竞争中求得生存和发展。

由于市场竞争激烈，或者在经济环境较差的情况下，经营者为了使体育场馆不至于破产倒闭，个别体育场馆采取以变动成本为基础制定价格的方法。也就是不计固定成本及折旧等，这样做是为了应付竞争。例如 1999 年北京的某个保龄球场曾将某一时段每局球的价格定为 4 元，就是利用变动成本定价法计算的，使企业在逆境中尽量获得一些经济利益得以补偿损失与消耗。

第二节　体育场馆经营的营销手段

一、营销渠道

营销手段有很多。为便于讨论，现将适于体育场馆经营应用的营销手段的模式介绍如下：

（一）直接销售系统

直接销售系统是指零级渠道，即没有渠道中间商参与的一种渠道结构。零级渠道，也可以理解为是一种分销渠道结构的特殊情况。在零级渠道中，产品或服务直接由生产者销售给消费者。零级渠道是大型或贵重产品以及技术复杂、需要提供专门服务的产品销售采取的主要渠道。

其主要优势在于：直线销售关注的是与顾客建立一种直接的关系，让顾客能够直接与厂家互动。直销的商品要靠直销人员的推广，而刺激直销人员行动的重要因素则是奖金以及分红，并以"自己的事业""永久的事业"为重点，故在奖金的分配上要极为合理。另外，营销人员应将商品的特点、好处、利益、用途、用法、用量充分展现，以刺激购买，这些方法要比单纯的电视广告或平面广告有效得多，基于以上的因素，在价格定位时，一般皆定较高价位或较高利润。直销方式还需要企业建立良好的客户信息数据库，有较强的技术支持能力。体育场馆经营最好能收集到消费者反馈的第一手资料，便于促进服务。然而直接销售的明显缺点是不能适应社会化大生产。任何体育场馆都不可能在全世界各个目标市场设点销售，因而无法有效地组织大量消费群。不过，就体育场馆经营而言，散客依然是主要的消费者，这种销售渠道是主要渠道。

（二）间接销售系统

间接销售指生产者通过流通领域的中间环节把商品销售给消费者。基本模式为：生产者—中间商—消费者。间接销售是社会分工的结果，通过专业化分工使得商品的销售工作简单化；中间商的介入分担了生产者的经营风险；借助于中间环节，可增加商品销售的覆盖面，有利于提高商品市场占有率。但中间环节太多，会增加商品的经营成本。

间接销售的优点在于：

（1）企业可以利用国内其他组织机构在国外的分销渠道和营销经验，迅速将产品推向国外市场，为生产企业缩短了买卖时间，在一定程度上帮助生产企业节约了资金，有利于生产企业把人、财、物等资源集中用于发展生产，可以取得更良好的时间效益。

（2）减少了企业所承担的外汇风险及各种出口信贷的风险，使资金的使用有一定的安全性。

（3）企业不必设置从事进出口业务的专门机构或专门人员，可以节省人力、物力和财力，集中精力搞好生产。因为中间商具有较丰富的市场营销知识和经验，又与顾客保持着密切而广泛的联系，了解市场情况及顾客的需求特点，因而能够有效地促进商品的销售，弥补生产企业销售能力弱的缺陷。

（4）在间接渠道中，中间环节承担了采购、运输和销售的任务，起到了集中存储、平衡与扩散商品的作用，进而调节了生产与消费需求之间的商品数量的矛盾。

然而其缺点体现在：

（1）限制了企业在国外市场上的经营销售能力的提升。

（2）间接分销渠道主要用于缺乏出口经验、没有海外分销渠道和信息网络的中小生产企业。

在体育场馆经营中，这种销售系统是体育场馆通过中间商，将产品销售给消费者的销售系统。间接销售因中间环节的不同又分为以下几种：

1. 一阶销售

生产者通过经销商将产品组合包价后出售，称为一阶销售。也有生产者通过零售商将产品出售的情况。体育场馆经营通常采用一阶销售。

一阶销售克服了零阶销售的一些缺点。由于体育产品是组合产品，通过经销商的组合再出售，有利于体育产品的流通和扩展产品的功能，能够为人们提供更大的便利。这样可以为体育场馆节省销售费用。

2. 二阶销售

有两个以上间接环节的销售渠道为二阶销售。体育场馆的服务产品通过经销商再通过批发商或零售商出售，批发商扩大了流通范围和规模。这种销售方式体育场馆也常应用。

此外，还有三阶及以上的多阶销售，这里就不一一介绍了。

二、服务产品促销

体育服务产品的促销就是把体育场馆的服务产品对消费者进行报道、说明，以影响消费者的购买行为和消费方式，从而达到扩大销售的目的。

体育服务产品的促销方式有三种：

（一）人员推销

人员推销是一种最古老的推销方式，即企业派专职或兼职的推销人员直接向可能的购买者进行的推销活动。人员推销是一种具有很强人性因素的、独特的促销手段。它具备许多区别于其他促销手段的特点，可完成许多其他促销手段无法实现的目标，其效果是极其显著的。相对而言，人员推销较适于推销性能复杂的产品。当销售活动需要更多地解决问题和说服工作时，人员推销是最佳选择。说服和解释能力在人员推销活动中尤为重要，它会直接影响推销效果。

在体育场馆经营中，人员推销是体育场馆派出推销人员或委派专职推销机构向目标市场的人们介绍和销售体育产品的促销活动。人员推销与其他促销手段相比具有不可替代的作用，是一种重要的促销方式。很多体育场馆都采用这种促销方式，特别是每到重大节假日之前，它们便派出销售人员到重点客户单位或家庭登门推销。

人员推销的优点：

（1）能面对面地谈业务。这种推销也是一种沟通过程，能够当面向客户提供信息，并能当时就听到客户的反馈，便于了解竞争情况和市场动态。

（2）有利于销售人员与客户建立良好的人际关系。

（3）人员推销往往可在推销后立即成交。在推销现场使顾客进行购买决策，完成购买行动。

（4）针对性强。推销人员可选择一些可能购买本体育场馆体育服务产品的客户，成功的概率高。

（5）成本效率高。这是指成本费用转换成销售额的转换率高。

（6）人员推销可满足推销员和潜在顾客的特定需要，针对不同类型的顾客，推销员可采取不同的、有针对性的推销手段和策略。

人员推销的缺点：

（1）市场面窄，声势小。

（2）可能出现因推销人员方法不当而损坏体育场馆声誉的现象。

（3）人员推销成本高，所需人力、物力、财力和时间量大。

（二）营业推广

营业推广实质上是一种沟通活动，即营销者发出作为刺激物的各种信息，把信息传递到一个或更多的目标对象，采用陈列、展示、表演、优惠销售、奖励购买等方式刺激市场，以使市场产生较快、较强的反应，从而影响消费者态度和行为，促进销售。

营业推广的具体方式很多：

（1）优惠券。例如许诺人们持报纸上刊登的广告能够享受优惠价格消费，《北京晚报》和《北京青年报》就经常刊登这类广告。另外还有在美团、拼多多等 App 上商家发布的 7 天超低价格体验健身房、超低价格享受健身房私教一节课的服务等。

（2）免费试用。例如健身房新购置了健身器械，为展示其优良的性能并鼓励消费，允许消费者在特定的时间免费试用，一来鼓励更多的人加入健身房，为健身房注入活力，二来测试新器械的性能。

（3）赠送小礼品。向人们赠送有纪念意义的小礼品，以鼓励其增加消费。

（4）抽奖促销。人们消费后可参加抽奖活动，中奖后可能得到高于所消费价值的奖品。这是各体育场所经常采用的促销方式。

（5）折扣减免。对团体顾客给予折扣优惠；在营业淡季时，票价打折销售。如某保龄球馆晚上的价格为每道每局 20 元，而周一至周五的上午打三折，每道每局 6 元。

（6）设立俱乐部。以设立俱乐部的形式联络感情，以稳定消费者、增加销售。例如设立健身俱乐部、潜水俱乐部、网球俱乐部、高尔夫俱乐部、保龄球俱乐部等。

（三）广告推销

广告推销指通过宣传，向顾客传递商品信息，唤起他们的购买欲，以推动产品销售的广告行为。这是企业产品推销中广泛采用的一种形式。推销广告要说明产品可以满足消费者哪种需要，说明产品有哪些突出特征，标明购买价格和地点。设计推销广告时要使之具有真实性、简练性、创造性、吸引力，并富有美感，使人看了容易产生联想，激发购买的欲望，以达到推销目的。

放到体育场馆营销中，广告推销是指体育场馆通过支付费用给大众传播媒体，购买时间、空间或版面，用以向目标购买者及公众传达商品和服务的特征以及人们可能得到的利益，激起消费者的购买欲所进行的活动。

广告的作用有以下五点：

（1）树立、维护、改善体育场馆的形象和声望。它能使消费者在对体育活动有需求时，自动寻找做广告的体育场馆咨询或商洽。

（2）宣传产品和服务。商品广告就是向市场介绍产品和服务的用途、特点以及形象和顾客可得到的利益，提示购买产品的方法、营业时间、服务内容和购买地点。例如北京的工体保龄球馆（有 100 条球道）所登的广告主要介绍的是其球馆的特点和服务水准。

（3）诱导消费，刺激需求，提高销售量。通过广告引导人们购买自己的产品，提供优质的服务，从而达到使公众对本体育场馆产品和服务产生一种黏性。

（4）指导消费，培养消费者。通过广告使购买者相信本体育场馆产品和服务的更多用途，了解产品的常识，指导人们选择产品，并指导消费者去哪里、怎样去、何时去等。

（5）丰富生活。广告可以制作成精美的艺术品，增加人们的生活情趣，丰富人们的生活，汇集各方面的信息，提高人们的生活档次。

第三节　体育场馆竞赛活动的组织

策划和组织竞赛活动是一种重要的促销手段。在体育场馆举办各种体育项目的竞赛活动是常被采用并且很有效的促销手段。体育场馆举办的竞赛活动有台球、保龄球、壁球、网球、游泳、乒乓球、羽毛球、游泳、武术等。

一、竞赛活动的策划

成功地举办竞赛活动，实质上是体育场馆在了解市场需求的基础上，依据体育场馆的实际情况做出有关竞赛的决策和实施竞赛决策的过程。

（一）目标的确定

在举办竞赛活动之前，首先应该对市场和本体育场馆的经营情况进行调查研究，收集有关信息，并加以整理分析，为决策提供依据。这些信息包括某个体育项目的市场需求量、该项目的市场供应量、消费群体对本体育场馆的了解情况、本体育场馆该项目的营业情况等。根据这些信息，做出是否举办竞赛活动的决策，确定举办哪一个项目的竞赛，确定竞赛的目的主要是提高体育场馆知名度还是为了直接增加销售额，确定比赛的名称，例如"海燕杯"台球赛、"丽都杯"保龄球赛等。

（二）预算的编制

这里所说的预算是指某项竞赛活动的支出和收入计划。其支出内容包括购买奖品和发放奖品支出、宣传费用支出、人员劳务支出等。其中，购买奖品应视竞赛活动规模的大小、持续时间的长短、竞赛活动对体育场馆影响的大小来决定。有的竞赛奖品只颁发一只奖杯，有的竞赛奖品却很贵重，例如有的高尔夫球赛的奖品是一辆奔驰牌轿车，有的保龄球比赛的奖品是一辆桑塔纳牌轿车。奖品的设置也有很大差异，例如台球赛的奖品有的价值几千元，有的却价值几万元。宣传费支出包括在媒体做广告的费用、印制海报或传单等宣传品的费用、制作标语横幅的费用等。人员劳务支出费用包括外请裁判员的劳务费、为组织本次活动而开展的员工培训费用。除上述费用外，还有赠送礼品费用、聘请的顾问或邀请的嘉宾的交通费及食宿费用等。预算收入包括参赛运动员的报名费以及为熟悉场馆而练习时支付的费用等。

（三）资金的筹措

体育场馆举办竞赛活动的资金可以考虑从以下几方面筹措：

1. 体育场馆拨款

由于体育场馆不同，各种拨款的出处也不同，有的体育场馆从经营费用中列支，有的从公关费用中列支。如果体育场馆财务记账项目中有大型活动经费项目的话，则应从该项目中列支。

2. 其他单位赞助

有的体育场馆为了提高本体育场馆知名度会赞助一些具有一定影响力的大型活动，有的体育场馆为了促销本体育场馆的产品而赞助大型活动，有的单位、公司或行业协会为了支持带有社会公益性质的活动而愿意提供赞助。这些赞助一般不要求太高的回报，往往要求冠以赞助者名称或其产品名称，例如"剑牌杯台球邀请赛""场馆杯保龄球大赛"等。

3. 个人赞助

有的私人体育场馆老板或许是为了宣传推广，或许是对某个体育项目情有独钟，愿意为该项目提供赞助。这类赞助也可作为体育项目竞赛活动的筹资渠道。

（四）奖项的设立

设立奖项是为了鼓励大众报名参赛。一般，奖项的种类可相对多一些。以保龄球比赛为例，除设立冠军、亚军、季军外，还可为前 8 名或前 16 名设奖，也可设立单局最高分奖、嘉宾奖等。

在奖项设立之后，还要设定奖品和奖金。奖品和奖金的设定应根据举办竞赛活动资金情况而定，如果资金充足，则奖品和奖金的费用可多一些，从而竞赛活动的轰动效应和吸引力也会大一些。

（五）宣传的开展

在竞赛活动举办前和举办过程中，宣传工作很重要。

1. 宣传的目的

通过宣传竞赛活动，塑造体育场馆形象，提高体育场馆知名度，提升体育场馆影响力，吸引大众参赛。

2. 宣传的方式

宣传体育项目竞赛活动时，可以采用多渠道、多角度的宣传方法，如贴海报、发宣传资料、在媒体投放广告。也可采用由公关销售人员或服务员向人们面对面宣传动员的方式。

二、竞赛活动的实施

竞赛活动的实施是指从设立竞赛组织委员会到竞赛结束的具体操作过程。这个过程包括以下几方面的内容：

（一）设立竞赛组织委员会

竞赛组织委员会设立主任一名，副主任若干名。主任、副主任一般由体育场馆的行政领导担任，其中常务副主任必须是组织竞赛活动的内行人士。组委会下设竞赛办公室、裁判委员会、仲裁委员会。竞赛办公室负责竞赛活动的事务性工作；裁判委员会设委员若干名，负责比赛的裁判工作；仲裁委员会设委员若干名，负责处理在比赛期间运动员或教练员与裁判员之间发生争议的仲裁。

（二）聘请竞赛活动顾问

聘请顾问的目的一是为了请专家来指导，使竞赛活动实施得更为圆满；二是为竞赛壮大声势。所以，聘请的顾问应是业界的名人和专家，如高层领导、行业协会代表、资深运动员等。

（三）确定竞赛具体日程

竞赛日程包括参赛者报名日期和报名地点、竞赛的时间和地点。

（四）制定竞赛规则，规定注意事项

竞赛规则是指要求运动员、教练员、裁判员都必须遵守的规定或章程。

竞赛注意事项是指与竞赛有关事务的解释性条文，如报到注意事项、交通和食宿安排、着装要求、运动器械的准备及要求等。

（五）决定抽签办法和抽签时间

在一般情况下，竞赛的顺序都是用抽签的办法来确定的。竞赛组织委员会决定抽签的形式、抽签的时间和地点，并通知各参赛队和参赛运动员按时抽签。此外，还负责公布抽签分组的情况。

（六）安排竞赛全过程的裁判及服务工作

裁判工作由裁判委员会具体负责，裁判长应根据竞赛分组的要求安排好各竞赛场馆的裁判员。在竞赛过程中，裁判员应认真做好裁判工作，并将裁判情况做好记录，由运动员签名确认后存档备查。在竞赛过程中，体育场馆经营服务员应做好服务工作，如协助参赛人员报到、检录，安排参赛人员休息和等候竞赛，提供饮品，传递和记录竞赛信息，维持竞赛场馆秩序等。

思考与实践

1. 论述体育场馆经营价格制定的方法。

2. 简述需求差异定价法。

3. 体育产品的促销方式有哪些，请举例说明。

4. 如何策划好一场体育馆竞赛活动？

第六章

体育场馆经营的法律基础

■学习目标

1. 在学习国家性经营法规的基础上，进一步了解国家体育场馆经营的法规，帮助经营者维护自己的合法权益。

2. 熟悉地方性体育场馆经营法规，其法律约束性比国家法规小，也是学习的重点。

3. 学习专项性体育场馆经营法规，明确适用于国内和国际赛事的体育场馆专项性法规，为体育场馆的经营提供理论基础。

第一节　国家体育场馆经营法规

一、国家经营法规

近年来，随着我国对商事活动的规制增多，国家经营法规体系也日益完善。国家经营法规主要包括《企业经营范围登记管理规定》《企业名称登记管理实施办法》《个体工商户登记程序规定》《商业特许经营管理办法》等。

经营者按照这些经营法规中的程序和内容进行登记，获得合法授权，以开展相关的经营活动。在这些经营法规中，《企业经营范围登记管理规定》阐明了申请和注册流程以及相关的业务范围问题，包括许可前的业务和许可后的业务。根据该法规，企业必须依法向公众公开其营业场所。如果公司的业务过程包含批准的业务领域，则在从批准机构获得批准文件和证书之日起的 20 个工作日内，企业应当将批准文件、证书名称和其他事项通过信息系统公开；则企业应在成立之日起 20 个工作日内向公众发布业务领域；审计批准机构的批准文件和证书发生变更的，企业应当自变更批准之日起 20 个工作日内通过公司信用信息披露制度向公司发布相应变更。同时，根据规定，企业的业务发生过程必须代表企业体现或反映其行业特征；对于跨行业企业，其业务领域中的第一个业务领域属于企业所在行业，法规解决了注册公司的相关业务规模问题。为了使公司能够开展业务，无需再次进行审批流程；法规还包含对未经授权或注册的公司进行调查和处罚，如果注册机构拒绝注册，公司将被要求停止开展相关项目。

除此之外，其他法规也对企业经营登记程序和内容做了相关规定。这些一般性的规定为企业经营提供了规范基础，帮助经营者维护自己的合法权益，避免不必要的法律纠纷或损失。

二、国家有关体育场馆的经营法规

为了统一体育场馆的经营管理，充分发挥体育场馆的体育作用，更好地满足人民的需求，从事体育活动，按照《中华人民共和国体育法》《公共文化体育设施条例》以及《行政事业单位国有资产管理暂行办法》等相关法律法规的规定，2015 年国家体育总局制定了《体育场馆运营管理办法》。

该管理办法主要由五个部分组成：总则、运营内容与方式、经营管理、监督管理和附则。

第一，总则。主要总结了体育场馆管理的抽象内容。体育场馆是具有体育设施整体管理权的组织，负责场馆设施的运营、管理和维护，并为公众提供体育活动实施的条件。体育场馆应坚持国家体育的职能，提供维护服务，确保完成运动队的训练、体育活动、全民健身等体育任务。按照市场化、规范化运作的原则，充分利用资源，开展各项经营活动服务，促进体育相关产业的发展。体育场馆由相应级别负责，上级有关体育部门负责本级体育场馆以及对下级体育场馆的领导和管理工作。

第二，运营内容与方式。体育场馆应按照体育导向和多元化经营的要求，突出体育功能，加强公共服务，扩大服务范围，提高服务水平，全面提高经营效率。因此必须建立符合行业发展规律，适应当地经济社会发展水平，充分发挥体育场馆效益的经营模式。体育场馆应积极推进场馆管理体制改革和运行机制创新，促进场馆所有权和经营权分离，引进和使用现代企业制度，激发场馆活力。在参与经营方面，鼓励股份制参与，合作与委托，引入企业，社会团体及其他实体以混合所有制的形式参与场馆经营。鼓励有条件的场馆通过连锁方式扩大品牌产出、管理产出和资本产出，扩大规模，提高专业化和社会化运作水平。关于体育场馆的功能，应强调体育赛事和团体活动的承载功能。全年举办的非体育活动数量不得超过活动总数的40%。鼓励有条件的体育场馆以自己的品牌举办大型体育赛事、职业联赛，并引进国内外知名体育赛事。在体育场馆的服务方面，要改善配套服务，优化消费环境，提供适合健身、竞赛和训练的商业服务。体育场馆应完善信息服务系统，建立客户维护系统，在条件允许的情况下，体育场馆可建立网络服务平台，提供多元化、人性化的服务，优化客户体验。

第三，经营管理。首先，体育场馆经营单位要完善公司治理结构，建立科学的决策机制，对重大事项、重要干部的任免实行集体决策。体育场馆的运营单位应配备专业的运营团队，合理设置内部部门和岗位，完善运营管理制度，建立激励约束机制和绩效考核机制。其次，体育场馆的运营单位要加强对人才的培养和引进，完善人员培训制度，建立适应体育馆发展需要的人才队伍。体育场馆的经营单位应当依法规范用人，有关专业技术人员必须持证上岗。此外，体育场馆和体育场馆的经营单位应当制定服务标准，明确服务流程，并向专职服务人员提供专业、规范的服务。体育场馆和体育场馆的经营单位应当加强合同管理，规范合同的签订、履行、变更和终止。有关事项应当在合同中约定。最后，体育场馆和体育场馆的经营单位应当宣传服务内容、开放时间、收费项目。

第四，监督管理。首先，体育主管部门要加强对体育场馆和体育场馆经营管理单位的监督，建立健全科学合理的体育场馆和体育场馆监督管理责任制，对具体的体育场馆实施工作监督管理。加强对运动场馆运营管理的指导，并提供必要的培训等服务。其次，体育主管部门应当建立健全财政资金对体育场馆开放服务的补贴机制，以及制定政府购买公共体育服务的具体措施，以确保体育场馆的正常运行。最后，体育场馆的经营单位应当将体育场馆的名称、地址和服务项目报告给相应级别的体育主管部门备案。

第五，附则。鼓励建立体育场馆社会组织，发挥行业组织在制定行业标准、强化行业自律、维护行业权益方面的作用。

随着国家法规的出台，体育场馆从经营方式到运营管理都更加完善。同时，其也为地方性体育场馆经营法规提供了上位法基础。

第二节　地方体育场馆经营法规

一、地方性经营法规

地方性经营法规主要是指地方政府行政管理部门对体育场馆的运行规定和限制。由于中国体育市场化水平较低，体育管理相关法律法规并不完善。因此，在这种情况下，地方国家权力机关只能暂时依据现有的相应业务法律法规来限制和规范该业务领域中的业务活动。由于本地发展的主观和客观差异，地方国家权力机关对从事本地业务的企业和个人有不同的法规。作为从事这一领域的运营商，他们在开展业务之前应该对当地的法规有一定的了解和研究。必要时，应到相应的职能部门进行详细咨询。地方法规通常包括该领域的保护性法规和地方政府的鼓励性法规。

例如，北京市为加强对商业特许经营活动的管理，规范特许经营市场秩序，根据《商业特许经营管理条例》（以下简称《条例》）的有关规定，制定《北京市商业特许经营备案管理实施办法》（以下简称《办法》）。主要有以下三个方面：

首先，《办法》中规定申请备案的特许人应当向备案机关提交以下材料：

（1）商业特许经营基本情况。

（2）中国境内全部被特许人的店铺分布情况。

（3）特许人的市场计划书。

（4）企业法人营业执照复印件或其他主体资格证明的复印件。

（5）与特许经营活动相关的商标权、专利权及其他经营资源的注册证书复印件。

（6）由设区的市级商务主管部门开具的符合《条例》第七条第二款规定的证明文件。

（7）特许经营合同样本。

（8）特许经营操作手册的目录（须注明每一章节的页数和手册的总页数，对于在特许系统内部网络上提供此类手册的，须提供估计的打印页数）。

（9）国家法律法规规定经批准方可开展特许经营的产品和服务，须提交相关主管部门的批准文件。

（10）经法定代表人签字盖章的特许人承诺书。

其次，特许人的备案信息有变化的，应当自变化之日起 30 日内向备案机关申请变更。特许人应当在每年 3 月 31 日前将其上一年度订立、撤销、续签与变更的特许经营合同情况向备案机关报告。特许人应认真填写所有备案事项的信息，并确保所填写内容真实、准确和完整。备案机关应当自收到特许人提交的符合本《办法》第五条规定的文件、资料之日起 10 日内予以备案，并在商务部网站予以公告。特许人提交的文件、资料不完备的，备案机关可以要求其在 7 日内补充提交文件、资料。备案机关在特许人材料补充齐全之日起 10 日内予以备案。

最后，已完成备案的特许人有下列行为之一的，备案机关可以撤销备案，并在商务部网站予以公告：

（1）因特许人违法经营，被主管登记机关吊销营业执照。

（2）备案机关收到司法机关因为特许人违法经营而做出的关于撤销备案的司法建议书。

（3）特许人隐瞒有关信息或者提供虚假信息经查证属实的。

（4）特许人自行注销的。

二、地方有关体育场馆的经营法规

地方性体育场馆经营法规是指由地方国家权力机关根据当地情况所制定的法规。其法律约束性比全国性法规小。比如《北京市体育设施管理条例》《北京市体育运动项目经营活动管理办法》《北京市体育运动项目经营资质证书管理规定》《北京市体育竞赛管理办法》《成都市体育经营活动管理条例》等。

目前，我国大部分省（区、市）都制定了相应的体育场馆经营法规，比如天津市政府为加强对体育场馆经营活动的管理，保护经营者和消费者的合法权益，促进体育事业的健康发展，根据《中华人民共和国体育法》和有关规定，制定了《天津市体育经营活动管理办法》。

在该办法中，体育经营活动是指以营利为目的、以体育活动为内容和手段、以有偿服务为形式的经营活动和与体育活动有关的商品经销活动。本办法适用于国际体育组织认定和国家体育主管部门批准开展的体育运动项目以及各类民族、民间传统的体育项目。

首先，体育经营活动主要包括：

（1）开办体育俱乐部、体育活动中心、体育度假村（区、营）和其他有固定设施的体育经营活动场所。

（2）体育健身娱乐、体育康复活动。

（3）体育竞赛、体育表演、体育展览活动。

（4）体育培训、体育技术信息服务、体育科技咨询、集资、赞助以及其他体育经营活动。

体育经营活动的准入范围为：

（1）符合体育事业发展规划和布局。

（2）有符合治安、消防、卫生、环保和房管要求的经营场所，其体育场地、设施、器材符合国家规定的标准。

（3）有必要的资金和必需的设备。

（4）有与其经营项目和规模相适应，并具备相应资格的经营者和从业人员。

（5）法律、法规和规章规定的其他条件。

其次，体育经营活动的运营管理。市体育行政部门是体育经营活动的主管部门，负责全市体育经营活动的管理工作；各区、县体育行政部门和天津经济技术开发区管理委员会、天津港保税区管理委员会确定的体育经营活动主管部门，负责本辖区内体育经营活动的管理；天津新技术产业园区管理委员会确定的体育经营活动主管部门，负责华苑产业区内体育经营活动的管理。工商、公安、税务、物价、卫生、环保、房管等行政管理部门按照各自职责，共同配合做好体育经营活动的管理工作。从事体育经营活动的，应当于开业后5日内向体育行政部门备案。同时体育活动经营者应当遵守下列规定：

（1）维护经营活动场所的公共秩序。

（2）重视从业人员的思想教育和职业道德教育。

（3）保证体育经营活动场所安全和卫生，防止环境污染。

（4）法律、法规和规章的有关规定。

体育活动经营者不得从事下列活动：

（1）有悖于社会公德的。

（2）以体育活动名义渲染暴力、淫秽、封建迷信的，或赌博、变相赌博的。

（3）以体育活动名义招摇撞骗，损害消费者利益的。

（4）法律、法规和规章禁止的其他活动。

最后，处罚措施。经营者对侵犯其合法权益的单位和个人，有抵制、检举、揭发和申诉的权利。政府有关行政部门应当按照国家有关规定加强对体育广告的管理。从事体育经营活动的经营实体应当按照国家有关规定收费，依法纳税。违反本办法，触犯《中华人民共和国治安管理处罚条例》的，由公安机关依法予以处罚；构成犯罪的，由司法机关依法追究刑事责任。违反本《办法》第七条第（三）项规定的，由体育行政部门协助环保、卫生等部门责令改正，并可由相关部门依照有关规定予以处罚。当事人对行政处罚决定不服的，可依法申请行政复议或者提起行政诉讼。体育行政部门和有关部门的工作人员，在体育经营管理工作中玩忽职守、滥用职权、徇私舞弊的，由所在单位、上级主管部门或者行政监察部门给予行政处分；构成犯罪的，由司法机关依法追究刑事责任。

第三节　专项体育场馆经营法规

一、适用于国内赛事的专项体育场馆经营法规

专项体育场馆经营法规一般指为了加强对营业性体育场馆的管理，保障体育娱乐活动的健康发展而制定的法规。一般这样的法规对所规定的项目具有法律约束性，而对其他项目则无约束性。这类专项性体育场馆经营法规除了规范经营外，更重要的是维护安全。

以游泳场馆经营相关法规为例。根据《中华人民共和国体育法》等有关法律法规规定，成都市制定了《成都市游泳场馆管理办法》，该办法适用于本市行政区域内的游泳场馆管理。第一，申请开办游泳场馆的单位和个人应先到体育行政部门领取并填写"成都市游泳场馆申办表"，经体育行政部门按照全市游泳场馆建设的总体布局初审同意后，持申办表分别到规划、卫生和公安部门申请办理有关许可证。设置有水上游乐设施的应到成都市劳动局申办安全使用许可证。第二，开办许可证由成都市体育行政部门统一印制，实行年审验证制度。开办游泳场馆的单位或个人应按规定建立健全安全卫生责任制度，各项安全卫生责任制度和确定的责任人名单须报体育行政部门备案。第三，游泳场馆管理部门的执法人员必须严格履行职责，秉公执法。对滥用职权、徇私舞弊、玩忽职守的，由其所在单位或上级主管机关给予行政处分；构成犯罪的，由司法机关依法追究刑事责任。

《济南市游泳场所管理办法》规定，济南市体育行政部门是本市游泳场所的主管部门，县（市、区）体育行政部门负责本辖区内游泳场所的监督管理工作。卫生、公安、旅游、工商、公用事业等行政管理部门应当按照各自的职责，配合体育行政部门做好游泳场所的管理工作。济南市鼓励单位和个人投资建设游泳场所；鼓励企事业单位、

部队自用的游泳场所向社会开放。但开办游泳场所必须具备下列条件：①符合国家规定的游泳场所设计规范；②水质符合国家规定的卫生标准；③深、浅水区有明显的警示标志或隔离带，浅水区水深不得超过 1.5 米；④每 250 平方米水域设 1 座救护观察台（不足 250 平方米的按 250 平方米计算），救护器材齐备并能有效使用；⑤每 250 平方米水域设 1 个出入池扶梯，面积较小的游泳池至少设两个出入池扶梯；⑥夜间开放配有灯光，水面照度不得低于 80 勒克斯，并备有应急照明设施；⑦有与场所规模相适应的广播、更衣、淋浴、卫生等设施；⑧有与其开展业务相适应的救生员和管理人员；⑨有相应的管理制度。同时，开办游泳场所的，需持卫生许可证和有关证件向所在地县（市、区）体育行政部门提出申请，经审核后报市体育行政部门审批，市体育行政部门应当自接到申请之日起 15 日内进行审查，符合本办法第五条规定条件的，颁发游泳场所开办许可证。开办者应当持证到工商、物价等部门办理其他手续，并向市公用事业局申请用水计划，办理用水手续。另外，还规定从事水上救生的人员必须经市体育行政部门培训考核合格，取得救生员证书后方可上岗。

可见，专项性体育场馆经营法规只对所规定的项目有法律作用，不具有普适性。但是，作为专项性体育场馆经营者，必须掌握和了解。只有对专项法规充分了解，才能使专项性体育场馆得到更好的发展。

二、适用于国际赛事的专项体育场馆经营法规

适用于国际赛事的专项性体育场馆经营法规通常是指具有法律意义的规则、管理方法和制度，这些规则、管理方法和制度规范了体育赛事的组织和管理。这种法律法规，组织者在举办各种国际体育比赛前必须清楚和理解。

过去，由于外汇、管理体系和市场化的影响，我们对此类法规知之甚少。近年来，随着体育全球化趋势的加快，我国与国外的体育交流越来越频繁。同时，各种国际大、中、小型的专业及业余体育比赛也在中国进行。在这种背景下，一些国际流行的体育比赛法规逐渐为人们所熟悉。体育馆的经营者需要了解和学习这些知识。

专项性体育场馆法规是规定的重要部分，国际赛事对专项体育场馆的要求更高，因此专项性法规从总则到分则，从体系到制度都应该更加完善。要在充分考虑赛事特点的基础上，对赛事的运营、赛事内容、赛事监督等方面进行详细规定，以确保能为国际赛事在我国顺利开展奠定理论基础。

思考与实践

1. 简述国家体育场馆经营的法规。
2. 体育经营活动主要包括哪些方面？

第七章

体育场馆项目经营实务

■学习目标

1. 学习保龄球、台球、网球、篮球、乒乓球、羽毛球、游泳、健身房器械锻炼等常规体育项目场馆的经营方式，在了解各项运动相关知识的基础上，进一步学习如何运营。

2. 学习时尚体育项目的经营，掌握垒球和高尔夫球的运动理论基础，将所学知识应用于实际经营。

第一节　常规体育项目的经营实务

常规体育项目是指在社会中普及率比较高的体育运动项目。这些体育项目具有较强的传统性、娱乐性、趣味性。目前，常见的体育项目有保龄球、台球、网球、篮球、乒乓球、羽毛球、游泳、健身房器械锻炼等。

一、保龄球项目的经营实务

保龄球起源于 7 000 多年前古埃及的一种用大理石制的球来打倒石柱的游艺。11世纪，曾在英国盛行过在草坪上游艺的草坪保龄球。现在的保龄球是模仿 13 ~ 14 世纪德国的 9 个球瓶的保龄球。当保龄球传到美国以后，从 9 瓶式演变为 10 瓶式，即现在通用的保龄球制式。

保龄球运动是一项集健身、休闲、娱乐于一体的趣味性很强的运动项目。该项运动适合不同年龄、性别和层次人士锻炼。保龄球运动于 20 世纪 80 年代初期传入我国，当时由于其消费水平较高，加之深藏于高档体育场馆之中，普通老百姓难以接触，那时全国的保龄球道数量还不到 500 条。但是，保龄球市场发展非常快，保龄球运动已被越来越多的人接受。

保龄球运动的魅力在于：第一，趣味性强，能使参与者提高兴致；第二，运动量适中，参与者不受体质限制，且运动能增强人的体质；第三，具有宣泄功能，能使现代社会中紧张生活给人们带来的压力得到缓解；第四，不受年龄限制，从 8 岁到 80 岁年龄段的几乎所有人都可以参加这项运动；第五，不受天气变化的限制，因为它是室内运动。

保龄球道的材料按硬度分为软质球道和硬质球道两种，软质球道用枫木等木材制成，硬质球道用合成胶木制成。保龄球的直径为 8.6 英寸（1 英寸＝2.54 厘米），其重量从 6 磅（1 磅＝0.453 6 千克）到 16 磅，共有 11 种规格。球按硬度分为软性和硬性两种。球上开有 3 个持球用的指孔。打球时，在球道终端放置 10 个瓶状木柱，摆成三角形。参加运动的人在投掷线前将球滚掷出去以撞击瓶柱。每人投掷两次为一格（最后一格如果两次全中则可掷第三次），每十格为一局。以用最少的掷球次数击倒所有瓶柱者为优胜者。

（一）运动知识

1. 选择合适的球

一般情况下，在球馆选择合适的公用球时，要从两方面来挑选：重量和指孔。一般人可选择相当于自己体重 1/10 的球，例如一个体重 140 磅的人，可选用 14 磅左右的球。而初学打保龄的人可以选择再轻一些的球。选好球之后，将右手拇指、中指、无名指放入相应的指孔中，还要注意各手指与指孔间应略有间隙：如手指能自由转动，则说明指孔过大；相反，如有阻滞感即表明指孔过小。指孔过大或过小都对打球不利。

2. 持球法

（1）用右手拇指、中指、无名指插入指孔将球抓起之后，小指和食指应紧贴球面以保持平衡和控制方向。

（2）左手辅助右手将球托在腰与右肩之间，球的纵向中心线与手臂成一条直线。

（3）调整站位，瞄准球道上的箭头标志，使目标瓶、箭头、球心三点成一线。

（4）两肩与目标瓶保持同等距离，两肘紧靠肋部。

（5）腰部挺直，略向前倾，屈膝，小腿与前方地面成75°角。

（6）手腕挺直，并且手背与手臂成一直线。

（7）调整情绪，集中精神。

3. 四步助走投掷动作

（1）前推动作（第一步）。

站好位，摆好姿势，先出右脚，步幅要小，两手顺势把球向前轻轻推移。

（2）下摆动作（第二步）。

被向前推出的球，借助本身的重量自然向下坠落，这时跨第二步（左脚），步幅稍大，同时右手将球顺势摆动到身体右侧，当左脚跨出时，球的位置要恰好在摆动曲线的最低点。

（3）后摆动作（第三步）。

在球由下向后摆动的同时，右脚做稍大幅度的跨出，身体重心同时向前移动以保持平衡，并且在前倾时保持肩部的平稳移动。

（4）前摆动作（第四步）。

当球从后摆顶点开始向前摆动的瞬间，顺势迈出左脚。这时的左脚采用滑步，左膝弯曲，腰部重心向前移。当球运动到最低点时，全身的重量完全压在左腿上；右脚则向左后方摆动以保持身体平衡。此时因摆动与助步的惯性会使左脚自然向前滑动20~40厘米。向前滑动时要注意控制，使左脚在距犯规线5厘米处停止。

（5）出球动作。

在利用球的重量自然向前滑行过程中将球顺势滚动掷出。此时两肩连线应始终与犯规线保持平行，眼睛直视目标。持球的手肘不可弯曲，手腕部分不可用劲或转动，左臂应在相应的体侧展开以维持动作平衡。

（6）扬手动作。

在球出手之后，右手臂随着球的脱手向前垂直上方摆动，上身也充分伸展向前倾，直到掷出的球滚过球道上的箭头标志为止。

4. 球路

（1）直线球。

这是指球路为直线而无侧旋的球。这种球路易于掌握，只要摆动正确就可以掷出好球，而且不费力气，最适合初学者掌握。初学者应先掌握好这种球路，以后再逐步提高。由于其入射角小而撞击瓶的效果不好，这种球以第二箭头为瞄准点掷球。要瞄得很准才能打出好球，否则就会有剩余瓶。掷球前，拇指应处在相当于时钟的12点钟位置，中指与无名指在后，掌心正对瓶区，而后开始摆动。掷球时，也应保持上述手型，依次先是拇指脱出指孔，接着中指、无名指脱出，这个过程只是在一瞬间完成。掷出球之后手掌心向上，顺势做出扬手动作。扬手动作对直线球球路的控制很重要，要予以注意，不可忽视。

（2）弧线球（钩球）。

这种球开始时直线滑行，到瓶区附近时球向左弧线运动（对右手持球而言）。由于弧线球是在向前滚动的力上，再加上横方向的作用力，因而能产生较大的破坏力，容易击倒较多的瓶柱。弧线球比起直线球来撞击的效果大，所以打全中的概率相当大，当入射角为6°时，100%全中。

在完全掌握直线球控制技巧之后，就可以学习打弧线球了。打这种球在持球时，拇指与中指的连线应与犯规线呈平行状态，即保持拇指在内侧而手背在外侧的自然状态而摆动，而后顺势以递物或握手的手势将球掷出。在球脱手的瞬间，中指与无名指的指尖不要特别用力，只要在有微微扬起的感觉时抽出手指，球路就自然会呈弧线状。扬手动作仍按照掷球时的手形继续上扬即可。

为了使掷出的球具有更大的杀伤力，可以把持球的手法改成掷直线球的手法：初始动作类似投直线球，只是在经过踝关节的瞬间，将处于球右下部的中指和无名指轻轻扬起，并把手向上拉，接着顺势扬手。扬手时，手臂仍直线上扬，直到脸的右前方。

（二）记分方法

（1）保龄球运动是以球击倒瓶柱的数目记分，以得分来决定胜负。比赛一次称为一局，一局的最高分为300分。

（2）每局球可以打10格，每格视情况不同可以打一两次或三次球。当第一次全部击倒10个瓶柱时，称为"全中"。该格就只允许这一次掷球了。如果第一次掷球未击倒全部瓶，则准许第二次掷球；如果第二次击倒了所有的剩余瓶，则称为"补中"。一般情况下，每格至多可掷两次即两个球。

（3）第10格的掷球和记分规则比校特殊：如果两次击球仍未击倒全部球瓶或补中时，则此格掷球即结束；如果第一次掷球"全中"，还可掷第二次，第二次若未能"全中"，则此格掷球结束；如果第一、二两次都是"全中"，还可掷第三次，此格最多可掷球三次。

（4）如果自第1格至第10格全部是"全中"，也就是打出12个"全中"，则其总分便是300分。但是正像高尔夫球运动中的一杆入洞一样，要想得到300分是非常难的。

二、台球项目的经营实务

台球，也称桌球或弹子球。台球是一项具有绅士风度的高雅运动项目。这项运动最早起源于 14 世纪的英国。在维多利亚女王时代，台球运动已经受到人们的青睐，英国的贵族家庭很多都建有台球厅。大约在公元 16 世纪，台球传入了法国，据说路易十四国王就曾接受御医的建议，每天晚餐后打一次台球，以此来保持健康。后来台球运动被越来越多的人所接受，逐渐流传到世界各地，并且逐渐走入民间，这使台球运动的生命力更加旺盛。现在台球运动已进入普及阶段，很多宾馆、体育场馆都设有台球厅。

台球按球台结构和运动方法，可以分成两类，即有袋式和无袋式。无袋式台球叫开伦台球，也叫撞击式台球，这种台球目前不太多。有袋式台球又分为英式斯诺克和美式台球。目前在我国主要流行英式斯诺克和美式台球。

（一）斯诺克台球的比赛方法

每盘比赛前，由裁判员组织双方运动员掷币或抽签决定开球权，然后将红色球 15 个，黄色球、绿色球、棕色球、蓝色球、粉色球、黑色球（称为"彩球"，均为高分球）各 1 个按规定的位置摆好。另有一个白色球是主球，开球运动员将主球摆在开球区内有利的位置上，开球时，必须先瞄击红色球；而且球员每次上场都必须先以主球撞击红球，任何一方只有先击进一个红球，才有权选击其他颜色球，第三击也必须再击进一个红球，第四击才能再选击其他颜色球，依此类推。如果得手，则可以一个红球、一个高分球地连续打到底。每次击进袋内的高分球均需取出放回开球时的球位上；凡是击进袋内或击出界外的红球一律不许取出。最后一个红球被击入袋后，被选择击进的高分球也应取出放回原位。红球全部落袋后，再按顺序击落的高分球就不再取出放回原位了。这时不管是两人轮流打或一人打到底，每次击球必须先击进球台上分值最小的彩球。其分值顺序是：红色球 1 分；黄色球 2 分；绿色球 3 分；棕色球 4 分；蓝色球 5 分；粉色球 6 分；黑色球 7 分。

如果球员没有按顺序击球，就算犯规，会被罚分。罚分有以下几种情况：

（1）击不着球，罚 4 分。

（2）主球失误落袋，罚 4 分。

（3）送红球时先击着其他彩球，罚 4 分；如果所击着球球分的值超过 4 分时，则按击着球的分值罚分。

（4）送红球时误将其他彩球送入袋中，则按被送入球的分值罚分，如果该球分值小于4分，则罚4分。

（5）送红球入袋，同时送入其他彩球，除所送入的红球不计分外，按被送入的其他球分值罚分，如分值低于4分，则罚4分。

（6）送指定彩球时，误将红球送入袋中，则按彩球分值罚分，若分值低于4分，则按4分罚。

（7）送指定目标球时，先击着红球或其他彩球，则按该球分值罚分，若分值低于4分，则罚4分。

（8）送指定彩球入袋，同时撞入其他彩球，除送入球得分无效外，还将按分值最高罚分。

（9）击球时如发生连击或推球，如果目标球低于4分则罚4分，如果目标球高于4分则按其分值罚分。

（10）如果目标球不是红球，主球不准同时撞两个不同颜色的球，否则将按两球中最高分值罚分。

（11）击球时不得双脚离地，衣服、架杆和其他物体不得触及球，否则将按犯规处罚，按目标球分值罚分，若分值低于4分时则罚4分。

斯诺克台球的比赛规则比较严格，对犯规的处罚也较重。一盘比赛，一方运动员很可能因为犯规、违例次数过多而失败。因此，球员平时练习时，应熟记有关的规定，并养成严格遵守比赛规则的良好习惯，尽量避免或减少犯规。

（二）美式台球的打法

美式台球又称美式普尔（也有称鲁尔球），是台式台球的一个重要流派，是在法式台球和英式台球之后又形成的一种新风格。它与英式台球和法式台球并驾齐驱，广泛地流行于西半球和亚洲东部。

美式台球与法式台球和英式台球相比，仍不如它们家喻户晓。有人认为，美式台球仅仅是属于酒吧、街头巷尾的"下里巴人"式的游戏而已。然而这正是美式台球大众化、普及化的可取之处。美式台球中诸如8球制台球在我国也有广泛的群众基础。美式台球包括8球制台球、9球制台球、芝加哥台球、普尔台球和保龄台球等种类。

基本打法：开球选手在D形区内任意点上开球，依规则不按顺序，必须指球定袋把分属自己的目标球全部击落以后，才有权击打"8"号球，无犯规情况下击落"8"号球者为赢得此局。开球后，选手在一局内每一击球，必须有一个以上的球（包括主球）碰岸，否则判犯规。

国内较常见的是8号球打法。其方法是：使用一只击球和5只目标球，目标球的号码从 1 到 15。一球员必须击进 1~7 号的净色球，另一球员须击进 9~15 号彩色球；进完自己的一组球，再打落 8 号球，即为胜方。

另一流行打法是 9 号球打法。其方法是台上只用 9 只球排列成菱形，球员从低分球到高分球顺序击入袋中为有效，将 9 号球击入袋者为胜。在比赛中，如果打 1 号球再碰 9 号球进了指定袋，也判为胜局。

三、网球项目的经营实务

网球是一项很好的运动项目。网球运动的运动量较大，可以提高人体心肺功能，增强体力。网球运动有助于人的运动连贯、流畅，可以增强动作协调性。

网球又是一项高雅的运动项目，在经济发达国家兴起很早，也很普及。我国网球运动始于 19 世纪 30 年代，但一直不够普及。改革开放以来，网球运动普及很快，目前四星级以上的体育场馆宾馆一般都设有网球场。网球场馆按环境结构划分为室内和室外两种，按地面材质可分为草地、沙地、涂塑合成硬地等数种。

除了传统的网球运动外，近年来又出现了"软式网球"和"短式网球"。这两种网球都与传统网球既有共同之处，又有各自的特点。软式网球传入我国已有十几年的时间，它的球与传统网球大小差不多，也是一种充气的橡皮球，但未包一层绒毛外皮；球拍比传统网球拍短小（传统网球拍长度为 81.28 厘米，软式网球拍的长度为 68 厘米）。软式网球的场馆与传统网球场馆没有区别。短式网球是为培养少年儿童而开发的一种网球，它的球是一种不充气的海绵球，球拍更为短小。这是一种适合少年儿童的运动项目。

（一）网球运动知识

网球比赛分男女团体、男女单打、男女双打及混合双打七种。以 4 分为一局，如果双方各得 3 分时，则为"平分"。平分后，一方若先得 1 分，则该运动员则为"占先"。占先后再得 1 分，才算胜一局。

网球比赛是双方轮换发球局发球。在发球或接发球成功，把球打到对方场区之内后，允许落地一次或不落地回击，因此网球的基本打法是：发球、底线正反拍击球和网前正反拍截击球三种。

发球是比赛的开始。发球方把球发到对方发球区内，如果对方接不住，或还击失误，则为发球方得 1 分。网球的发球和排球、乒乓球、羽毛球一样，既可以直接得分，又可以为进攻创造条件。

发球时应该使发出的球具有强大的攻击性。发球的攻击性取决于力量、速度和落点，同时，结合运用平击、切削、旋转等技术给接球方造成困难。发球是打网球重要的基本技术。

另一种重要基本技术是底线正、反拍击球。这是在底线附近回击或进攻对方的技术手段。学会底线正、反拍击球之后，就可以用它来接发球、进攻或防守，并可为上网截击创造有利条件。底线正、反拍击球有抽球、平击、切削、旋转等打法。

还有一种重要的基本技术，即网前正、反拍截击球。这是当球还在空中飞行而没有落地时即迎上去截击的技术。运动员为了迅速发动进攻，往往采用网前截击对方击来的球的打法，叫网前击球或"上网"。这种打法在技术上要比底线击球难度大，因为球在飞行中速度快，要在球高速运动中准确截击，就需要准确的判断和灵敏的反应，以掌握精确的击球时间和击球角度。

除上述基本技术之外，另有一些如下技术手段：

（1）挑高球。

这是把球高高地挑到空中的一种技术。由于球的高度大大高于对方运动员能击到球的高度，他被迫后退击球。另外，当自己处于被动位置时，利用挑高球可延长球在空中的飞行时间，及时回到击打的有利位置，以便争取主动。

（2）高压球。

这是回击对方挑高球并加以扣杀的技术，也是保证上网得分的必要技术。因为运动员上网后，迎击上方来的球，就要用高压球技术扣杀。此外，在底线附近，有些球落地之后弹跳很高，如超过头部也可以运用高压扣球技术。打高压球一般都用正拍击球。

（3）反弹球。

这是当球落地后刚刚跳起，还没有跳到最高点时，就上去推挡的一种技术，它具有较强的技巧性。应用反弹球打法一般是在上网途中，还没到达网前。当对方击来的球已到了脚边，运动员这时已经既来不及后退拉拍做抽球动作，又来不及上前做截击动作，只得以反弹球打法把球推挡回去，再紧接着上网截击。一般说来，打反弹球多数是在被动情况下采取的，因此"杀伤力"不大。不过，如果应用得当，也可以打出一个"很刁"的落点，使对方被动，为进攻创造条件。

（4）放短球。

这是一种突然袭击技术。当对方在底线附近跑动，出其不意地放一个短球，迫使对方由于没有准备或跑位稍一迟缓而失分。所以，打短球是以突然袭击来取胜。

（二）网球保健知识

网球运动是一项需要耐力和爆发力的运动，因此在每次锻炼前要做好准备活动，否则不但达不到锻炼的目的，还可能带来负面影响。网球运动常见的伤害是扭伤或肌肉拉伤。还有一种常见的疾病叫"网球肘"，它的医学名词叫"前臂伸肌腱炎"。产生"网球肘"的原因是手臂运动量过大，运动方法不当，造成前臂伸肌腱劳损，产生炎症，在打网球时要特别注意避免。网球膝关节处的损伤在不同性别与不同年龄段中都较为普遍，病症种类繁多，且以慢性损伤为主，损伤程度尚不明确。损伤的发病率与患病率没有得出一致的结果，损伤的情报系统还需要进一步完善。有关使用动力学模型分析肌肉工作机制的研究虽然已有报道，但将此种模型应用于网球损伤的研究仍鲜有报道。有限元模型在医学领域中已广泛使用，但其在运动领域中的应用仍不多见

四、健身房项目的经营实务

（一）健身房的特点

1. 综合性强

健身房集多项运动于一体，具有较强的综合运动特点，能够提供科学的、齐全的、安全的体育训练设备，能使训练者在汗水的挥洒中锻炼体魄，解除精神压力、容光焕发。健身房还具有显著的强身健美功能。

2. 占地面积小

由于健身房的大部分器械例如跑步机，具有模拟运动的特点，因此每项运动所需要的场馆都比较小。而且，有的器械还具有多项运动组合的特点，例如多功能训练器，因此每一个单项所占场馆就更小了。这对于提高场馆利用率非常有利。

3. 适应性强

健身房对于各种体质、年龄、性别的人都很适用。由于器材种类多，运动量、运动速度都可调节，无论什么人都可以在这里找到与自身体质相适应的运动项目进行锻炼。

（二）健身器械简介

1. 跑步机

这种器械可以帮助人们在原地做走、慢跑、快跑、马拉松跑等运动。使用者可以根据自身情况和需要，选择合适的速度、坡度，方便自如地调节。有的跑步机还可以显示出运动速度和运动时间，是一种适应性很强的器械。

2. 自行车练习器

这种器械可以模拟自行车运动。能够模拟出上坡、下坡、平地的骑行感觉，骑车的速度、模拟的场馆情况以及骑行者的心跳速度可通过电脑显示屏反映出来，以帮助骑车者控制运动量。

3. 划船模拟机

它可以模拟出划船的全部功能，使练习者感觉与真的划船一样。其可以锻炼臂部、腰部和腿部肌肉。有的划船机还带荧光屏，能够显示出水面的场景，是一种集健身、娱乐于一体的训练器材。

4. 举重架

这是一种锻炼臂力和胸部肌肉的器材。

5. 多功能组合练习器

这种器材可用于多种训练，适合在较小的场馆放置，并且相对来说成本较低。

6. 健骑机

这是一种模拟骑马的全身性运动器材，它锻炼的人体部位与划船机相近，设计简单却很有趣味性。

7. 其他器材

其他器材主要有哑铃、大腿肌锻炼器、小腿肌锻炼器、臂肌锻炼器、腹肌锻炼器、背肌锻炼器等，限于篇幅，这里不再一一说明。

五、游泳池项目的经营实务

游泳池在高档体育场馆是不可缺少的康体设施。在国家技术监督局颁布的《涉外体育场馆星级的划分及评定标准》中就明确要求四星级体育场馆必须有游泳池。实际上，很多三星级体育场馆和度假村也都建有游泳池。由于游泳运动能给人们带来诸多益处，热衷于这项运动的人越来越多了。在国外，许多家庭都建有私人游泳池。

体育场馆游泳池应根据体育场馆的条件和经营需要而设计建造；可分为室内、室外、室内外综合等多种类型。

（一）游泳池的类型

1. 室内游泳池

这种游泳池在高级体育场馆、宾馆比较普遍，但每个体育场馆泳池的规模可能有所区别。一般在繁华地区的体育场馆由于地价昂贵，为了节省占地面积，都建得比较小；在远离繁华城市的度假村，建得大一些。室内游泳池不受季节和天气的影响，任何时间都可以开放，并且其水温、室温都比较容易控制，因而使用率很高。

2. 室外游泳池

室外游泳池的建造大都与周围的环境协调一致。室外游泳池没有室内游泳池那种憋闷感，视野比较开阔，空气比较清新，符合回归大自然的理念，对锻炼身体的益处更大，因而受到很多人的欢迎。但其受季节、天气变化的影响较大，在南方可以春、夏、秋三季使用，而在北方一般只能在夏季使用。又因在室外，水质保洁和温度控制也比室内游泳池难度大，所以局限性较大。

现在有一些人喜欢冬泳，室外池可以开展冬泳活动。但北方地区冬季池水结冰时可能会涨破池壁，因此使用当中要注意加强保养。近年来国外又兴起了一种温水室外冬泳泳池，这种方法可以借鉴，但要注意因地制宜，不可盲目照搬。

3. 室内外综合型游泳池

这是一种较高级的新型游泳池，它具有室内池和室外池的所有优点。这种游泳池既不受季节和天气的影响，又可以使人们享受大自然的阳光和空气，因为它的天棚是活动的，可以根据天气的变化和人们的要求，通过控制系统开启和关闭。它的缺点是天棚的结构复杂，工程造价较高，保养和维修费用也较普通游泳池要高。上海花园体育场馆的游泳池就属于这种类型。

4. 戏水乐园

这是近年来迅速发展起来的体育场所，它具有游泳池的属性，但比游泳池更富有娱乐性，因而受到广大消费者的青睐。如北京体育宫、北京蓝海洋娱乐城、沈阳夏宫、苏州乐园等都建有这种戏水乐园。国外在这方面的发展更快，在荷兰、美国、日本等国家都建有大规模的戏水乐园。在戏水乐园里可以游泳、冲浪、漂流、坐水滑梯、嬉戏海浪等，还有许多与水有关的其他体育项目。由于戏水乐园规模大，管理难度也大，因此在管理上多与体育场馆分开，不再是体育场馆的附属部门，而是独立的经营场所。有的地方则以戏水的游乐项目为主，体育场馆反而成了这类体育场所的附属部门。

（二）游泳的功能和作用

（1）游泳可以增强心肺功能，使身体强健。

（2）身体在适应水和温度的刺激的同时．提高体温的调节功能，增强免疫力。

（3）塑造健美的体型。游泳是一种全身的协调运动，可以使身体各部位肌肉得到锻炼，对于塑造形体美很有利。

（4）滋润皮肤并增加皮肤弹性。经常游泳的人由于身体在水中受水流的按摩作用和浸润作用，会使皮肤光润而且富有弹性。

（5）有利于培养勇敢顽强的精神。

（三）游泳保健知识和游泳常见病的处理

无论是消费者还是服务员，在下水游泳前都应该做一些准备活动，如跑步、做操、用冷水淋浴，以增强身体的适应能力。

在游泳运动后还应做整理活动和局部按摩，这对于缓解肌肉酸痛很有好处。另外，在游泳中变换姿势运动，也是一种较好的解除疲劳的方法，并对促进新陈代谢、改善血液循环有明显作用。

1. 抽筋的处理

发生抽筋现象时，应立即停止游泳。当自己无法解脱时，应及时呼救，也可以自救。如小腿或脚趾抽筋，可用抽筋肢体对侧的手握住抽筋的脚趾，用力向身体方向拉，可使抽筋现象缓解。上岸后还应配合局部按摩。

2. 肌肉酸痛的处理

一般肌肉酸痛过一两天便会自行消失；严重的可局部热敷或温水淋浴。局部按摩和掐按跟腱两侧的"昆仑"和"太溪"穴，也能较快减轻小腿肌肉酸痛症状。

3. 擦伤或碰伤的处理

用酒精清洗消毒后擦上碘酒或者贴上创可贴胶布。严重者应经初步消毒处理和包扎后立即送医院医治。

4. 晕厥的处理

将患者马上扶上岸，擦干身体，穿上衣服，注意保暖。严重者可将病人放平仰卧，头部放低，足部适当抬高，然后请医生急救。

5. 对溺水者的救护

对于溺水者的救护是游泳池管理者必须能熟练处理的工作。由于篇幅的局限，本书不详细说明具体的救护方法，只对救护程序加以介绍。

救护程序：

（1）迅速做好救护前的准备工作；

（2）救护员跃入水中接近溺水者，如救护员被溺水者抓住或抱住，则应立即设法解脱；

（3）将溺水者拖带到岸边；

（4）将溺水者拉上岸；

（5）及时倒清溺水者腹内积水并注意保暖；

（6）现场进行口对口的人工呼吸，并同时对心跳停止者进行体外心脏按压；

（7）尽快将溺水者送入医院，严重者在送往医院的途中不要停止抢救；

（8）溺水者苏醒后，应穿好衣服，就地休息；

（9）精神恢复后可喝些热饮料；

（10）必要时可送医院做进一步体检。

六、乒乓球项目的经营实务

（一）乒乓球的起源

乒乓球起源于英国，欧洲人至今把乒乓球称为"桌上的网球"，由此可知，乒乓球是由网球发展而来的。19 世纪末，欧洲盛行网球运动，但由于受到场地和天气的限制，英国有些大学生便把网球移到室内，以餐桌为球台，书做球网，用羊皮纸做球拍，在餐桌上打来打去。

20 世纪初，乒乓球运动在欧洲和亚洲蓬勃开展起来。1926 年，在德国柏林举行了国际乒乓球邀请赛，后其被追认为第一届世界乒乓球锦标赛，同时国际乒乓球联合会成立。

乒乓球运动的广泛开展，促使球拍和球有了很大改进。最初的球拍是块略经加工的木板，后来有人在球拍上贴上一层羊皮。随着现代工业的发展，欧洲人把带有胶粒的橡皮贴在球拍上。在 20 世纪 50 年代初，日本人又发明了贴有厚海绵的球拍。最初的球是一种类似网球的橡胶球，1890 年，英国运动员吉布从美国带回一些作为玩具的赛璐珞球，用于乒乓球运动。

在名目繁多的乒乓球比赛中，最负盛名的是世界乒乓球锦标赛，起初每年举行一次，1957 年后改为每两年举行一次。

1904 年，上海一家文具店的老板王道午从日本买回 10 套乒乓球器材。从此，乒乓球运动传入中国。

（二）各种乒乓球杯赛的由来

1. 男子团体奖杯——斯韦思林杯的由来

时间：1962 年 12 月；地点：英国伦敦

在英国伦敦斯韦思林的图书馆里，举行了第一次具有历史性的国际乒乓球联合会代表大会，同时举行了第 1 届世界乒乓球锦标赛。英国乒乓球协会主席、国际乒乓球联合会首任主席伊沃·蒙塔古先生的母亲、前任国际乒乓球联合会名誉主席斯韦思林女士，捐赠了以她的名字命名的斯韦思林杯，作为男子团体比赛的优胜奖杯。

2. 男子单打奖杯——圣·勃莱德杯的由来

时间：1929 年；地点：匈牙利布达佩斯

1929 年，在第 3 届世界乒乓球锦标赛上，英国运动员弗·佩里获得了单打冠军。为了赞扬弗·佩里所取得的成绩，英国的乌德科克先生捐赠了以弗·佩里所在的圣·勃莱德乒乓球俱乐部（伦敦）命名的奖杯，作为男子单打比赛的优胜奖杯。

3. 女子单打奖杯——吉·盖斯特杯的由来

时间：1931 年；地点：匈牙利

1931 年，第 5 届世界乒乓球锦标赛在匈牙利的布达佩斯举行。作为东道主的匈牙利乒乓球协会主席吉·盖斯特在锦标赛中，捐赠了以他的名字命名的吉·盖斯特标，作为女子单打比赛的优胜奖环。

4. 女子团体奖杯——马赛尔·考比伦杯的由来

时间：1934 年；地点：法国巴黎

第 8 届世界乒乓球锦标赛在法国巴黎举行，这次比赛首次设立了团体赛项目。作为东道主法国乒乓球协会主席的马赛尔·考比伦先生，捐赠了以他的名字命名的马赛尔·考比伦杯，作为女子团体赛的优胜奖杯。

5. 奖杯的流动和保存

时间：1926 年至今；地点：世界各地

所有奖杯都是流动的。各项冠军获得者可保持该项奖杯到下届世乒赛开始前，在杯上刻上自己的名字然后交给新的世乒赛争夺。唯有男女单打冠军如果连续 3 次获得圣·勃莱德杯或连续 4 次获得吉·盖斯特杯，则由国际乒联创作一个小于原奖杯一半的复制品，永远由获得者保存。

（三）乒乓球重大竞赛介绍

1. 世界乒乓球锦标赛（World Table Tennis Championships）

世界乒乓球锦标赛是国际乒乓球联合会主办的国际乒乓球比赛，原称第 1 届欧洲乒乓球锦标赛，后改此名。第 1 届于 1926 年在伦敦举行。比赛共设男子团体、男子单打、男子双打、女子单打和混合双打 5 项。以后每年举行 1 次。从第 2 届瑞典斯德哥尔摩锦标赛开始设女子双打比赛项目；从第 8 届巴黎锦标赛开始设女子团体赛。1940 年第 14 届乒乓球锦标赛由于第二次世界大战而被迫推迟，1947 年在法国巴黎继续举办了第 14 届乒乓球锦标赛。1957 年的第 24 届瑞典斯德哥尔摩锦标赛后，改为每 2 年举行 1 届。

2. 世界明星巡回赛（World Stars Tour Match）

国际乒联为推动乒乓球运动的发展，从 1990 年起开始举办世界明星巡回赛。巡回赛运动员人数少，短小精悍，组织工作比较简单，参加比赛者都是著名的运动员。他们到世界各地比赛，是一个广泛宣传、推广乒乓球运动的好形式。

3. 世界杯乒乓球赛（World Cup Table Tennis Tourna. ment）

世界杯乒乓球赛也称"埃文斯杯赛"，是由国际乒乓球联合会主办的国际乒乓球比赛。该比赛只设男子单打一个项目，由国际乒乓球联合会指定 16 名运动员参加，其资格为世界单打冠军、主要协会单打冠军及国际乒乓球联合会公布的世界优秀选手名单中名次列前的部分选手。1980 年 8 月在香港举行第一届世界杯乒乓球比赛，共有 12 个协会的 16 名选手参加。

4. 全国乒乓球锦标赛（China Table Tennis Championships）

这是中国国家体育运动委员会和中国乒乓球协会联合举办的全国规模的比赛，是中国最高水平的乒乓球比赛。以省、自治区、直辖市和中国人民解放军为竞赛单位。1952 年在北京举行首届比赛，自 1956 年武汉第 2 届锦标赛起每年举行 1 届。由于文化大革命在 1967 年停办，推迟到 1971 年年末举行比赛。全国乒乓球锦标赛设男、女团体和男单、女单、男双、女双、混双共 7 项比赛。

5. 亚非拉乒乓球友好邀请赛（Asia – Africa – Latin America Table Tennis Friendship Toumament）

亚非拉乒乓球友好邀请赛是洲际乒乓邀请赛。1971 年 11 月，在亚非乒乓球友好邀请赛期间，举行该赛 6 个发起国团长会议，一致同意将友好邀请赛的范围扩大到拉丁美洲，并选出智利、朝鲜、厄瓜多尔、埃及、日本、毛里求斯、尼泊尔、尼日利亚、坦桑尼亚、中国的乒乓球协会的代表团组成亚非拉乒乓球友好邀请赛筹备委员。第 1 届于 1973 年在中国北京举行。

6. 亚洲乒乓球锦标赛（Asian Table Tennis Championships）

其由亚洲乒乓球联联盟主办，由亚洲各国组队参加，是亚洲最高水平的乒乓球比赛。比赛设男、女团体和 5 个单项共 7 项比赛。自 1972 年起每两年举行 1 届。

7. 亚洲运动会乒乓球比赛（Table Tennis Match in Asian Games）

其是由亚洲奥林匹克理事会、亚洲乒乓球联合会举办的亚洲乒乓球比赛。比赛共设男、女团体和 5 个单项共 7 个项目。从 1958 年起每 4 年举行 1 届；除第 1、2 和 6 届亚洲运动会未设乒乓球比赛外，其余年份正常举办。

8. 亚非乒乓球友好邀请赛 （Asia-Africa Table Tennis Friendship Invitational）

其是由中国、朝鲜、埃及、日本、毛里求斯、尼泊尔乒乓球协会共同发起的。1971 年 11 月在中国北京举行，亚洲和非洲共计有 51 个国家和地区的乒乓球代表队参赛，规模盛大。比赛项目有男女团体、男女单打、男女双打、混合双打、男女少年单打和元老赛 10 项。

9. 全国运动会乒乓球比赛 （Table Tennis Match in China National Games）

其简称"全运会乒乓球比赛"，是全国规模的乒乓球比赛，以省、自治区、直辖市和中国人民解放军为竞赛单位，比赛项目为男、女团体和 5 个单项共 7 项比赛。自1959 年 9 月在北京举行了第 1 届全运会乒乓球比赛，之后每 4 年举行 1 届。

（四）乒乓球运动知识

1. 球台

球台的上层表面叫作比赛台面，应为与水平面平行的长方形，长 2.74 米，宽1.525 米，高 0.76 米。比赛台面不包括球台台面的侧面。比赛台面可用任何材料制成，应具有一致的弹性，即当标准球从离台面 30 厘米高处落至台面时，弹起高度应约为 23厘米。比赛台面应呈均匀的暗色，无光泽，沿每个 2.74 米的比赛台面边缘各有一条 2厘米宽的白色边线，沿每个 1.525 米的比赛台面边缘各有一条 2 厘米宽的白色端线。比赛台面由一个与端线平行的垂直的球网划分为两个相等的台区。双打时，各台区应由一条 3 毫米宽的白色中线，划分为两个相等的"半区"。中线与边线平行，并应视为右半区的一部分。

2. 球网装置

球网装置包括球网、悬网绳、网柱以及将它们固定在球台上的夹钳。球网应悬挂在一根绳子上，绳子两端系在高 15.25 厘米的直立网柱上，网柱外缘离开边线外缘的距离为 15.25 厘米。整个球网的顶端距离比赛台面 15.25 厘米。整个球网的底边应尽量贴近比赛台面，其两端应尽量贴近网柱。

3. 球

乒乓球应为圆球体，直径为 40 毫米，球重 2.7 克。球应用赛璐珞或类似的材料制成，呈白色、黄色或橙色，且无光泽。

4. 球拍

球拍的大小、形状和重量不限，但底板应平整、坚硬。底板厚度至少应有 85%的天然木料，加强底板的黏合层可用诸如碳纤维、玻璃纤维或压缩纸等纤维材料，每层黏合层不超过底板总厚度的 7.5%或 0.35 毫米。用来击球的拍面应用一层颗粒向外的普通颗粒胶覆盖，连同黏合剂厚度不超过 2 毫米；或用颗粒向内或向外的海绵胶覆盖，连同黏合剂，厚度不超过 4 毫米。普通颗粒胶是一层无泡沫的天然橡胶或合成橡胶，其颗粒必须以每平方厘米不少于 10 颗、不多于 50 颗的平均密度分布整个表面。

海绵胶即在一层泡沫橡胶上覆盖一层普通颗粒胶，普通颗粒胶的厚度不超过 2 毫米。覆盖物应覆盖整个拍面，但不得超过其边缘。靠近拍柄部分以及手指执握部分可不予以覆盖，也可用任何材料覆盖。底板、底板中的任何夹层、覆盖物以及黏合层均应为厚度均匀的一个整体。球拍两面不论是否有覆盖物，必须无光泽，且一面为鲜红色，另一面为黑色。拍身边缘上的包边应无光泽，不得呈白色。由于意外的损坏、磨损或褪色，造成拍面的整体性和颜色上的一致性出现轻微的差异，只要未明显改变拍面的性能，可以允许使用。比赛开始时及比赛过程中运动员需要更换球拍时，必须向对方和裁判员展示他将要使用的球拍，并允许他们检查。

5. 发球与击球

发球时，球应放在不执拍手的手掌上，手掌张开和伸平。球应是静止的，在发球方的端线之后和比赛台面的水平面之上。发球员须用手把球几乎垂直地向上抛起，不得使球旋转，并使球在离开不执拍手的手掌之后上升不少于 16 厘米。当球从抛起的最高点下降时，发球员方可击球，使球首先触及本方台区，然后越过或绕过球网装置，再触及接发球员的台区。在双打中，球应先后触及发球员和接发球员的右半区。从抛球前球静止的最后一瞬间到击球时，球和球拍应在比赛台面的水平面之上。击球时，球应在发球方的端线之后，但不能超过发球员身体（手臂、头或腿除外）离端线最远的部分。运动员发球时，有责任让裁判员或副裁判员看清他是否按照合法发球的规定发球。如果裁判员怀疑发球员某个发球动作的正确性，并且他或者副裁判员都不能确信该发球动作不合法，一场比赛中此现象第一次出现时，裁判员可以警告发球员而不予判分。在同一场比赛中，如果运动员发球动作的正确性再次受到怀疑，不管是否出于同样的原因，不再警告而判失 1 分。无论是否第一次或任何时候，只要发球员明显没有按照合法发球的规定发球，他将被判失 1 分，无须警告。运动员因身体伤病而不能严格遵守合法发球的某些规定时，可由裁判员做出决定免予执行，但须在赛前向裁判员说明。

6. 合法还击

对方发球或还击后，本方运动员必须击球，使球直接越过或绕过球网装置，或触及球网装置后，再触及对方台区。

7. 比赛次序

在单打中，首先由发球员合法发球，再由接发球员合法还击，然后两者交替合法还击。在双打中，首先由发球员合法发球，再由接发球员合法还击，然后由发球员的同伴合法还击，再由接发球员的同伴合法还击，此后，运动员按此次序轮流合法还击。

8. 重发球

回合出现下列情况应判重发球：如果发球员发出的球在越过或绕过球网装置时，触及球网装置，此后成为合法发球或被接发球员或其同伴阻挡；如果接发球员或同伴未准备好时，球已发出，而且接发球员或其同伴均没有企图击球；由于发生了运动员无法控制的干扰，而使运动员未能合法发球、合法还击或遵守规则；裁判员或副裁判员暂停比赛；在双打时，运动员错发、错接。

9. 得分

除被判重发球的回合，下列情况运动员得1分：对方运动员未能合法发球；对方运动员未能合法还击；运动员在发球或还击后，对方运动员在击球前，球触及了除球网装置以外的任何东西；对方击球后，该球越过本方端线而没有触及本方台区；对方阻挡；对方连击；对方运动员或他穿戴的任何东西使球台移动；对方运动员或他穿戴的任何东西触及球网装置；对方运动员不执拍手触及比赛台面；双打时，对方运动员击球次序错误；执行轮换发球法时，接发球运动员或其双打同伴，包括接发球一击，完成了13次合法还击。

10. 一局比赛

在一局比赛中，先得11分的一方为胜方；10平后，先多得2分的一方为胜方。

11. 一场比赛

一场比赛应采用五局三胜制。一场比赛应连续进行，但在局与局之间，任何一名运动员都有权要求不超过一分钟的休息时间。

12. 轮换发球法

如果一局比赛进行到15分钟仍未结束（双方都已获得至少19分时除外），或者在此之前任何时间应双方运动员要求，应实行轮换发球法。当时限到时，球仍处于比赛状态，裁判员应立即暂停比赛。由被暂停回合的发球员发球，继续比赛。当时限到时，球未处于比赛状态，应由前一回合的接发球员发球，继续比赛。此后，每个运动员都轮发一分球，直至该局结束。如果接发球方进行了13次合法还击，则判发球方失1分。轮换发球法一经实行，该场比赛的剩余部分必须继续实行，直至该场比赛结束。

七、羽毛球项目的经营实务

（一）现代羽毛球的历史与发展

现代羽毛球 1870 年起源于英国，后盛行于西欧、西北欧及美洲。1920—1930 年，英国是羽毛球霸主。20 世纪 30 年代至 40 年代，丹麦取而代之，成为世界羽毛球王国。第二次世界大战后，羽毛球优势转向亚洲，由马来西亚和印度尼西亚两雄抗争，轮流执掌代表国际最高水准的男子团体冠军杯——汤姆斯杯。印尼队在 1958 年举行的第 4 届汤姆斯杯赛中一鸣惊人，将三连霸的马来亚队拉下马，从此一炮而红；在第 5 届至第 11 届汤杯赛中，除第 7 届负于马来西亚，其余各届皆获冠军，而且和亚军的比分十分悬殊；第 9 届对丹麦队 8 比 1；第 10 届对马来西亚队 9 比 0；第 11 届对丹麦队 9 比 0。50 年代到 60 年代，由于王文教、侯加昌、汤仙虎等印尼华侨的归来，中国羽毛球运动脱颖而出，水准突飞猛进，于 1963—1965 年四度击败了世界冠军印尼队，并且于 1965 年冬在访问北欧诸国的比赛中每战奏凯，步入了世界先进行列。在整个 70 年代，中国羽毛球运动水平持续上升，在 1974 年第 7 届亚运会中获男团冠军，在 1978 年第 8 届亚运会中获男团亚军，并在 1979 年和 1980 年两次中、印双边对抗赛中分别以 6 比 3 和 5 比 4 获胜。在 1982 年伦敦举行的第 12 届汤姆斯杯赛上，中国队终于首次参赛。一个是羽坛霸主，一个是无冕之王，印尼、中国两队究竟谁将夺杯，举世瞩目。赛前，印尼的《希望之光》报称，无论如何也要保住这个象征着世界羽坛最高水准的男子团体冠军。印尼羽总主席苏迪曼也说："我希望世界羽毛球的垄断权真正地掌握在印尼的国土上。"为此，他们特地集中天王巨星林水镜等优秀球员进行强化集训，并重新起用已在两年前挂拍、八次全英赛男单冠军梁海量，企图以梁的经验和影响来"威震"中国队。但最终，我国男子羽毛球队战胜了实力强胜的印度尼西亚队，首次参赛就获得了冠军。

国际羽毛球联合会于 1934 年成立，最初有 9 个成员国，很快又有了荷兰、加拿大、印度、澳大利亚和美国的加入。亚洲人在加入这项运动后下定决心夺回它的统治地位。1934 年以来，中国和印度尼西亚夺得了国际羽联 70% 的冠军头衔，尽管这个联合会有 131 个成员。

这项运动 1972 年作为表演项目参加了 1972 年慕尼黑奥运会。在 1988 年汉城奥运会上它是一个展示项目，到了 1992 年巴塞罗那奥运会上才被列为正式项目。而那时对中国的李玲蔚和韩爱萍来说已经太晚了，她们在 20 世纪 80 年代赢得了 6 届世界杯比赛的冠军、6 次大奖赛单项冠军和 63 个其他冠军。对于丹麦人默顿·弗罗斯特来说也太晚了，他在 80 年代摘得了 70 个重大男子比赛桂冠。但无论如何，他们为后来者开辟了道路。

在 1996 年亚特兰大奥运会上，以中国为首的亚洲夺得了 15 枚羽毛球奖牌中的 14 枚，唯一的一位非亚洲奖牌得主是另一位丹麦人拉尔森，他获得了男子单打的冠军。

在经过了这么多年的发展之后，羽毛球运动与 18 世纪中叶时期相比并无太大差别，只有球速加快了很多。有记录的最高速扣杀球是英国人西蒙·阿切尔创造的，球速达到了每小时 260 千米。

（二）羽毛球技术之握拍方法

在羽毛球各项基本技术中，握拍是最简单但又最易被初学者疏忽的一项技术。看起来，握拍很容易，谁都能抓起球拍挥舞几下，但要想提高球技，打起球来得心应手，就非得从握拍这最简单、最基本的一环学起，掌握适合自己的握拍方法。握拍方法总体分正手握拍和反手握拍两种。下面分别加以介绍：

1. 正手握拍

正确的握拍方法是先用左手拿住球拍杆，使拍面与地面垂直，然后张开右手，使手掌下部（小鱼际）靠在球拍打握柄底托，虎口对着球拍柄窄的一面，小指、无名指、中指自然地并拢，食指与中指稍稍分开，自然地弯曲并贴在球拍柄上。在击球之前，握拍一定要放松、自然，在击球的一刹那才紧握球拍。

2. 反手握拍

一般说来，反手握拍有两种：一种是在正手握拍的基础上，把球拍框往外转，拇指伸直贴在拍柄的宽面土，食指、中指、无名指、小指并拢。另一种是正手握拍把球拍框外转，拇指贴在球拍柄的棱上，食指、中指、无名指、小指并拢。反手握拍时，手心与球柄之间要留有空隙，这样握拍有利于手腕力量和手指力量的灵活运用。

在了解以上正确的握拍方法之后，应对照一下自己以前的习惯握法，如出现下面几种错误握法，应尽快加以纠正：拳握法，即一把抓；食指伸直按在拍柄上部；虎口贴在拍柄宽面；柄端露出太长。正确的握拍学起来容易，但在实际运用中却要花一定的功夫才能掌握。因为在击球要领还未掌握时，握拍常容易走样，以致动作重新回到原来的错误习惯上去。所以，在练习击球时，要随时提醒自己，检查握拍是否正确，经过一段时间后，就会形成正确的握拍习惯。

羽毛球的打法是指根据个人的技术情况、身体素质、思想意志等条件而培养形成的各自不同的打法类型；战术则是指根据对手的技术、打法、体力和思想意志等因素所采取的争取比赛胜利的一种对策。打法与战术虽不能等同，但相互间有着密切的联系。打法和战术的基础是技术，而技术的不断发展，又能促进打法和战术的更新和提高。

（三）各种类型的打法

单打、双打均有各自的打法，两者并不相同。

1. 单打打法

（1）压后场底线。

这是一种以高球压对方后场底线，迫使对方后退，然后寻找机会以大力扣杀或吊网前空当争取得分的打法。这是初学者必须学会的基本打法。运用这种打法对付后退步子较慢或基本技术掌握较差的对手是十分有效的。应当注意：压后场时，不论是高远球还是平高球，都要压得狠、压得低，如果压后场软绵无力且达不到底线，则易遭受对方的攻击，致使这种打法失效。

（2）打四方球。

以高球或吊球准确地将球击到对方场区的四个场角，调动对方前后左右跑动，打乱其阵脚，在对方来不及回中心位置或回球质量较差时较为有效。它要求运动员本身有较强的控球能力和快速、灵活的步子及较强的进攻能力。

（3）快拉快吊。

以平高球快压对方后场两底角，配合快吊网前两角，吸引对方上网。以网前搓球、勾对角球结合推后场底线，迫使对方疲于奔命、被动回球，从而为本方创造中后场大力扣杀或网上扑杀机会。这是一种积极主动、快速进攻的打法。它要求运动员有较全面的攻守技术，且手法准确熟练、步子快速灵活。

（4）后场下压。

本方在后场扣杀对方击来的高远球，结合吊球，迫使对方被动挡网前球，这时可趁机主动快速上网搓、推球，创造机会，再以重杀或劈杀解决战斗。这是一种全攻型的打法，具有先发制人、快速凶狠等特点。它要求运动员体力好、连续大力扣杀的能力强、脚步移动快而积极。

（5）守中反攻。

这种打法是利用拉、吊四方球及防守中的球路变化，调动对方，伺机反攻（扣杀、吊或平抽空当）。此打法较适合本身进攻能力不强，但防守技术较好、反应较快、身体灵活且身材较矮的选手。

2. 双打打法

（1）快攻压网。

从发球抢攻开始，以左、右分边站位，平抽平打快速杀球为主，压在前场进攻。这种打法要求运动员要有较好的半场平抽打技术和较强的封网意识，力争在前场解决战斗。

（2）前场打点。

通过网前搓、勾对角及推半场球或找空隙进攻，打乱对方站位，创造后场进攻机会。它要求运动员有细巧的网前技术。

（3）后攻前封。

两运动员基本保持前后站位，后场逢高球就下压，当对方还球到前半场或网前时，即予以致命的扑杀。这种打法要求站在后场的运动员具有连续扣杀的能力，站在前场的运动员具有较强的封网意识和技术。

（4）抽压底线。

以快速的平高球或长抽球压住对方底线两角，即使在对方扣杀时也能以平抽反击或挑高球达到对方两底角来调动对手，伺机进攻。它要求运动员具有较强的防守能力和较好的底线平抽球技术。

（四）羽毛球技术之发球

发球是羽毛球基本的重要的技术之一。羽毛球发球虽不能像乒乓球发球那样使球产生各种旋转，但它可以通过不同的发球手法，发出不同弧度、不同落点的球来控制对方，为本方创造进攻得分的机会。因此，羽毛球的发球应引起初学者的充分重视。

发球可分为正手发球和反手发球。一般来说，发网前球、平快球、平高球均可以用正手发球或反手发球的技术来完成，而发高远球则须采用正手发球。

1. 正手发球

发球站位：单打发球在中线附近，站在离前发球线 1 米左右。双打发球站位可靠近前发球线。

准备姿势：身体左肩侧对球网，左脚在前，右脚在后，重心在右脚上，右手持拍向右后侧举起，肘部放松微屈，左手拇指、食指和中指夹住球，举在胸腹间。发球时，身体重心由右脚移至左脚。

用正手发球，不论是发何种弧线的球，其发球前的姿势都应该一致，这样就会给对方的接发球造成判断上的困难。

下面分别介绍用正手发球动作发出四种不同弧线的球的技术动作。

（1）高远球。

球的运行轨迹又高又远，下落时与地面垂直，落点在对方场区底线附近的球叫高远球。单打比赛时，常采用这种发球迫使对方退到最远的底线去接发球。如果发出的高远球质量好，就可在一定程度上限制对方一些进攻技术的发挥，使对方在接高远球时不容易马上组织进攻。在对方体力不支时，发高远球也可以使对方消耗更多的体力。

发球动作要领为发球前准备姿势；发球时，左手把球举在身体的右前方并自然放下，使球下落，右手同时持拍由大臂带动小臂，从右后方沿着身体向前并向左上方挥动。当球落到右手臂向前下方伸直能触到球的一刹那，握紧球拍，并利用手腕的力量向前上方发力击球。击球之后，球拍顺势向左上方挥动缓冲。

发高远球时易出现的错误包括：动作僵硬；放球与挥拍配合不当；击球点靠近身体或离得太远；握拍太紧，以致力量发挥不出；发球后，球拍未顺势向左上方挥动缓冲，而是挥向了右上方等。在发高远球时，如果出现上述错误动作就应认真对照发高远球的动作要领。

（2）平高球。

这是一种比高远球低，速度较高远球快，具有一定攻击性的球。发球动作要领为：发球前准备姿势同发高远球。发球的动作过程大致同发高远球，只是在击球的一刹那，小臂加速带动手腕向前上方挥动，拍面要向前上方倾斜，以向前用力为主。发平高球时要注意发出球的弧线以对方接球时伸拍打不着球的高度为宜，并应发到对方场区底线。

（3）平快球。

这种球比平高球的弧线还要低，速度还要快。其对于反应较慢、站位较前、动作幅度较大的对手或是初学者，效果往往很好。发球动作要领为：准备姿势亦同发高远球。站位比发平高球稍后些（防对方很快回到本方后场），充分利用前臂带动手腕爆发力向前用力，球直接从对方的肩稍上高度越过，直攻对方后场。发平快球关键是出手的动作要小而快，但前期动作应和发高远球一致。发平快球时还应注意不要过手、过腰犯规。

（4）网前球。

发网前球是在双打中主要采用的发球技术。单打比赛时，如发高球，怕遭到对方球速较快的直接攻击时，或为了主动改变发球方式借以调动对方时采用。发球动作要领为：准备姿势同发高远球。击球时，握拍要放松，大臂动作要小，主要靠小臂带动手腕向前切送，用力要轻。发网前球时应注意手腕不能有上挑动作。另外，落点要在前发球线附近，发出的球要贴网而过，这可免遭对方扑杀。

2. 反手发球

反手发球的特点是动作小、出球快、对方不易判断。在双打比赛中多采用此发球技术。发球站位：站在前发球线后 10~50 厘米及发球区中线的附近，也可以站在前发球线及场地边线附近的地方（双打比赛中，从右场区发球时可以看到）。准备姿势：面向球网，两脚前后站立（左脚或右脚在前均可），上体稍前倾，身体重心在前脚上。右手反手握拍，左手拇指、食指和中指捏住球的二三根羽毛，球托明显朝下（避免犯规），球体与拍面平行或球托对准拍面放在拍面前方。发球动作要领：击球时，小臂带动手腕朝前横切推送。发网前球时，用力要轻，主要靠"切"送；发平快球时，发力要突然，击球时拍面要有"反压"动作。

（五）羽毛球技术之接发球

发球和接发球是一对矛盾。发球方想方设法发出各种不同弧线的球，以此来控制对方；而接发球方则后发制人，来达到反控制的目的。羽毛球比赛就是在这种控制与反控制的争夺中给人以刺激、乐趣和启示。

1. 接发球的站位

不论是单打还是双打，都应选择一个合理的接发球站位。一般情况下，单打的接发球站位离前发球线约 1.5 米处；在右发球区应站在靠中线的位置，在左发球区则站在中间稍偏边线的位置，主要防备对方发球攻击反手部位。双打接发球时站位可靠近前发球线，因双打的后发球线距前发球线比单打短 0.76 米，发高远球易被扣杀。所以，双打接发球主要精力应放在对付发网前球上。

2. 接发球的准备姿势

单打接发球应左脚在前，后脚在后，侧身对网，重心在前脚，后脚脚跟稍提起，收腹含胸，持拍于右身前，两眼注视对方。

双打接发球准备姿势基本同单打，但重心可随意移至任何一只脚上，球拍高举在肩上，注意力要高度集中。

至于在比赛中如何还击对方发来的各种不同弧线的球，这就牵涉各种击球技术和战术问题了，这里不多叙述。

第二节　时尚体育项目的经营实务

一、壁球项目的经营实务

壁球于 1890 年前后始于欧洲，后来传入美国、加拿大及澳洲。近些年来，壁球风行于亚洲的一些国家和地区，特别是经济发达和较发达的国家，例如新加坡、日本、韩国和马来西亚等国。另外，香港地区也曾多次举办壁球大赛。改革开放以后，壁球传入我国内地，首先在高档体育场馆内出现，近几年来已有较快的发展。

壁球的场馆面积较小。壁球的球拍也比较小，球拍的总长度为 68.6 厘米，总宽度为 21.5 厘米，球弦绷紧后单根最大长度为 39 厘米，最大上弦面积为 500 平方厘米。壁球运动所用的球为直径 4 厘米的充气橡皮球，球的重量为 24 克。球的弹性有四种，分别用蓝、红、白、黄四种颜色的小圆点标明，蓝点球弹性最高，红点适中，白点较低，黄点最低。

顾名思义，壁球是往墙壁上打的球。它不像网球或羽毛球那样隔着球网对抗，而是运动员并排站立面向墙壁交锋。打球时，击球的一方需将球击向正面或侧面的墙壁，待球反弹回来另一方才可击球。壁球可单人练，也可二人对抗。近年来，壁球在我国发展较快，这与壁球运动的特点有关。

（一）壁球运动的特点

1. 趣味性强

壁球的球路变化多，接球的一方需要防备从正面、侧面甚至从后面的墙壁反弹回来的球，这对提高兴致、锻炼身体的反应能力有很大帮助。

2. 节约场馆

与网球相比，壁球场的面积还不及网球场的 1/4，这对于"寸土寸金"的大城市来说，颇具吸引力。

3. 适应面宽

不同体质、不同性别、不同能力的人都可以参加壁球运动。他们可以根据需要选择不同弹性的球，弹性大的球击球力度可小一些，反之击球力度则较大，其运动量也相应较大。

4. 器械便于携带

壁球拍比网球拍小，比羽毛球拍还小一些；壁球也比网球小，约与乒乓球大小差不多，因此携带起来较为方便。

5. 不受气候变化的影响

壁球是室内运动，无论气候怎样变化，都不受影响。

（二）壁球运动知识

壁球运动传入我国的时间不长，很多壁球场的管理者和服务员都对这项运动的规则知之甚少，甚至一些体育管理部门也不太清楚。为了有效地提高壁球服务水平，有必要对这方面的知识加以介绍。

1. 比赛方法

壁球比赛主要是单打对抗比赛。比赛的制式可采用"五局三胜"或"三局二胜"制。每局的制式有美式和英式两种，美式是 15 分制，英式为 9 分制。

当采用 15 分制时，先得 15 分者胜。打到 14 平时，持球方可在下一次发球前选择加赛分数，即加赛 1 分则至 15 分结束，加赛 2 分则至 16 分结束，加赛 3 分则至 17 分结束。在第一种选择下，先胜出对手 1 分者胜；在第二种选择下，先胜出对手 2 分者胜；在第三种选择下，先胜出对手 3 分者胜。持球方在做出选择后须明示裁判、记分员和对手。

当采用 9 分制时，如果打到了 8 平，持球方也可选择加赛分数，方法与 15 分制类似。

2. 得分方法

当一方球员击出一个正常的球后，另一方球员未能接着，则击出正常球的一方"获胜"。只有发球方获胜才算得分，即发球获胜该球后，他便可取得 1 分。当接球方获胜该球后，他只是得到发球权并转为发球方。

3. 发球

壁球场分为左、右区，各区内均标有发球格。发球时，发球者必须置一只脚于发球格内，否则就算犯规。发出的球必须先击中正面前方的墙壁，然后可以弹向侧墙或后墙。

第一局的发球权是以转动球拍方式来确定的。其方法是：裁判员一只手托住拍柄中间位置，另一只手纵向快速转动球拍，并让球拍依靠惯性继续转动，当球拍自然停止转动时，按其商标面的方向决定首发球权。

取得发球权的一方可连续发球直至"打失"（当对方击来球时未能击出正常的球称为"打失"）一球为止，此时他的对手便转为发球方，如此轮换直到整场比赛结束。由第二局起，每局开始均由上一局的获胜方发球。

发球方有权选择发球格发球，但胜出该球后须转换到另一发球格继续发球，直至失去发球权为止。

4. 成功的回击

这是指击球方在球连续从地上弹起两次之前，直接或间接地利用侧墙的球击到前墙挡板以上、红线界以下的区间墙壁，并且该球没有反弹出界；同时，球在飞向墙面的途中未出现触及双方球员、他们身上的物件和对方球拍的现象。

高尔夫运动最早产生于 18 世纪的欧洲，后来逐渐流传到世界各地。高尔夫球场的要求很高，它需要一大片绿化极好的丘陵地带，占地面积不小于 60 公顷。所以，一般繁华地区的体育场馆根本无法在所在地区建设高尔夫球场，但可在郊区选择有利地形建设。改革开放以后，我国的一些大城市周围陆续建起了高尔夫球场，并且在球场附近建有体育场馆。

过去，打高尔夫球是贵族的一项运动，因为它的费用很高，普通人难以承担。现在，热衷于高尔夫运动的人越来越多了。特别是近年出现的与传统的乡村高尔夫有很大差别的新型高尔夫。

（一）高尔夫球场的类型

1. 乡村高尔夫

按照传统习惯，人们所说的高尔夫运动主要指乡村高尔夫。

乡村高尔夫球场的面积在 60~100 公顷，呈不规则形状，且各个球场的形状也有很大差异。球场内有丘陵，有平整的草地，有沙地，还有水塘。球场内有若干洞穴，洞穴的数量为 9 洞到 54 洞不等，一般为 18 个洞穴。洞穴为埋在地下的圆罐，直径为 10.8 厘米，深度为 10.2 厘米。罐的上沿低于地面。洞穴间的距离为 91.44 米至 548.64 米不等。此外还有其他设施，包括开球区。这是一块平坦的草坪，约有 100 平方米，草坪上设有球座，球座是插入地面的一个小木桩，木桩上部为凹面的圆顶。击球的运动员必须在开球区向前方洞穴击球，击球时需将球放在球座顶端，以便准确挥杆击球。

标志旗。它是系于细长旗杆上的小旗，用以插入每一洞穴，指明洞穴号数。当近距离向洞穴击球时，标志旗可临时拔去。

高尔夫球。这种球是在一块压缩的小橡皮上，用橡皮筋环绕成圆球，外面再包上有微凹花纹的坚硬合成材料的外壳。球的直径为 4.16 厘米，重量为 45.93 克。

高尔夫球杆。球杆是用木材或塑料与金属组合制成，长度从 0.91 米到 1.29 米不等。比赛时，每个运动员需配备 14 根各种用途的球杆，其中包括木头球杆 5 支，铁头球杆 9 支。除一根是推击杆外，其余均为不同斜度的挥击球杆。球员可以根据击球距离和高度不同而选用不同的球杆。推击球杆的击球面是个与球杆平行的平面，用于近距离时推击。

2. 乡村高尔夫球练习场

顾名思义，这种场所是为练习打高尔夫而开设的，因为其场馆比正规高尔夫球场小得多，一般有 100 米×200 米就可以了。由于其面积只有正规球场的几十分之一，可以建在离城市很近的体育场馆附近，可以免去运动者的路途辛苦，因而受到欢迎。这种练习场主要用于开球训练和"果岭"区的推杆训练。训练时所用的球杆和球都与正规球场用品无异。

3. 模拟高尔夫球场

这是一种用现代科技手段模拟某个或某几个高尔夫球场场景的球场，并且能反映出球员在该模拟球场打球的方位。具体情况是：在一间不到 50 平方米的房间里，用幻灯机或投影电视投射出某个 100 多公顷的真正球场的场景，场景的银幕具有对击球力度的感应能力，并能根据感应的力度和方向将球的影像及球的飞行轨迹反映到屏幕上，并通过计算机反映出球的飞行距离，使击球人产生似乎是在现实球场击球的感受。最后，还可以使用推击球杆将球推击进洞穴。

模拟高尔夫球场占地面积很小，且在室内，因此任何体育场馆都能够根据要求开设这样的球场，为增加体育项目和节约资金提供条件。因此，目前已有一些体育场馆开设了模拟高尔夫球场。

4. 城市高尔夫球场

有人把这种高尔夫球场称作微型高尔夫球场。不论叫什么名称，都是为了与传统的乡村高尔夫有所区别。它是用木材或水泥等材料制作出各种不同障碍的球道及洞穴，从 9 洞到 26 洞都有。其是将不同难度的"果岭"集中于较小的场馆。一个 18 洞的城市高尔夫球场约占地 800 平方米。因此，它可以建在室外，也可建在室内；可以与体育场馆的绿地结合起来设计，也可以单独修建在楼顶平台上。

城市高尔夫的器械与乡村高尔夫是有区别的：它的球是直径为 4 厘米的实心橡皮球，与乡村高尔夫球不同，球的外面不包赛璐珞外皮；城市高尔夫球杆只有推击杆而没有挥击杆，并且球杆的长度也比乡村高尔夫球杆短许多，从 74 厘米到 90 厘米不等，不同身高的人可以使用不同长度的球杆。

城市高尔夫运动趣味性很强，运动量较小，是一种老幼咸宜的休闲运动项目。目前在有的城市已成立城市高尔夫协会，并且开展过国际间的城市高尔夫比赛。

5. 木杆高尔夫球场

木杆高尔夫是出现在日本的一项休闲球类运动项目。其球杆完全用木料制成（乡村高尔夫的球杆主要用金属制成），故名木杆高尔夫。其球杆的杆柄较短，与城市高尔夫球杆的长度差不多；它的杆头也是木制的，形状像个汽水瓶，横向装在杆柄上，整个球杆与门球的球杆相似。木杆高尔夫的球为木质实心，直径约 7 厘米。木杆高尔夫球的运动方法也与门球接近，但运动规则与乡村高尔夫的规则差不多，以较少的击球次数进完所有的球洞者为优胜者。1999 年年初，木杆高尔夫运动由日本体育界正式推荐给中国北京市体委。相信木杆高尔夫会较快普及。

（二）高尔夫球运动知识

1. 乡村高尔夫球

乡村高尔夫球运动方式是球员在球场以球杆击球入穴。每个球员使用若干根球杆，按照规则把球击入一系列球穴中，以到达终点时击球次数最少者为优胜者。

乡村高尔夫球的洞穴数量通常为 18 个，洞穴之间的距离各不相同，分为近、中、远三种洞穴：近洞穴在 229 米以内（女子为 192 米）；中洞穴为 430 米（女子为 336 米）；远洞穴在 431 米以外（女子在 376 米以外）。

乡村高尔夫球比赛开始时的发球顺序采用抽签方法决定，途中各洞穴的击球顺序以球离洞穴最远者先击，次远者次击，最近者最后击；球被击落在什么地方，就在什么地方接着击球，不允许任意挪动球的位置。每次击球入穴后可将球取出，并将球移至下一穴的开球处，像比赛开始第一次击球一样，可以使用球座将球垫起来或用沙地的沙子将球垫起来。就这样按顺序击完所有球穴，以杆数最少者为优胜。

模拟高尔夫球的运动方法和规则与乡村高尔夫球基本一样，所不同的主要是场馆环境。

2. 城市高尔夫球

诚如前述，城市高尔夫的场馆、球杆、球，都与乡村高尔夫有很大区别。

城市高尔夫球的规则如下：

（1）最先以最少杆数将球击入洞穴者为胜。

（2）参赛人数每组 2 至 4 人或更多。

（3）在每个球道上每人最多击 6 杆，每杆为 1 分，6 杆仍未入洞者记 7 分。

（4）将球置于球板上任一开球点开球，将球击过开球线为开球成功，可以接着打下一杆。若球未击过界线则视为开球失败，算作一杆；然后将球重放于开球点再次开球。

（5）开球后，在球被击入洞穴之前，球每次停落的位置即为继续击下一杆的位置。此时可能会出现以下两种特殊情况：①如果球停在距离球道边障很近的位置而难以击球，这时可将球移至重放线上，然后再击下一杆。重放线是指球的停落点与球道边障垂直或与球障垂直方向所形成的一条直线。球障是设在各条球道上的障碍物，每条球道上的球障各不相同。②如果球停在距离球障很近的位置而难以击球，这时可沿着与球障垂直的方向将球移至重放线上任意一点，然后再击下一杆。

（6）球员应按顺序击球，即由一位球员在一条球道上连续击球，直到击入洞穴，即为完成一轮，这时再由下一位球员击球。每一轮击球最多允许击6杆，如果到第6杆仍未将球击入洞穴，则判为本轮失败，记7分。

（7）球员在击球时不得连续击打，也不准用杆推着球运动，否则视为犯规。

思考与实践

1. 简述游泳的功能和作用。

2. 试述健身房的特点。

3. 论述乒乓球的起源。

4. 高尔夫球场有哪些类型？请举例说明。

第八章

体育场馆经营投诉处理实务

■**学习目标**

1. 探讨体育场馆在实际经营中可能遇到的投诉并分析原因，在明晰原因的基础上试着思考解决投诉的方法。

2. 学习处理体育场馆投诉的原则，掌握被投诉后的处理方法，最大限度上满足双方的诉求。

第一节　投诉的原因

张婧和李寿邦在《基于顾客满意度对高校体育场馆经营策略分析》一文中，以顾客满意理论为研究视角，从政策支持、硬件资源、人力资源和文化氛围四个方面分析了目前高校体育场馆的经营条件，并从客观和主观两方面分析了顾客在场馆经营中不满意的原因，设计出转变管理体制、向企业化推进、建立不满意反映机制、增强服务意识、优化资源配置、提升产品质量、建立顾客投诉建议制度和合理定价化解策略。引起各种投诉的主要原因是，人们对所得到的服务的满意度小于期望值。当人们对得到的服务的满意度小于期望值时，就认为服务是劣质的。此时，虽不一定都会投诉，但一定会抱怨；当这种抱怨的情绪在某一方面超过临界值时，便会投诉。如场馆设施硬件条件达不到体育活动的要求标准；体育场馆向顾客宣传的内容与实际不相符；未能兑现给出的服务承诺；场馆所提供的服务不能得到顾客的满意；等等。造成这种客观矛盾的主要原因是高校体育场馆为了吸引更多的体育锻炼者前来消费，夸大实际产品价值、向顾客做出不切实际的承诺，引起了消费者过高的期望。但是这种不切实际的期望未能得到兑现，而使顾客对高校体育场馆的失信产生不满。

另一种情况是顾客自己意识不到、考虑不周造成的问题。这是指高校体育场馆虽然为顾客提供了优质的产品和服务，但由于顾客主观上的错误理解和感受，从而产生不满意的情况。这跟顾客个体的体育文化素养、个人喜好、性格和品质有很大的关系。随着全民健身的不断发展和群众体育生活方式的不断深入，主观原因导致的不满意情况会好转。

不管是客观，还是主观原因，所导致顾客对服务的不满意，都会导致体育场馆整体服务质量的下降，从而影响体育场馆的营业。因此，找出对顾客不满意的应对策略对体育场馆的经营尤为重要。

一、因设施设备故障而引起投诉

在消费过程中，如果设备突然出现故障，则很容易引起人们的抱怨，特别是当人们兴致正浓时。如果故障连续出现或者短时间内不能被排除，就可能引起投诉。在体育项目经营过程中，这种投诉所占的比例很大，例如：

（1）保龄球机器的扫瓶板突然落下，使顾客酝酿半天打出的球失效。

（2）游泳池的更衣柜门突然锁不上，此时顾客随身携带的物品都要放在柜子里，锁不上柜门当然着急。

体育场馆经营的各个项目都可能因设备问题引起顾客投诉。

二、因服务员礼节不周而引起投诉

这是指顾客的被尊重需求得不到满足而引起的投诉。这类投诉在我国也比较常见，不过近几年来，随着经营观念的提升和服务员素质的提高，这类投诉的比例已有所下降，但仍时常发生。一般有如下几种情况：

（1）服务员服务中不使用礼貌语言，有个别服务员看见顾客无意中违反规定便大声训斥，使本来用礼貌语言能解决的问题得不到解决，有时甚至使矛盾激化而引起投诉。

（2）服务动作很随意，如向顾客递送保龄球鞋时很随便地扔在柜台上。

（3）服务员的站姿或坐姿很懒散，例如游泳池的救护员跷着二郎腿半躺半坐，靠在椅子上。

（4）服务员与人们开玩笑不看场合，使人们在朋友、妻子、上司、父母面前丢面子或造成误解。

三、因工作效率低下而引起投诉

工作效率低虽然不一定引起投诉，但会引起抱怨；如果再加上别的问题，则会产生合并投诉，例如：

（1）游泳馆进门处服务员收票、发存衣柜钥匙的速度太慢。

（2）健身房器械出现故障，服务员不及时排除故障。

（3）台球厅服务员开写单据较慢。

（4）打保龄球的顾客需要饮料，服务员未及时提供。

四、因服务态度差而引起投诉

这类投诉也较常见，据不完全统计，约占投诉总数的15%。各个项目都可能发生这类投诉，例如：

（1）高尔夫球练习馆为消费者提供的毛巾有破损，服务员嫌麻烦不愿意换新的。

（2）服务员为消费者送饮料，饮料溅出杯子，弄脏了消费者的衣服，而未能及时道歉并主动提出解决问题的办法。

（3）为消费者讲解健身房规则不认真，对消费者提出的问题未及时回答。

（4）游泳池救护员在救护时态度和动作都很随意。

（5）消费者丢失物品，服务员不主动认真地帮助寻找。

（6）消费者生病或遇到其他困难时服务员态度冷漠。

五、因卫生状况差而引起投诉

消费者对体育场所的卫生状况要求越来越高，而有时个别服务员忽视卫生工作，这很容易引发投诉。例如：

（1）游泳池水质浑浊，地面有青苔，池壁有污迹。

（2）游泳池的更衣室内有蟑螂或老鼠。

（3）厕所地面太脏甚至有大便、小便、呕吐物。

（4）保龄球道的发球区有油迹，高尔夫球杆有汗迹。

（5）保龄鞋发出脚臭味等。

六、因索要小费而引起投诉

付小费是西方国家服务行业很普遍的现象。小费是消费者对服务员所提供的服务的额外奖励,是对服务质量的一种认可。消费者支付的小费数额与他的满意程度一般成正比例关系。

改革开放以后,这种在西方约定俗成的奖励方式对中国的消费市场产生了很大影响,一些项目的消费者往往采用付小费的方式鼓励服务员。但这种方式未完全被服务员所理解,因此个别服务员向消费者暗示或直接索要小费,甚至对不付小费的消费者进行挖苦,引起消费者反感而投诉。游泳池更衣室、保龄球馆等,是消费者容易遗忘或丢失物品的地方,个别服务员拾到失物还给消费者时索要小费,也常常引起投诉。

七、因语言沟通障碍而引起投诉

这方面的投诉发生的概率不算高,并且在处理投诉时也不太困难,但这类投诉在各体育场馆都曾发生过,因此不应当轻视。可以通过有针对性的培训来减少或避免这类投诉。以下几种情况可能会引起这类投诉:

(1)地方口音太重,容易造成误解。现在很多体育场馆为了管理方便或降低劳动工资成本,从边远地区或经济不发达地区招聘服务员,其未经普通话培训就上岗,往往造成在服务中出现误会。

(2)语言表达不够清楚也容易造成投诉。例如有的游泳池规定人们必须戴泳帽进入,人们可能不知道这是为了避免脱落的头发堵塞池水过滤系统的管道,而认为是想多卖泳帽或"多事",这也可能引起投诉。

(3)语言沟通时未注意到地域的不同习俗而引起误解。

(4)因不了解情况而称呼不当引起误解。

(5)微笑是一种无声的美好语言,但使用不当也可能产生误解。例如当客人因某种原因出现很难堪的场面时,某个服务员正对他发出不适当的笑容,客人可能会认为这是一种嘲笑而恼羞成怒。

八、因服务经验不足而引起投诉

个别服务员由于服务经验不足,处理问题不当而引起投诉,例如:

(1)设备出现故障时不知如何处理。

(2)遇到比较挑剔的人们提出一些刁钻古怪的问题时,没有经验的服务员不知如何应对。

（3）在服务过程中发生突发事件时，如断电、天花板突然漏下污水、某位人员突然休克、消费者与消费者之间发生斗殴等，服务员没有经验，导致事态扩大，增大后期处理的难度。

（4）消费者为微不足道的小事为难服务员，没有经验的服务员因处理不当而使矛盾激化。

九、因各部门之间协调不同而引起投诉

（1）在炎热的夏天，空调器突然出现故障，室温很快升至30℃以上，而当班的服务员未能通报工程部来修理，又未及时向消费者解释清楚并表示歉意。

（2）消费者预订了保龄球道或网球场馆，而当消费者到了现场，却被告知未接到预订通知。

（3）游泳池水温过低，而服务员没有及时通知工程部加温。

（4）消费者的更衣柜锁出现故障或钥匙丢失，服务员没有及时找到维修人员来解决问题。

十、因服务员技能较弱而引起投诉

这里所说的服务员技能，主要指纯技术方面的能力。各个体育项目都要求服务员具备相应的服务技能，否则，就不可能提供令人们满意的服务，并可能引起投诉。例如：

（1）游泳池救护员技能差，在救护中使人们受到伤害。

（2）台球、高尔夫球服务员既不懂运动规则，又没有示范能力，无法满足人们对这两个项目的需求。

（3）健身房服务员不会操作健身器械，无法指导人们使用。

（4）网球场服务员的算账能力差，甚至算错金额。

十一、因发生意外而引起投诉

意外事故在现实生活中在所难免，而由此引发的投诉也在所难免。在体育场馆经营时，这类投诉数量不多，但处理的难度往往较大。例如：

（1）游泳馆的更衣柜被撬，消费者报称损失了巨额财产。

（2）游泳消费者淋浴时无意间碰到热水开关而烫伤了皮肤。

（3）消费者在坐水滑梯时与该体育场馆设施碰撞受伤。

（4）打保龄球的消费者由于动作不正确滑倒摔伤。

（5）游泳消费者溺水事故。

这些事故一旦出现，大部分人都试图从体育场馆获得赔偿，因而投诉几乎是必然的。

第二节　投诉的处理

一、处理投诉的原则

（一）不扩大事态

人们投诉的动机，绝大部分是善意的：一方面是为了促使体育场馆改进工作，另一方面是为了得到某种形式的补偿；只有极少数人不怀好意。投诉的形式各不相同，有委婉的，有平和的，也有言辞激烈的，甚至有威胁谩骂的。但是不管什么样的投诉，一个重要处理原则是不扩大事态，不激化矛盾。

（二）依照国家的有关法规和本体育场馆的有关规定

处理投诉必须以事实为依据，以有关法规为准绳，有理、有利、有节地进行。这样即使矛盾激化或诉诸法律，体育场馆也不会处于被动的局面。

（三）兼顾体育场馆、消费者、服务员三者的利益

这三方面的利益存在着对立统一的关系。其统一的方面表现在：体育场馆的经营宗旨是为人们提供优质的服务产品，并在平等交易的过程中得到相应的经济利益。体育场馆是服务产品的销售方；服务员是受体育场馆委派而直接提供服务的操作者；消费者则是用金钱购买服务产品的人群。三者围绕服务产品发生关系。其对立的方面表现在：如果过分强调某一方面的利益，就会伤害另一方面或另两方面的利益。例如，在处理消费者要求合理合法的经济赔偿的投诉（假定投诉是由于体育场馆、服务员个人、消费者都有责任引起的）时，如果坚决不赔，就可能损害消费者的利益；如果完全由体育场馆赔偿，就可能损害体育场馆的利益；如果完全以扣罚服务员来赔偿消费者，就可能损害服务员的利益。因此，在具体处理投诉时，应该了解事实，依据有关规定合法合理地进行，要兼顾体育场馆、消费者、服务员三方面的利益。

二、处理投诉的方法

（一）明确角色，摆正关系

消费者到体育场馆理应得到舒适、愉快的服务，因此体育场馆应当尽量满足他们的需求，否则就会引起抱怨。他们为了释放不满情绪，就可能投诉。从一般情况看，消费者对体育场馆提出投诉都是有缘故的：或是对硬件设备不满意，或是对软件即服务态度、服务能力不满意。因此，体育场馆应当把处理顾客投诉当成改进工作的契机，管理者和服务员都应当摆正与顾客之间的服务与被服务的关系，自觉地站在顾客的角度，设身处地换位思考，要宽容大度，能忍受暂时的委屈，对能够改进的工作要立即改进；对暂时改进不了的，也应当委婉地向顾客解释清楚。

（二）态度诚恳，热情接待

在一般情况下，面对消费者的投诉，首先应该以诚恳的态度热情接待；对于给消费者造成损失的，还要道歉或赔偿。这样做能在一定程度上弥补体育场馆经营工作上的不足，填补漏洞。如果碰到情绪激烈的消费者，则应先设法稳定其情绪，可以先请其离开事发现场，再做进一步处理，以免事态扩大。切不可态度冷漠，更不可使顾客难堪。因此，在处理投诉过程中，不能由于顾客的投诉与你无直接关系，或不在你的服务范围内，而采取事不关己、高高挂起的态度，把问题推给你的上司或旁人。提倡首问负责制，第一个受理投诉的服务员应负责给消费者一个有效的答复。而且，不管消费者投诉是否有道理，受理者都应当耐心地听取，并对消费者表示歉意；对于有误解的消费者，应该委婉解释，切忌据理力争，更不能反唇相讥，否则容易使消费者的情绪火上浇油，激化矛盾。

（三）不同情况，区别对待

对于具体的投诉意见，应在了解事实的基础上具体分析，然后采取有针对性的措施，这是处理投诉的有效方法。

1. 对于建设性意见的处理

有的游泳池上午不开放，一些有晨练习惯的消费者建议游泳池从早晨就开放；有的综合体育场所的戏水乐园分场次开放，一部分消费者建议连续开放，计时收费；有的消费者建议增加服务项目。对于这类意见，应先向消费者表示感谢，并对给消费者带来的不便表示歉意，然后把他们的意见如实反映给管理者。对于能够马上改进的，要尽快答复消费者。

2. 对于希望得到尊重的投诉的处理

这类投诉的消费者大多自尊心比较强，当他们感到自己的面子受到伤害时，就会发生投诉，有时还是情绪激动、言词激烈的投诉。在这种情况下，应该先向消费者道歉。如果是经理处理问题，应由经理代表体育场馆向其致歉。如果遇到消费者与服务员发生争吵而且消费者又不全在理时（按规定不允许服务员与消费者争吵，但这种争吵在客观上很难完全避免），也应由服务员或管理人员向消费者致歉，要掌握把"对"让给消费者的艺术；给错了的消费者一个台阶，给吵闹的消费者一点面子，给并无恶意的消费者一些体谅，给产生误解的消费者一份安慰。在向消费者道歉时也要根据具体情况进行处理，如果当事的服务员是个很理智的员工，可要求该服务员当面道歉，服务员为此感到委屈时，过后再对其安慰。如果当事的服务员不够冷静，正在火头上，这时要求其向客人道歉可能会达不到解决问题的目的，应由其他服务员或管理人员道歉，而事后应当对当事服务员进行处理。

3. 对于要求得到补偿的投诉的处理

有些消费者投诉除了要求在精神方面得到安慰外，还要求得到物质补偿。

这一方面可能是消费者由于某种事故遭受了直接的经济损失而希望得到补偿，例如：

（1）在坐水滑梯下滑过程中由于摩擦生热损坏泳装。

（2）在淋浴时被热水烫伤。

（3）在打保龄球或做其他运动时滑倒摔伤。

（4）游泳时存放在更衣柜内的物品被盗；等等。

另一方面可能是由于处理事故的过程较长，人们的时间被耽误了。在处理这类投诉时，可根据实际情况和责任大小对消费者给予适当的经济补偿，如赠游泳票、赠保龄球局数、赠适当数额的内部消费券、报销医药费和出租车费等。如果情况严重，则应逐级向上报告，由体育场馆经理出面处理。这里还要说明，给予消费者经济补偿的处理权限在管理层，普通服务员无权做出决定。因此，首先接待重大投诉的服务员应该在安慰消费者的同时尽快向上级报告。

4. 对于极不理智或恶意违反规定的消费者的投诉处理

对于体育场馆制定的有关规定，消费者中的个别人往往不愿遵守，甚至无理取闹。例如，酗酒者无票闯入游泳池；接受按摩时一丝不挂，赤身裸体；在软质球道上打保龄球故意将球高高抛起，造成球道损伤等。当服务员制止消费者的违规行为时，有的消费者会借口投诉，要把事情闹大。这类投诉所占比例虽然很小，但处理起来却很麻烦，要十分谨慎。

对极不理智的消费者的投诉或怀有恶意的投诉，在处理时要依据法律法规和有关规定，通过摆事实、讲道理的方法，有理、有利、有节地解决问题。必要时，可以请安保部门介入，并可根据实际情况，适时通知公安部门，取得公安部门的支持，以维护体育场馆的正常营业秩序。

思考与实践

1. 试举例说明体育场馆被投诉的原因。

2. 简述体育场馆解决投诉的原则。

3. 体育场馆被投诉后的处理方法有哪些？

4. 简述特殊投诉的含义。

第三篇
管理与实务

第九章

体育场馆经营的组织机构与人力资源管理

■学习目标

1. 了解体育场馆经营的组织机构，明确组织机构设置的原则，进一步学习体育场馆经营机构的编制方法。

2. 清楚员工招聘工作的重要性，熟悉体育场馆经营员工的招聘办法，能够合理安排员工招聘流程。

3. 学习如何对体育服务人员进行培训，明确培训的作用，掌握培训的基本方法；同时了解督导管理的基本方式，有效提高工作效率。

第一节　体育场馆经营的组织机构

体育场馆作为体育建设的物质基础和重要依托，在体育现代化建设中发挥着重要作用。新时代体育场馆向着智能化、多样化转变，体育场馆组织机构的完善和调整对于提升场馆管理水平、绩效及现代化程度等都有着重要意义。体育场馆经营组织机构是通过运用适当的管理方法和技术手段，发挥体育场馆经营组织中各种人员的作用，把投入体育场馆中的有限资金、物资以及信息资源转化为可供出售的体育产品。

体育场馆经营的组织机构是指按照一定的目的、任务和形式加以编制而形成的体育场馆经营管理系统。

合理完善的体育场馆经营组织机构能够合理配置、高效运转场馆各类资源；能够支撑场馆现代化发展和改革目标；能够更好地满足体育消费者需求；能够为体育场馆高效运转奠定基础。

一、组织机构的设置原则

各体育场馆经营的类型、规模和组成不尽相同，这不但由于它们的市场定位、接待规模、经营方式有所不同，而且由于经营管理者的经营理念和管理模式不同，诸多因素叠加使得各个体育场馆的组织机构和运作模式各有差异。

但是，体育场馆经营各项目组织机构的设置原则是一致的，主要体现在以下几个方面：

（一）形式必须适应经营需要的原则

体育场馆经营的组织机构的形式要为体育场馆经营服务。其机构要适合经营业务，出于需要而设置机构，不可一味照搬或凭空捏造。在这种形式下，各体育场馆经营内部机构设置又有所不同，例如有的体育场馆经营设置财务部、竞赛部、营销部，有的则把竞赛的管理与营销的管理结合在一起，这根据不同场馆的业务内容和规模而定。对于上述几种形式，不能武断地说哪种机构形式好、哪种机构形式不好，因为这些形式都是根据当时当地的实际情况而确定的，是按需要设置的，因此要客观分析其利弊。

（二）设置必须科学的原则

体育场馆经营内部的机构设置，必须明确其功能和作用、任务和内容、工作量是否合理以及和各项目的关系等。特别要注意发挥其正常运行的作用，即经营管理、控制、督导等作用，避免因追求其他目的而忽视机构的本质职能。设立机构之后接着就应配备相应的管理人员，不同岗位管理人员的能力要与岗位职责匹配。按照西方的管理模式，一般的职务都是一职一人，原则上不设副职，但国内往往设置副职，有的岗位甚至设多个副职。无论采用何种模式配备管理人员都必须注意，每个岗位都应有明确的职责、权限和实际工作内容，切不可产生权责不清、工作内容和责任交叉混乱的情况。

机构设置的科学性还表现在能够适应有效的指挥跨度。一般情况下，一个管理人员的管理跨度不应超过五项，以三至五项为宜，且管理跨度与管理层级呈反比。若管理跨度太大，则不能做到具体、有效的领导。

机构设置的科学性同时也表现在避免机构臃肿、人浮于事；要因事设职，不要因人设事，保持组织高效顺畅的运行。

（三）统一的原则

不同的岗位设置在其每个环节上都应有相应的权力和职责，下级只接受一个上级的领导，不能由多头领导，否则会使得下级员工产生混乱。例如，游泳池服务员只接受游泳池具体负责人的领导；一般情况下，游泳池主管也应该通过具体负责人去领导员工，不宜直接改变具体负责人的安排（特殊情况除外），否则具体负责人就成了摆设，主管变成了具体负责人，越级指挥不利于组织内部各层级员工有序、团结地工作。

统一的原则是指体育场馆经营必须是个统一的有机体：统一划分各个分部门的职权范围，统一制定主要的规章制度，统一领导体育场馆经营各项下属项目的工作。

（四）因才用人的原则

体育场馆经营机构的设置应有利于发挥各级人员的业务才能，充分调动他们的主观能动性。人各有短长处，与其为人的短处操心，不如对其长处加以利用，这一点在体育场馆经营中尤为重要。体育场馆经营各个项目都有很典型的特点，更需要有相应特长的人才来参与管理和服务，在保障岗位职责的同时以实现人才价值的最大化。例如，由拥有游泳救生技能并懂得人员管理的人担任游泳池的主管，其自身不仅能够实施救援还能培养更多救生员；应该选用了解保龄球知识、懂得保龄球管理的人担任保龄球馆的主管。

二、体育场馆经营组织的编制方法

我国体育场馆的管理一般采用"直线职能制"，其特点是把所有机构和部门分为两大类，即业务部门和职能部门。在各级行政主管之下设置相应的职能部门，实行直线指导，"直线制"由此得名，它们是接待部、票务部、商品部、安保部、营销部等。

职能部门是为业务部门服务的部门，是执行某种管理职能的部门，它们是财务部、人事部、总务部、工程部等。

1. 影响编制的因素

（1）营业时间的长短。

一般情况下，体育场馆的营业时间较为灵活：有的项目晚上营业；有的项目从早到晚全天营业；有的项目可能是从下午营业。各个体育场馆经营或不同项目的每天营业时间不尽相同，所需要的人员和岗位也有所差异，这是影响编制的因素之一。

（2）客流量的大小。

由客流量的大小能够推算出某个项目、某个岗位劳动量的大小，从而进一步推算出该项目服务人员的数量。例如两个同样规模的游泳池，由于客流量的差异，配备的救生员的数量就不同。可以看出，客流量是影响编制的因素之一。

（3）营业的淡旺季。

很多体育项目具有明显的淡旺季特点，例如室外游泳池和室外游乐场，淡季和旺季的客流量差异特别大；滑雪滑冰场一类特定季节存在的项目，其客流的季节差异也较大。因此，不同季节员工的数量也会不同，可以采用弹性编制予以解决。

（4）管理模式的差异。

不同的国家、不同的地区、不同的体育场馆，由于经济体制、所有制形式、人们的道德观念等的不同，特别是管理人员的管理理念、管理模式的不同，体育场馆经营机构组织的编制也不尽相同。

（5）体育场馆的定位和水平高低。

不同层次和规模的体育场馆所需劳动力人数和水平不同。例如，私人会所泳池与普通游泳馆，其配备的各类人数与专业性都有所差异，编制和组织结构会相应有所不同。

2. 编制的依据

（1）政策依据。

制定编制属于劳动管理工作。在做这项工作时，首先要贯彻执行劳动法相关规定。1995 年 1 月颁发的《中华人民共和国劳动法》规定：劳动者平均每周工作不超过 44 小时，以每天工作 8 小时计，每周工作 5 天半。现在，大多数单位都执行更新了的规定，即每周工作 40 小时，每天工作 8 小时，每周工作 5 天。这是制定编制时的政策依据，也是保障劳动者合法权益的依据。

（2）项目依据。

不同的项目，需要的服务人员数量是不同的。即便是同一个项目，在不同区域所配备的服务员数量也不一样，不同规模的城市其客流量有所差异，服务员数量也会因此改变。

（3）服务档次依据。

同样的项目，由于市场定位不同、服务档次不同、所提供的服务细节不同、每位员工的服务跨度不同，所配备的服务人员数量也会不同。因此，所使用的员工数量会有很大的差别。

3. 制定编制的方法

（1）先定岗位再定编制。

先根据各个经营项目的特点，再根据需要确定每个岗位的服务员数量，从而制定出该项目的人员编制。

需要说明的是：应按每周营业 7 天，但每个员工每周工作 5 天、每天工作 8 小时计算，因此每个固定岗位每天需要的人员数量是：

（8 小时×7 天）÷（8 小时×5 天）= 1.4（人）

再将每个岗位的固定员工数量乘以 1.4，即为该岗所需的员工实际数量。

（2）公式法定编制。

下面是几个模糊公式，可用来较快地求出某项目的编制数量。用这些公式计算出的结果不一定都是最准确的编制数，在实际应用时应根据体育场馆经营的具体情况加以修正。

这些公式如下：

保龄球馆编制 =（球道数×0.6+n）×班次数

台球厅编制 =（球台数×0.3+n）×班次数

游泳池编制 =（水面积×0.08+n）×班次数

棋牌室编制 =（牌桌数×0.37+n）×班次数

健身房编制 =（设备台数×0.14+n）×班次数

网球场编制 =（场馆数×1.4+n）×班次数

需要说明的是：上面列出的公式中，n 是个修正值，是指服务台岗位的服务员数量。例如保龄球馆，无论是较大的还是较小的，都必须设服务台，来发放球鞋和控制球道开关，但这个岗位的编制受球道数量的制约较小，换句话说，无论球馆大小，都与这个岗位服务员的人数相关性不大。因此，一般情况下，n 取 1~3。

用公式计算出的数值虽是个近似值，但使用简便快捷，适合某项目立项时进行可行性分析和计算劳动力成本。

4. 案例分析

某保龄球馆有球道 26 条，要求制定人员岗位编制。

按前面介绍的第一种方法先定岗位再定编制，其编制定为：领班岗 1 人，服务台 2 人，维修技术员 2 人，饮料服务台 1 人，球道服务员 7 人（每人负责约 4 条球道），每天两班运行，每周 7 天营业，每人每周工作 5 天，则该球馆每个班次的编制为：

（1+2+2+1+7）×7÷5 = 18.2 ≈ 18（人）

按第二种方法即公式法计算出每个班次的编制：

26×0.6+2 = 17.6 ≈ 18（人）

可以看出，两种方法确定的编制数量基本一致。

第二节 体育场馆经营员工的招聘

体育场馆经营的组织机构确定之后，就需要通过招聘适当的人员来充实机构的岗位空缺。招聘工作就是按照体育场馆经营相应岗位的职务所要求的条件选择合适的应聘者。职务是根据体育场馆经营各个岗位的工作条件、内容、目标、责任、范围等方面要求而提出的，这是制定招聘标准的主要依据，也是选拔人才的主要标准。

一、招聘工作的重要性

（一）招聘工作是增补新员工的有效途径

一般情况下，体育场馆经营的员工流动性比较大，容易产生岗位空缺。员工流动性大的原因很多。在经营情况较好时，体育场馆之间人才竞争激烈，竞相提高待遇以期招聘到有较强能力的员工；在经营情况明显不好时，员工待遇下降，很多员工抱怨，向往待遇高的体育场馆。还有，因意外事故而产生自然减员、老员工退休、体育场馆扩建改造等而产生岗位空缺。弥补这些岗位空缺的主要途径就是招聘新员工，从而使员工队伍保持稳定，使正常的经营不受影响。

（二）招聘工作是促进员工队伍优胜劣汰的重要手段

员工队伍应当保持稳定，但这种稳定是相对的，不是组织内部的员工一成不变；员工的适当流动是合理的，适当的流动可以使员工队伍保持活跃，激发员工工作积极性，促进员工整体素质的提升，从而提高服务质量，提高经营业绩。

招聘工作就是通过对应聘人员在德、能、勤、绩等方面的考核，择优录取，让更符合岗位要求的员工从事相应的工作，履行岗位职责，保持高效的工作状态。这样，有利于优秀员工的流入和不良员工的流出，使员工队伍处于良性流动状态，谨防出现"劣币驱逐良币"的情况，不利于组织的长远发展。

二、招聘员工的方法

（一）招聘渠道

1. 外部招聘

这是招聘员工的主要途径。体育场馆根据外部招聘计划所确定的对员工数量和素质的要求，采用适当的方式进行招聘。可以通过广告媒体进行宣传，也可在各招聘平台投放信息，使更多的人了解本体育场馆的招聘信息，以便增加对应聘者的选择余地；同时，这种宣传也能够扩大本体育场馆的知名度。可以向有关劳动人事部门、就业服务机构、大专院校、中专及职业学校发出招聘信息。

2. 内部招聘

这是指对某些特殊岗位，在本体育场馆内部本着双向选择的原则，通过对报名应聘的员工进行考评，对其中具备一定思想素质、技术水平、工作经验、管理能力的应聘者，采用调动和提升的方式，安排他们到相应的岗位上工作。

内部招聘的员工对本体育场馆经营情况比较熟悉，能够较快地适应岗位要求。通过这样的方法使人尽其才，并且能够调动员工的工作积极性。但是，内部招聘也有弊端：一是招聘时选择面较窄；二是容易导致人际关系复杂等不良情况的出现。因此，在选拔管理人员或补充岗位空缺时应内外招聘兼顾，充分融合两者的优势。

（二）正式编制员工的招聘

1. 确定选用人员的基本原则

在工作分析的基础上，根据职务要求的内容和难度，确定具体的招聘标准和工种及人数。

2. 确定候选人的来源和招聘途径

确定是采用内部招聘还是外部招聘；是员工推荐还是广告宣传；是应届毕业学生还是有经验的工作人员；等等。

3. 填写职位申请书

职位申请书是了解应聘者情况最常用的方法，简历中的相关内容可作为决定是否对其面试的依据，这是对应聘人员的初步筛选。

4. 初次面试

体育场馆筹备负责人会同人事部的招聘人员与应聘者面对面地交谈，以考察应聘者的仪容、表达能力等条件是否符合体育场馆经营的初步要求，了解其经历、学历，以及对工作待遇、工作环境、工作时间的要求。如果认为初步合格，则需要核查应聘者的有关资料，以便综合判断。

5. 核查应聘资料

为准确了解应聘者，体育场馆应该到应聘者原单位去了解其工作态度、人事关系、业务水平、离职原因等方面的情况，以作为进一步考察的资料。

6. 测试和评估

为了解应聘者的知识和能力水平，应该对应聘者进行测试。测试的内容与方式依职务所要求的条件而定，根据岗位所需技能和素质采取不同的测试内容；根据测试情况对应聘者做出评估。

7. 再次面试

应聘者被基本确定之后，还可再一次面试，了解其个性、抱负、经验、技能、兴趣等，以考察其能否适应工作，能否与岗位职责匹配，有无发展前途。

8. 体格检查

在上报审批之前应聘者必须进行体检，因为政府管理机关对体育行业相关工作岗位的从业人员的身体状况有较严格的要求。同时，从体育场馆对员工负责的角度出发，也应该安排体检，以便客观地了解应聘者的身体情况。

9. 审查批准

将应聘者的职位申请书、调查材料、面试记录、健康卡片等材料整理汇总，上报体育场馆相应部门管理者及高层管理者审批。

10. 录用报到

通过最终审批之后，再由人事部门用适当的形式通知应聘者按指定日期报到并签订"试聘劳动合同"。

上述招聘程序适用于管理较严格的大型体育场馆，有些体育场馆在实际招聘工作中可适当灵活掌握。

（三）非正式编制员工的招聘

1. 非正式编制员工的概念

由于体育行业经营与服务的特殊性，一些体育场馆常聘用部分员工，他们是在岗而不在编制之内的具有特殊技能的员工，这些人员被统称为非正式编制员工。例如健身房的专业教练等。

2. 非正式编制员工的特点

（1）具有较强的专业技能。

这些人所从事的工作都需要经过专门培训才能胜任，有些职位还需要有较强的天赋，不是一般体育场馆在短期内能够自行培训的。

（2）与体育场馆的劳动关系比较灵活。

这些人工作流动性比较强。因为有专长在身，往往哪个体育场馆付的劳动报酬高，就马上到那里去工作，按酬选择服务场馆。一些体育场馆也常用高薪去"挖"人。这些人往往不愿意签订长期劳动合同。

一些体育项目需要经常更新，否则将会失去回头客。体育场馆对这类项目的工作人员也不愿意签订较长时间的劳动合同，人员会因项目的更改而产生流动性。这些人中有一部分是从事兼职工作的，他们在其他单位有正式工作。

总之，这些人与体育场馆的劳动关系比较灵活。

（3）计算劳动报酬的方式与正式员工不同。

正式员工的劳动报酬一般按年薪或月薪计算；非正式员工的劳动报酬有按天计算的，有按小时计算的，有按场次计算的，有根据个人创造的收益按比例提成的，较为灵活多样。其中，后一种计算方式一般没有基数，也就是说，如果没有创造收益，那么即使出勤了，也没有薪水。

3. 招聘程序

（1）制订招聘计划。

根据某些体育项目的特殊要求，制订相应的招聘计划，满足体育场馆的特殊需求；根据职位说明书的要求，清楚明确地制定招聘标准。

（2）确定招聘渠道。

可以在各大招聘平台上登广告从社会上招聘；可以直接从专业团体或行业协会招聘；可以从刚毕业的学生中招聘，与学校联系以学生实习的名义合作；可以通过中介机构或私人推荐招聘。

（3）审阅应聘资料。

通过应聘报名表或履历表了解应聘者的相关情况，包括姓名、年龄、住址、技能、文化程度、健康状况、工作经历等，以初步判断应聘者是否能达到职位说明书的要求，进行初步筛选。

（4）面试。

通过面试，了解应聘者的仪容仪表、诚实度、思维能力、表达能力、基本技能等情况，并与应聘者沟通其职业规划与未来发展目标。

（5）技能测试。

这是考察应聘者实际技能的重要环节。技能测试可以从两方面进行：一是通过口试或笔试以测试其理论修养；二是通过具体操作以测试其实际能力。二者应结合考察应聘者的综合能力。

（6）核查资料。

首先，通过应聘者的证明人进行核查，以核实应聘表中的情况是否属实，进一步了解其学习情况、工作经历及个人爱好。

其次，通过原单位或雇主了解其以前的工作态度、工作业绩、个人品质、健康情况等，对其背景进行调查。

根据面试、技能测试、核查材料，可对应聘者能否适应工作做出基本判断，决定是否录用该应聘者。

（7）办理相关证件。

办理健康证需到卫生防疫站或指定的医院进行体检，并且通过卫生防疫站的培训才能取得健康证。

如果是外地应聘者，还应持有身份证、公安部门签发的暂住证、劳动管理部门签发的务工证。

（8）发出录用通知和报到书。

第三节　体育场馆服务员的培训与督导

培训和督导是体育场馆的重要工作，是体育场馆加强管理、改善经营、提高档次、稳定消费者、增加收入的重要手段。培训工作又是体育服务员提高能力、发挥作用、争取晋升、体现价值的有效途径。良好有效的培训可以提高员工工作效率，也可提升场馆的经营水平。督导工作则是培训的继续和延伸。

一、培训的含义和作用

（一）培训的含义

培训是通过指导活动使受训员工获得知识、提高技能、改进态度，以适应体育服务工作需要的过程。体育场馆经营作为一个新兴行业，其经营、管理和服务都缺乏成熟的经验和模式，特别是国内，这一行业一直面临着缺乏合格服务员以及由此产生的效益较低、人员流动频繁等问题。采用培训的办法，虽不能从根本上解决问题，但能够较好地改善这种状况。一定程度上对不同岗位的员工进行专业化培训，能够提高本岗位员工的工作效率和工作水平。

1. 岗前培训

岗前培训是指对新进入体育场馆的员工进行的基础性、全面性的培训。岗前培训工作一般由体育场馆的培训部负责，旨在让新员工了解本体育场馆和体育服务的一般知识以及各工种相关的知识，同时开展操作技能训练。

2. 在岗培训

在岗培训是指对已上岗服务员进行带有适应性和针对性的培训。在岗培训工作一般由督导层管理人员组织实施，其目的是弥补岗前培训的不足和解决实际工作中出现的问题，同时也向员工灌输具体岗位的要求和服务技能以及本行业的新概念、新要求。

（二）培训的作用

1. 提高认识水平

首先，通过培训可以提高员工对工作的认识，引导他们正确对待人生，正视各种社会现象，摆正金钱、物质和本职工作的关系，提高其遵守职业道德标准的自觉性。服务工作是社会工作的一部分，而且是重要的一部分，在社会中，我们每个人既是服务员又是顾客；既是生产者又是消费者。作为一名服务员，必须具备爱岗敬业的职业道德。其次，通过培训可以增强员工的质量意识，使员工认识到"宾客至上，服务第一"的重要性，在服务态度、礼貌、礼节、操作技能、工作效率、心理素质等方面自觉地加强修养，在工作实践中为消费者提供优质服务。

2. 掌握专业技能

体育场馆经营是个综合性很强的行业，所经营的项目之间存在着明显的差异，因此服务员除了应具备基本的服务技能外，还要掌握本项目的专业服务技能。这些专业技能必须通过比较认真的培训才能掌握。某些特殊岗位，例如游泳救护员、健身房教练、网球教练等，还需由特定培训机构培训并经过严格考核之后，才能获得社会和行业认可的上岗合格证，取得上岗合格证后仍要定期培训更新专业技能。

3. 提高劳动效率

通过培训，可以使服务员提高认识、掌握技能、增强独立工作的能力，有助于其本职工作劳动效率的提高。服务员工作能力的加强也可将管理人员从事必躬亲的繁琐工作中解放出来，扩大管理幅度，从而有助于体育场馆整体工作效率的提高。

另外，培训也可为服务员创造晋升机会，激发其不断进取的工作热情，提高工作积极性，从而提高体育场馆的整体工作效率。

4. 降低经营成本

计划周密、系统的培训，能够提高服务员的工作水平，使员工更好地独立完成工作，降低体育场馆的经营管理成本。

心理学的分析表明，当员工工作有困难而变得心烦意乱时，就会产生工作压力，如果这种压力得不到有效缓解，员工的工作态度就会变差，工作效率就会降低，最终导致人心不稳、人员流动。实践证明，人员非正常流动是造成体育场馆劳动力成本过高的主要原因。成功的培训能减轻服务员的工作压力，通过工作能力的提升合理疏解其工作压力，减少人员流动，提高生产效率，降低劳动成本。

5. 提高服务质量

消费者判断体育场馆服务质量的高低主要依据服务员的工作态度、工作能力等综合素质，从这个意义上说，服务员的态度和工作表现是体育场馆经营成功与否的关键。而要提高服务员的综合素质，就必须搞好培训工作。

二、培训的基本方法

（一）个别培训

岗位培训之所以广受欢迎，是因为它所需付出的成本较少，具有灵活多样的培训方式，但是它占用时间较多，有时需受训人员专门安排时间。为了既节省时间又满足受训服务员的特定需要，可采用个别培训方法。

1. 书本或网络自学

这是一种自我管理的学习方法，即由管理人员或培训人员帮助员工制定学习计划，提出学习要求，推荐学习资料和网课，采用精神的或物质的激励办法促进员工自我学习效率的提高。

2. 在实践中学习

成年人学习和培训的方法之一就是边干边学，也就是在实践中学习。实践证明，被动学来的东西（读书、听讲座）比主动学会的东西更容易遗忘。成年人如果能学以致用，在实践工作中运用所学的知识和技能，那么对新知识、新技能的记忆就会保持得比较长久，在实践中学习也能带给员工更多的工作成就感和满足感，使其保持对工作的新鲜感和热情。

3. 个别指导

个别指导是指为某个受训员工提供单独的、一对一的培训。这种方法在体育服务员的培训中被经常采用，这是因为体育项目很多，每个项目的不同岗位对服务员的知识和技能的要求都有很大差别，个别指导可针对不同岗位进行差异化安排，快速提升员工工作技能。因此，对这些岗位服务员的培训往往可采用个别指导的方法。

个别指导的培训者可以是管理者，也可以是专职培训人员，还可以是有经验的老员工。

（二）集体培训

集体培训是指较多受训员工同时接受同样内容的培训，是最节省时间和费用的培训方法，但对于个人能力短时间提升作用有限。集体培训的方法有很多，包括课堂讲授、实物示教、视听教学、案例分析、角色扮演、集体讨论等。

1. 课堂讲授

课堂讲授即培训人员在课堂上以叙述、解释和传授的方式对较多人进行统一培训。它能够在短时间内把特定的信息传递给一大批人。但由于员工是通过听觉器官接受培训的，许多信息容易被忘掉，且单一讲述的方式会使受训者感到枯燥，员工的学习效率降低。

2. 实物示教

实物示教即培训人员利用实物向员工演示。它常被用于工作程序和设备使用技能方面的培训。在集体培训中，实物示教可以和讲授结合起来使用。实物示教的优点是，强调实践教学法，通过刺激受训人员的视觉、听觉、感觉等器官来加强记忆，使受训人员对所学知识能长时间记忆。实物示教的不足之处是，需要培训人员进行大量的准备工作，所需时间较长。有的实物示教课须在特定的场馆进行，例如培训保龄球设备的维修保养技能时，实物教学课堂就应该选在保龄球场。

3. 视听教学

视听教学即利用视听教具对受训员工进行培训的方法。它可以与课堂教学或案例分析等培训方法结合起来。视听教具的使用是视听教学的主要特点。视听教具包括电视机、录像机、录音机、投影机、幻灯机等。使用视听教具有助于教学活动变得生动形象，通过刺激受训员工的听觉和视觉等器官，帮助其加深对技能和知识的理解与记忆。

4. 案例分析

案例分析即通过叙述或视听教具将案例再现出来，让学员分析、研讨并提出见解的一种培训方法。这种方法能使理论和实际紧密结合，使学员有充分的感性认识。案例应具有典型性、实用性、趣味性。案例可以是实际工作中发生的事情，也可以是根据培训需要编写的故事，每个案例可以用一种或多种办法解决问题，故宜充分利用讨论、分析的形式，使员工畅所欲言。

案例分析的优点在于：能培养受训员工分析问题、判断事物、解决问题的能力，也能提升员工之间合作进步的意识，加强情感联系。

案例分析的缺点是：编写和挑选合适的案例比较花费时间，对于案例问题的设计和复现较有难度。

5. 角色演练

角色演练即受训人员在一个仿造的或真实的工作环境中按照实际的岗位要求，扮演各种角色，以接受培训的一种方法。这种方法多用于模拟训练，比较适合程序化、规范化内容的培训活动。角色演练的培训方法比较有趣，容易被受训员工接受，因而被经常采用。例如，游泳馆由不同员工扮演溺水者、救生员等角色进行应急事件的演练。

6. 集体讨论

集体讨论即以会议的形式，发动员工对某一问题展开讨论，从而达到明辨是非，找到解决问题的正确途径。集体讨论的优点是：培训现场气氛活跃，受训人员可以畅所欲言、集思广益；可从不同的观点中找到解决问题的最佳方案。集体讨论适用于普遍性、开放性问题，如如何提高体育项目的营销推广效率，如何对待不守规章的客人，如何减少戏水乐园溺水事故等。

三、督导的含义和基本方式

（一）督导的含义和内容

1. 督导的含义

督导是指负有一定责任的管理者对其下属员工的工作实施以检查、监督、指导为主的一系列管理行为。

检查是指为了发现问题而用心查看。直率地说，检查就是发现问题。因此，检查是解决问题、提高服务质量的前提，是体育场馆经营中不可或缺的环节。

监督是指查看并督促，例如督促部属改正在检查中发现的诸如卫生、服务质量等方面的问题。

指导是指示教导和指点引导的意思，即指点解决问题的具体方法。例如，发现保龄球道保养得不好，但服务员并不知道如何保养。督导者应该指导他们如何保养球道，包括如何用黄纸油拖，如何使用打磨机、落油机等细节问题。具体指导是改进工作的有效途径。

2. 督导的内容

督导的内容包括仪表仪容、岗上纪律、服务程序、服务规范、服务标准等方面。

仪表仪容主要指服务员的外表，包括容貌、姿态、服饰、风度等。

岗上纪律专指服务员当岗期间遵守纪律的情况，是否有违规之处。

服务程序包括工作流程和操作规程。工作流程是指某岗位员工的全部工作内容及工作环节的先后次序。操作规程是指各种设备和器具的操作顺序和操作技术，包括设备的使用、维修和保养，也包括用具的使用方法。

服务规范是指较具体的服务模式或样板。

服务标准是指对服务行为要求的量化指标。

（二）督导管理的基本方式

督导管理的基本方式包括制度管理、标准化管理、现场管理、表单管理、情感管理等。

1. 制度管理

制度管理是通过工作纪律、服务程序、服务规范等强制推行的规章制度，对员工的服务工作进行检查监督的一种管理方式。制度是体育场馆内部员工行为的准绳，它规定了员工在工作期间可以做什么、不可以做什么以及怎样做，对于员工的行为有规范和指导作用。

体育场馆的基本制度有三个方面，即员工手册、岗位责任制和经济责任制。

员工手册是规定体育场馆全体员工权利和义务以及应遵守的纪律和行为规范的文件。员工手册的内容涉及组织管理、劳动管理、劳保福利、考勤制度、奖惩制度、安全制度等方面，涉及员工工作内容和薪资的方方面面。

岗位责任制是体育场馆关于每个具体岗位工作人员的职责、权限、工作定额和工作标准等方面的责任制度。岗位责任制是衡量员工工作水平的主要尺度，也是规范每位员工岗位职责的具体内容和标准。

经济责任制是体育场馆对各部门、各岗位员工按照责、权、利相结合的原则，将工作业绩与经济利益挂钩，以合同的形式固定下来的一种责任制度。经济责任制体现了按业绩和贡献分配经济利益的原则，按劳分配加上奖金福利能够较有效地激发员工的工作积极性。

2. 标准化管理

标准化管理即体育场馆对体育服务工作制定出具体的量化标准，并以这些标准对服务工作进行检查、监督、指导的管理方式。具体讲，就是要在服务的功能性、经济性、安全性、实效性、舒适性、文明性六个方面制定出定性的和定量的标准，根据不同项目采取差异化的标准。有了统一的标准，才能进行统一的督导管理，合理适当的标准有利于体育场馆服务质量的提升。

3. 现场管理

现场管理即督导管理人员深入实际工作，亲临现场，观察和发现问题，并争取当场解决问题的一种管理方式。体育服务的项目多，分布面大，不便于集中管理，为了保证各环节工作的有效衔接和各岗位员工工作质量的稳定，督导管理人员必须深入现场，随时检查，随时示范指导，使督导工作能够落到实处。将定期督导与突击检查相结合，及时发现问题并解决问题，促使员工保持认真工作的状态。

4. 表单管理

表单管理即通过各种报表、系统数据、单据所提供的信息资料进行检查督导的管理方式。这里说的表单包括上级对下级的指令单、活动通知单等，也包括下级对上级的报告书、建议书、统计表、工作日志等文字材料。管理中常用的信息包括规定、要求、现象、愿望、数据等内容。这些内容可用文字表达，也可以用表格表达，还可以用图形表达。这三种表达方式各有优缺点，文字表达较为准确详细，表格表达更加清晰明确，图形表达通俗易懂且更加简洁，实际管理中应根据具体情况决定采用哪种方式。表单管理的优点是信息传递准确，有案可查，不易遗忘，不易发生扯皮现象，能够确保信息传递落实到相应的人员。

5. 情感管理

情感管理即通过"情感投资"来改善督导人员与服务员之间的关系，使之感情融洽，以改善和加强督导管理的方式。与制度管理相比，情感管理属于"软"的管理方式，情感管理与制度管理结合使用，即"软硬结合"能够相得益彰，使督导管理取得较好效果，也能更好地把握员工心理，提高其工作积极性。体育场馆经营要求服务员为消费者提供微笑服务，管理作为服务的一个方面，管理人员也应遵循这一原则，且管理人员在面对场馆规章制度时，更应以身作则，成为下级服务员工的榜样。管理人员行使管理职权时应尊重员工的感情和人格，热情对待员工，关心员工，给员工以温暖，使员工把为人们提供优质服务变为自觉的行动，使服务人员发自内心热爱自己的岗位，真诚对待工作和顾客。

思考与实践

1. 简述体育场馆组织机构的设置原则。

2. 论述体育场馆招聘工作的重要性。

3. 简述招聘流程。

4. 督导管理的基本方式是什么？

第十章

体育场馆的营业收入管理

■**学习目标**

1. 了解不同情形下，体育场馆营业收入的类别和结账方式。

2. 学习对体育场馆的经营状况进行预计和管理，能够实现对体育场馆内部的控制，从而提升绩效，减少成本。

第一节　体育场馆营业收入的类别和结账方式

各体育场馆的营业收入因馆而异，各有特点，按不同的分类方法可以分成很多种。为便于营业收入的管理与控制，现将这些分类介绍如下：

一、按经营项目分类

（一）按项目的活动方式区分

这里主要依照项目的活动，将营业收入分为租赁项目收入、培训项目收入以及比赛项目收入。

（1）租赁是以出租人收取一定费用为前提，暂时将资产的使用权让渡给承租人的一种行为，所有权仍然归出租人所有。租赁项目在体育场馆中主要表现为：场馆负责人员（出租人）将一部分场地或相关的体育设备的使用权让渡给有体育锻炼意向的群众（承租人），从而收取一定报酬。目前，绝大多数体育场馆都会采取租赁的方式获得报酬，且服务条件越好、商业化程度越高的体育场馆租金往往越高，而由国家财政拨款建立的体育场馆往往带有社会属性，例如社会上的公共体育设施、高校内体育场馆，这些场馆通常不具备较强的商业性质，是以服务广大群众，满足广大群众体育锻炼需求为核心，因此其租金往往比市场价要低。

（2）培训是指通过给受训人传授某种知识、经验及技能，使其能完成某些特殊活动的过程，这一过程中，受训人通常要支付酬金给有关培训机构或培训人。在整个体育产业中，体育培训起着推动体育产业发展的重要作用，在许多体育场馆收入构成中，体育培训有着非常重要的地位。当人们想要从事一项新的体育项目，或想在原来从事的体育项目中得到进一步提升时，由于每个体育项目或多或少地都存在一定技术壁垒，而人们通过支付酬金，获得专门培训，往往能有效率地跨过技术障碍。因此，体育培训在不经常锻炼人口转变成锻炼人口的这一过程中发挥着至关重要的作用。体育培训项目也成为一些场馆的主要业务收入来源。这里需要注意的是，以往传统的体育培训都是在线下进行的，但在 2020 年期间，大部分线下的培训都受到了限制，人们的锻炼习惯被迫终止，这次疫情对整个体育培训产业都产生了不小冲击。在此背景下，少部分体育场馆和互联网健身企业，如 Keep、部分私营性质的健身会所，开始进行线上培训的探索，线上培训能在很大程度上打破时间、空间上的限制，通过网络教学的方式，能够达到培训的效果和目的。"互联网+培训"的模式有望成为体育培训行业的新风口，为体育场馆的培训收入提供新助力。

（3）体育赛事根据类型和经营方式的不同，赛事收入也存在很大差别。本教材将从赛事类型划分入手，具体探讨赛事的收入区别。体育赛事主要可分为参与性的体育赛事和观赏性的体育赛事。参与性体育赛事通常是由体育协会等体育社会组织举办的小型体育赛事，旨在鼓励人们参与到比赛项目中，体验比赛的乐趣，以满足人民群众锻炼身体的需求。因此，参与性体育赛事通常商业性不强，社会影响力有限，体育场馆作为比赛承办的场所，通常会收取场地的租赁费用和承办费用，收入有限。而观赏性的体育赛事通常是国际、国内举办的大型赛事，群众往往是以旁观者的身份观赏比赛。一般来说，观赏性的体育赛事其商业性更强，尤其是一些有较大影响力的体育项目的大型国际赛事，其赛事收入相当可观。以中国网球公开赛和 NBA 联赛为例，2018年中国网球公开赛收入就达到 1.6 亿元，且收入已经保持连续四年增长；在美国举办的 NBA 联赛，2017—2018 年赛季 NBA 联盟总收入就达到 80 亿美金。可以说，国内许多大型体育场馆的主要收入来源为举办大型观赏性体育赛事的收入，其收入主要包括门票及其现场衍生品收入、直播版权收入、赞助收入、场馆冠名权收入。门票及其现场衍生品收入来源于观众为了现场观看比赛以及购买赛事所提供的餐饮和衍生品所支付的费用；直播版权收入来源于媒体为了获得赛事的转播权而支付给赛事的费用；赞助和场馆冠名权收入来源于企业为了与赛事和场馆合作，提高企业绩效和知名度所支付的费用。虽然观赏性的体育赛事可以为体育场馆以及体育赛事负责人带来相当可观的收入，但值得注意的是，目前大部分在国内举办的大型国际体育赛事，其赛事IP都归国外一些体育组织所有，也就是说在赛事收入分配中，提供赛事举办的体育场馆以及国内赛事举办负责团队往往处于劣势，国内要想引进这些赛事也往往需要付出高昂的赛事授权费。可以说，缺乏赛事的"造血能力"是我国在举办国际体育赛事的一个通病。并且，在2020年新冠病毒感染疫情的影响下，国内、国外的体育赛事都遭受到了重创，不少赛事停办也给体育场馆的收入带来了不小的损失。对此，许多国外赛事组织方另辟蹊径，通过举办无现场观众的体育比赛来降低新冠病毒感染疫情带来的影响，并且加大线上宣传，加深与转播媒体的合作，扩大赛事在线上的影响力，保证赛事的举办与收入，这一做法对国内体育场馆举办大型赛事也具有借鉴意义。

（二）按项目的重要档次区分

这是将经营收入分为主营项目收入和辅助项目收入；将具体项目分别列于这两个大项目之下。由于各体育场馆的主管项目不同，收入分类也不尽相同。

对于大部分中小型体育场馆而言，场馆及体育设备的租赁收入为其主营项目收入，体育培训、承办小型比赛等为其辅助项目收入。这样的划分也是由中小型体育场馆具有的主要功能和次要功能所决定的。中小型体育场馆最主要的社会职能就是满足广大群众体育休闲健身的需求，而大众往往以租赁场馆及其体育设备来达到体育消费的目的，因此对于中小型体育场馆而言，租赁收入成为场馆收入的主要来源之一。除此之外，还有部分群众有着渴望学习体育相关技能的需求，一些单位及团体也渴望举办一些小型体育比赛来达到增进友谊、锻炼身体、丰富生活等目的，在此基础上，许多中小型体育场馆会增设一些体育培训项目，并且有偿承办一些小型比赛。因此，体育培训收入、举办小型比赛收入也成为许多中小型体育场馆的辅助项目收入。但需要注意的是，许多私营性质的体育场馆，例如健身会所、私营性网球馆等，会将体育培训收入纳入主营项目收入中，这是由于一部分体育项目具有需求量大、上手难度高、培训费用高等特征，吸引了部分中小型体育场馆，尤其是注重经济效益，具有私营性质的体育场馆，将培训项目作为主营业务之一。

对于大型体育场馆而言，比赛项目收入就成为其主要的主营项目收入，体育培训收入、场馆租赁收入以及承办演唱会等商业活动收入等为其主要的辅助项目收入。这样的划分也是由大型体育场馆具有的主要功能和次要功能所决定的。大型体育场馆在行使主要职能方面和中小型体育场馆存在很大不同。大部分大型体育场馆就是为了对标国际、国内大型的体育赛事而建设的。因此，大型体育场馆的主要功能就是承办大型赛事，而举办大型国际赛事的收入往往是相当可观的。在赛事举办的时间段之外，为了不使场馆出现过度闲置的情况，会按照场馆情况，开设体育培训、场馆租赁、举办商业活动等辅助项目。但需要注意的是，正是一些大型体育场馆过于庞大，导致租赁费用昂贵，相对于中小型体育场馆并不具备租赁优势；并且场馆举办的大型比赛往往时间不长，一般不超过一个月，有的比赛并非每年都举办，甚至会存在赛事搬迁的现象；另外，许多商业活动的举办对体育场馆的条件要求较高，往往只有足球、篮球等较为空旷的场馆才具备举办商业活动的条件。因此，在以比赛收入为主营项目收入的大型体育场馆，其效益的持续性是今后需要注意的问题。

二、按营业收入的结账时间分类

（一）即时结账

这是指在人们体育消费开始或结束时，体育场馆经营立即得到并可即时支配的营业收入。即时结账适用于经营过程较短的项目，因此中小型体育场馆的租赁服务多采用即时结账的方式。比赛项目以及培训项目一般所持续的时间较长，不宜采用即时结账的方式，通常采用预收结账或赊账方式。

（二）预收结账

这是指人们在体育消费之前预付一定的消费金额，在实际消费时冲减。例如，高尔夫俱乐部的会员制消费形式；有的体育场馆经营的贵宾卡制度，即人们预付一定金额即可获得贵宾卡，持卡者在消费时不仅可以签单冲账，还可以享受折扣优惠。对体育场馆来说，预收结账有十分显著的优点，为利用资金的时间价值提供了机会，并能保障营业收入的稳定。因此，应当设法多采用这种结账方式。

（三）赊账签单结账

这是指人们先欠账进行体育消费，结束之后根据签单来结账。这种结账方式与前面提到的即时结账有很大区别：即时结账虽然可以在消费结束时结账，但仅限当时，并且仅在个别项目实行；赊账签单可以在消费结束后结账，甚至可以延迟一定时间，并且除特殊约定外没有项目限制。要求以这种方式结算的多为较大额度的消费，例如大型比赛项目的收入，允许使用这种结算方式的仅限于有良好信誉的个人或团体客户，人们的支付形式以转账支票或信用卡居多。

这种营业收入管理的重点在于，采取各种措施，以保证准时结账，杜绝坏账的出现，避免营业收入受损。

三、按计价方式分类

（一）计时收入

这是指按人们消费时间收费而形成的收入。有很多体育项目是以出租场地及设备使用权的形式来经营的，因而对这些项目，采用计时收费的方式也最为公平有效，例如健身房、乒乓球室、壁球室、网球场等项目。

（二）计量收入

这是指按人们使用服务设备或消费产品的数量收费而形成的体育营业收入。适用于一些便于统计数量的体育项目，例如保龄球馆一般是以局为单位收费的。

（三）计人次收入

这是指按人们消费的人数和次数为计费单位而取得的收入。这种计费方式适用于多人共同消费同一项目，例如游泳池等项目。需要指出的是：按计价方式分类的方法会因体育场馆或因时间而有所不同。例如，有的游泳池计时收费，有的计人次收费，有的游泳池在平季和旺季计时收费，在淡季则计人次收费；保龄球既可以以局为单位计量收费，也可以以小时为单位计时收费。

四、按营销方式分类

（一）常规销售收入

常规销售收入是指按平日的一般价格销售而形成的营业收入。这是体育营业收入的主要部分，又可分为两种情况：

1. 单项收入

这是指人们消费单项项目而累积起来的收入。由于租赁收入一般是场馆向消费者提供场地和设备使用权所收取的租金，业务较为单一，收入项目较为简单；另外，在中小型比赛项目收入中，场馆往往也是通过提供场地的使用权而获得租金，中小型比赛项目一般也不涉及赞助、冠名、转播权等其他收入方式。因此，场馆的租赁收入以及中小型比赛举办收入一般为单项收入。

2. 综合收入

这是指为人们提供多项体育服务或多次服务而一次性结账所形成的收入。例如培训项目收入、大型比赛收入。由于在培训项目中，受训者往往需要经过多次培训才能达到掌握某种体育技能的目的，因此培训项目通常是以提供多次服务的方式进行的；而大型比赛项目，由于其项目持续时间较长，并且大型比赛项目收入多种多样，包括赞助、门票、转播权等收入，同时赛事的利益分配也可能才存在多个主体，包括赛事组织方、赛事 IP 拥有方、场馆管理单位或企业和参赛球员等。

（二）优惠销售收入

许多体育场馆为了稳定消费者、拓展市场，在特定时期或特定时间优惠销售，如节假日的优惠活动；在平时对特定的人士或团体实行优惠价。一般有三种优惠形式：

1. 折扣优惠收入

按人们消费额的一定百分比优惠计算，即通常说的打折。折扣优惠有利于提高公众进行体育消费的需求量，对于一些新开业或由于人流量过少而导致经营困难的场馆来说，可以多采用折扣优惠的方式，吸引消费者，提高业绩。

2. 金额优惠收入

这是指在人们实际消费额的基础上少收一部分，通常是抹去零头。如消费额是 680元，实收 600 元。金额优惠收入实质上是赋予了收款员在收款时的灵活变通的权力，有利于提高消费者对场馆的好感度，增加消费者的重复购买。

3. 赠送优惠收入

这指两种情况：一种是赠送饮料或带有本体育场馆标志的小纪念品，如打火机、小玩具等；另一种是赠送适量的消费额度，如保龄球买 10 局赠 2 局等。通过以上情况增加的收入。

无论哪种优惠形式，都应进行经营成本核算。因此，在收费过程中应该有准确的记录，有些优惠方式还必须请有关销售、管理人员签字认可。

第二节　体育场馆营业收入的控制

体育场馆营业收入大多是无形服务产品的销售收入，因此营业收入的控制比有形产品销售收入的控制要难一些；再加上收款人员要处理现金收款、网络收款等多种收款，又进一步增加了控制难度。因此，做好控制工作成了体育营业收入管理的重要环节。

一、体育场馆营业状况的预计与管理

（一）智能化管理模式：GIS 与 BIM

目前，我国一些大型建筑的建设都会应用到地学信息系统（Geographic Information System 或 Geo‑Information system，GIS）与建筑信息系统（Building Information Modeling，BIM）技术相结合的方式。GIS 是一个以计算机系统为基础，对整个或局部空间进行扫描，并对空间中的地理分布数据进行采集、储存、计算、分析和描述的技术系统。BIM 是以三维图形为基础，以物件为导向，结合建筑学有关知识的电脑辅助设计模型。这个模型是由 Autodesk 公司在 2002 年率先提出的，BIM 将建筑的设计到建筑的建造，再到建筑的使用全过程纳入信息集成中，将各种信息整合在一个三维模型数据库，方便设计单位、施工单位以及维修单位等进行协同工作，有利于提高整个过程的效率，节约成本。BIM 的特点包括：为各个参与项目全周期的单位提供了相互合作与参考的平台；建设工程中高度的信息化集成程度；BIM 的数据不是固定的，而是在建设工程的全项目周期不断收集相关信息，达到对数据库的不断更新和完善。

经过十几年的发展，GIS 和 BIM 技术日趋成熟，我国的一些大型体育场馆建设与运营都会采用 GIS 与 BIM 技术。这两种技术在场馆营业预计与管理方面的应用主要体现在：将场馆的各项营收数据与场馆运营数据相结合，做到营收与运营的可视化、协调化发展。管理人员可以实时跟踪到场馆经营出现的一些问题，例如设备老化、场馆翻新等，再依据收集到的营收数据，利用 GIS 和 BIM 技术实时跟踪场馆的营业收入情况和设备折旧等营业成本情况，合理有效地利用场馆营业收入，科学地制定出解决方案。

（二）收款员的管理与培养

1. 收款员收款行为规范与规定

在收款阶段，收款员首先应当严格遵照体育场馆的财务管理制度和相关收款要求，做好各项资金收款与管理工作，最好保证营业收入在当日收取、在当日结算结清，防止出现营收不对账等问题。其次，收款员在管理资金过程中，应按照资金收入类别进行划分，将不同类别的资金存入不同的专门账户，防止在收款之后，出现资金来源不明、遗失或被盗的情况，做好资金的收纳管理。最后，收款员及财务人员需要严格遵守相关的资金管理条例和财务管理制度，对网上支付收款、现金收款等收款方式进行专项规整，有效提高对资金的针对性、差异性管理，以确保不同类型的营收都符合银行的各项财务管理规定，流入指定的资金账户中。

2. 收款员的培训与培养

首先，很多大型体育场馆每日的营收资金量较大，收款形式也较为复杂，可能涉及现金收款、微信收款、支付宝收款、银行卡转账等多种方式。这也就要求收款员在收款和资金管理过程中应具备足够的资金安全意识，充分认识到资金安全管理存在的风险，依据对资金收入管理安全的有关要求，采取有效措施，提升资金安全管理水平。其次，收款员在场馆运营中，会频繁与顾客接触，所以还应当培养收款员的服务意识，强化其服务理念，这不仅有利于顾客在场馆中有一个较好的感官体验，提升顾客对场馆服务的认可度，也有益于提高场馆的服务质量和软实力。为了做好这一点，场馆相关负责人需要对收款员的服务知识和意识进行培训，着重培养收款员的以人为本、耐心负责的服务理念，让收款员意识到自己的工作不仅是收款，还承担着服务客户的重要任务，帮助收款员意识到服务态度和服务意识的重要性。最后，针对上述两个收款员在工作时所必须具备的意识，依据实际情况，将服务培训和绩效考核相结合，使得收款员通过培训学会更多的服务技能，提高自身的服务意识，同时对收款员的工作成绩进行考核，考评指标一个是服务质量，也就是顾客的满意度，还有另一个就是资金的安全管理，保证收款员在收款服务和资金管理中，能维持服务意识和安全意识。

（三）合理安排收款地点

体育营业收入管理的主要任务就是在人们消费时收进每项交款。为了准确、快捷地收费，需要合理地选择收款地点。体育场馆经营由于活动项目多、客流量大、人员复杂，若不能及时收款，漏账的可能性就会加大。因此可考虑多设置收款台，甚至每个活动项目都设收款台。但这种做法也有弊端：一方面是接触钱款的人员比较多，容易出现漏洞，给管理带来一定难度；另一方面是需要的工作人员较多，会加大人工成本。高档体育场馆，一般多采用一次性结账的收款方式。这种方式是在每个活动项目设立账台，这些账台不直接向人们收款，而及时将人们在本项目的消费记录下来，并请人们在账单上签字确认，然后把这些账单送到总收款台汇总。当人们消费结束离开之前，向人们收取全部费用。这种方式会使人们感到方便，也适合高档人群的消费心理。同时，由于接触现金收入的只有总收款台，出现漏洞的可能性减小了，管理也相对容易，但这种方式对单项消费的零散顾客会造成一定程度的不便。

（四）设计科学的收费单据

营业收入管理表单的内容一般包括表单的格式、内容、联数等。像其他管理表单的设计一样，在设计体育营业收入管理表单时，应包括所需要的全部管理内容，但应注意简洁、明了，避免繁杂。另外，还应注意能让填写者准确理解填写要求，避免模棱两可或含义不清的用词，尽量减少需要描述的内容，尽可能设计成只用"√""×"或数额来完成。此外，表单的设计应尽量规范、美观，便于保管和查阅。

（五）加强稽核管理

稽核是指对账目的查对计算。一些大型体育场馆往往设有专职的稽核组，规模不大的体育场馆经营则由专职或兼职人员负责稽核工作。一般情况下，稽核人员的职责主要是监督和检查收款员的工作，负责查对核算收款员的账目，并负责票据以及代用币的清理查收。加强稽核管理能填补很多收款方面的漏洞，对"窃款""跑账"和错账能起到较好的预防作用。但任何单一的措施或制度都不可能是万能的，稽核制度也是如此，还应该与其他措施和制度结合起来进行管理。在开展稽核工作当中，还必须特别注意选聘素质较高的员工承担这项工作，并且应该经常对稽核人员进行培训。

二、体育场馆的内部控制

内部控制是指企业为了提升绩效、减少成本以及保护资产的安全完整，而在企业内部实施的各项规定、制约和方法。

（一）备用金领用规定

（1）备用金管理员应在每天上午 9：00 前核对上一日备用金收发控制表，总账份数应等于上一日库存份数（期末库存份数）加上一日应退回备用金份数。出现差错应及时记录并及时向上级汇报。

（2）备用金管理员于每天上午 9：00 在领班的协同下打开备用金保险柜，同时还必须有监收人在场。然后清点备用金份数，核对无误后，按照早班上岗人员名单，发给各个收款员本人，并监督其在备用金收发控制表上签字确认。该项工作应在 9：10 之前结束。晚班同样按此规定发放，并于 16：30 之前结束。

（3）备用金管理员在下班前，应核对期末备用金份数，以便结转次日。在检查确认保险柜安全无误后，将钥匙存入保险柜。此时应有主管或其他证明人在场并签字证明。下一日领出钥匙时同样要有证明人在场，领出证明人应该是收入保险柜二号钥匙的保管人。

（4）收款组领班、主管有权在备用金的使用、收发过程中随时抽查，发现错漏应及时查处。

（二）收入清点制度

（1）收款员作为本公司体育营业收入的收纳人，对所收到的营业款负全部责任。

（2）收款员每天下岗后应把现金、各种代用券以及网上收款的数额填入营业收入表，并核对收入表里的数字与实际收入是否相符，核对无误后将全部收入装入交款袋内封好，投入财务部的收入保险柜中。

（3）投放交款袋时，收款员不得单独直接投放，应该有主管在场或同其他收款员一同投放。然后自己登记监收表并请证明人签字证明。证明人一经签字即对此交款袋是否投入负有责任。

（4）晚班的主管在下班之前，要检查核对监收表的记录与实际收入份数是否一致。出现问题应查清原因，查不清的应马上报告主管或经理。出现特殊情况时，主管应在监收表的备注栏内注明。

（5）开启收入保险柜的两把钥匙，一把由出纳员随身携带保存，另一把由财务部经理委托秘书保存。

（6）每天早晨清点收入款时，由出纳员、财务部秘书共同开启保险柜。由出纳员同监收人共同清点，现金数额与收入报表的数目相符后，出纳员把实收数填入监收表；如款表不符，应及时报告主管。非财务部收款员交回的营业收入，出纳员应同交款人一同开袋清点，然后将清点数额填入收入报表，并签字确认。

（三）票据管理制度

（1）经营专用的有价票据、发票、防伪标志等，是本体育场馆的重要凭证，由票据管理员专人负责管理。

（2）发票的保管、领用、开具和印制都要严格按照国家关于发票的管理办法及有关规定执行。

（3）票据管理员必须准确记录票据的领取、发放和存余的数量，并要保证有价票据后期制作符合标准（盖章清晰，防伪标志粘贴牢固）。

（4）票据专用章由出纳员保管，归票据管理员使用。

（5）收款员不得私下换票。如遇特殊情况需要换票，必须经收款主管签字同意。

（6）电脑员每天录入前一天领、发票据和售票分析资料，以反馈信息。对票据进行追踪监督。

（7）稽核人员要加强核查，定期对票据库及收款员保存的票据检查盘点。

（8）季节性票据过期后，票据员必须根据记录及时回收和登记，存入票据库等待统一处理。

（9）使用过的发票存根，要及时回收，随时整理登记，定期打包存放。

（10）过期的废票，经回收、登记、加盖作废章后，交由稽核组统一销毁。

（四）现金收款程序

（1）询问并查对顾客消费的项目、数量、时间、人次等情况，向顾客通报价格。

（2）根据顾客消费的实际情况，计算顾客应支付的金额，清楚地通报，并将账单呈示给顾客。

（3）接到顾客交来的现金，先点清数额并向顾客唱报，然后用验钞机检验大额钞票的真伪，检验无误后将钞票放入收银箱。如需找回零钱则应尽快找回，同时上报找零的数量。

（4）按照人们的要求和交款的数额，交给顾客票据。

（5）顾客如索要发票，则应据实开具。

（6）向顾客表示谢意，并表示欢迎顾客再度光临，然后道别。

（五）网上收款程序

（1）询问并查对顾客消费的项目、数量、时间、人次等情况。

（2）告知顾客应支付金额以及可付款的方式（微信/支付宝扫码支付）。

（3）告知顾客付款后，出示付款凭证。

（4）检验付款金额、对象无误后，交给顾客票据。

（5）顾客如索要发票，则应据实开具。

（6）向顾客表示谢意，并表示欢迎顾客再度光临，然后道别。

（六）信用卡受理程序

（1）熟悉本体育场馆接受的信用卡，如长城卡、牡丹卡、汇财卡、VISA 卡、万事达卡、JCB 卡等。

（2）认清信用卡名称，确认是否系本体育场馆接受的信用卡。查看激光防伪标志，并结合其他方法辨别信用卡的真伪。

（3）核对有效日期。倘若收到过期或未生效的信用卡，则应礼貌地交还顾客。

（4）核对注销名册。如消费金额未超过信用卡限额，即可进一步查核信用卡账号是否列在最近一期"注销"名册内。如已列上，则立即终止交易，扣留有问题的信用卡，并尽快通知财务部转告代办银行。

（5）核对签名，即核对签购单上的签名与信用卡上的签名是否一致。若不一致，可与授权中心联系，并请持卡人出示身份证，对照身份证照片与持卡人相貌是否相符之后，将卡交还顾客。

（6）刷卡。将顾客的消费金额和消费日期输入刷卡机，将信用卡插入刷卡机操作。刷卡后将信用卡连同账单一并交还给消费者。

（七）转账支票受理程序

（1）检查转账支票以确认能否使用。转账支票必须纸质优良、印刷精美并且无折痕，还必须有使用单位财务章或支票专用章以及私人留在银行的印鉴、骑缝章、付款账号、签发日期等内容。

（2）正确填写支票内容。要求用蓝、黑色钢笔或签字笔填写，所写的大、小写金额必须相符，并须注明用途。

（3）要求持票人出示身份证并在消费账单上签名和留下单位电话号码。

（4）将支票存根连同发票一并交给顾客。

（5）填写收入点存表。在表内填写转账支票号码、金额、付款单位名称、联系电话号码等内容。

思考与实践

1. 体育场馆营业收入按结账时间分类，可以分为哪几类？请举例说明。

2. 简述收款员的管理与培养。

3. 如何理解体育场馆的内部控制？

第十一章

体育场馆的设备管理

■**学习目标**

1. 学习体育设备管理的概念、作用、任务和特点。

2. 清楚体育设备管理的程序和方法。

3. 在明确体育设备器材的修理制度的基础上，熟悉体育设备的保养与修理方法。

4. 了解智慧场馆的含义、背景及意义，总结智慧场馆建设与管理过程中存在的问题，积极探讨我国智慧体育场馆的发展路径。

第一节 体育场馆设备管理概述

体育场馆设备是指属于体育场馆经营固定资产的机器和用具，以及相关的计算机信息管理系统。这是体育场馆经营提供各种体育服务、开展经营活动的生产资料。做好设备管理工作是体育场馆取得成功的基础，具有很重要的意义。

一、体育场馆设备管理的作用

（一）提高服务质量

体育场馆以出售设备的使用权和服务人员的劳务为主要经营方式。体育设备是员工为消费者提供服务产品的物质条件，是体育服务的质量赖以建立的物质基础。在体育产业消费升级背景下，将会有越来越多的人进入体育场馆锻炼，无论是公共服务性质的体育场馆还是市场营利性质的体育场馆，场馆服务水平如果不能与时俱进，那么将会成为影响体育场馆进一步发展的阻碍。没有完好的设备，体育服务就无法正常提供；设备的完好程度，对体育服务质量会产生重大影响。因此，全面提升场馆服务水平，给人民群众健身活动提供更多、更好的便利是势在必行的。

（二）促进体育场馆经济效益的增长

一方面，体育场馆的收费水平是建立在相应的设备条件和劳务条件之上的。只有提供完好的设备和令人满意的劳务，才能保持较高的收费水平，从增加收入方面促进体育场馆经济效益的增长。

另一方面，设备维修费用是体育场馆的一项重要支出。做好设备管理工作，可以节约设备维修费用支出，降低营业成本，增加利润，从减少支出方面促进体育场馆经济效益的增长。

（三）树立良好的体育场馆形象

豪华、舒适的消费环境，完好和安全的体育设备，是人们进行正常体育消费的必要条件。如果做不到这一点，人们的消费需求就得不到满足，这将直接影响体育场馆的声誉和形象。因此，做好设备管理工作，为人们提供舒适、安全的体育消费环境，是增加消费者、树立体育场馆形象的重要手段。

（四）引进先进技术，升级体育场馆服务

在互联网、大数据、人工智能等科技革命的浪潮下，通过技术升级全面提升体育场馆的服务水平。例如采用"互联网+体育"的场馆运营模式，引入先进的场馆管理系统，线上预定场地和支付，收集大数据分析市场，为客户个性化定制服务，如无人值守球场、停车引导等，让客户通过手机 App 能够轻松享受一条龙服务。

二、体育场馆设备管理的任务

（一）合理配置体育设备

体育设备的配置应和体育场馆的档次、规模、消费者层次相适应。体育经营是受

市场规律影响的，其设备的使用性能、科技含量、豪华程度及完好状况是影响体育场馆档次的重要指标，体育场馆档次越高，其设备越豪华先进，人们的消费水平也越高。因此，要根据体育场馆的档次和规模、目标市场的需求和人们的实际支付能力以及体育场馆发展的要求，合理地选择、配置体育设备。

（二）保证设备正常运行

由于体育设备种类多、数量大、涉及面广，其管理的工作量比较大，管理的方法应该比较科学。一般采用分级管理、分工协作、专人负责的方法。体育场馆要建立科学的管理体系，制定完善的管理制度，培养优秀的服务和维修人员，以保证设备在营业时间内能正常运行。

（三）制定科学的保养维修制度

体育设备的保养和维修是保障其正常运行和延长其使用寿命的重要环节，应该引起管理人员的重视。在管理中，还应该制定相应的制度。制度的内容主要应包括：要求设备管理人员加强责任心，经常对设备进行检查，及时发现和解决出现的问题；提倡钻研精神，熟悉设备的性能、特点、使用方法、操作规程；制订出小修、中修、大修的计划并规定具体的时间安排。通过制度管理，促进员工做好设备保养维修工作，为体育经营的正常进行提供良好的物质条件。

（四）加强设备的更新改造

随着社会的进步和经济的发展，人们对体育活动的需求不断提高。体育场馆必须不断地对原有项目和设备进行更新改造，以适应市场的变化，提高体育场馆的竞争能力；否则，体育场馆的经营就可能面临被动局面。

三、体育场馆设备管理的特点

（一）要求管理效率高

有些体育设备属于易损设备，例如保龄球的公用球和公用鞋、台球的球杆和台泥、网球、乒乓球、羽毛球等。因使用频率高，损耗较快，且往往是在使用当中出现故障，所以及时维修或更换便要求管理效率要高。有些设备虽然不是易损设备，但由于长期运行，随着累计使用时间的延长，其损坏的概率越来越大，而且这类设备修理难度也比较大，例如保龄球的球瓶复位系统、台球桌的石板部分、游泳池的水处理系统等。这类故障应该尽快排除，这对管理效率的要求就更高了。

（二）设备更新周期短

体育场馆的设备在经营过程中的损耗有两种情况：一是有形磨损，即在使用时造成的机械磨损；二是无形磨损，即经过一定时间经营，有些设备已经陈旧过时，其使用价值已经降低。上述两种损耗达到一定程度时，设备就应当更新。体育设备的更新周期比较短，这就要求管理者随时分析设备的投入产出率，及时更新那些磨损严重且投入产出率低的设备。

（三）设备管理和维修涉及面广

一方面，体育设备的种类多、数量大，各类设备的使用方法又有很大差别，设备及其零件的更换频率比较高；设备生产和使用所涉及的技术门类比较多，包括机械原理、自动控制等，所涉及的知识面比较广，因此需要较多的、有较丰富相关知识的技术人才来管理和维修。另一方面，体育设备使用于经营活动的全过程，设备管理和维修随之贯穿于经营活动的始终。

第二节　体育场馆设备管理的程序和方法

体育场馆设备是体育经营必须具备的物质条件，管理好这些设备是经营工作的一部分。要管好体育设备，除了要有较强专业技术的工作人员以外，还需要一套合理的程序和科学的方法。

一、体育场馆设备管理的程序

按设备管理的不同阶段，管理程序可分为三部分：

（一）设备更新程序

其是指从设备更新的计划、决策、选型、订购到日常管理的运行程序。

（1）制订设备更新计划；

（2）申报、审批；

（3）收集资料，选定型号；

（4）联系商家，订购设备；

（5）设备到货，入库保管；

（6）安装调试；

（7）办理设备的移交、入账和建档手续；

（8）进行使用方法的培训；

（9）日常管理。

（二）设备技术改造程序

（1）收开在设备使用中所发现的结构、配套、安装等方面不适应经营需要的问题；

（2）召开由管理人员、使用人员、工程技术人员参加的设备改造研讨会，制定设备改造方案；

（3）设备改造施工。

（三）设备报废程序

1. 制定设备报废的原则

（1）国家指定的淘汰产品；

（2）无法修复的设备；

（3）已超过使用期限，损坏严重，修理费用昂贵的设备；

（4）因事故损害，且修理费用接近或超过原价值的设备；

（5）虽能运行，但有严重隐患，且修理费用昂贵的设备；

（6）虽能正常使用，且未超过使用期限，但盈利能力很差的设备。

2. 办理设备报废手续

（1）使用部门提出报废申请；

（2）由工程部会同有关部门进行技术鉴定和确认；

（3）价值较大的设备，报请总经理审批；

（4）将设备移出经营场馆，到固定资产管理组办理销账手续。

二、体育场馆设备管理的基本方法

（一）建立设备技术档案

体育设备的种类和数量都很多，使用范围广，维修量大，更新周期不一致。为加强管理，便于维修，降低损耗，延长使用寿命，必须建立设备档案。这项工作应由工程技术部、财务部、体育场馆经营的相关人员共同负责。

建立设备档案的工作分两步。第一步是对设备进行分类编号，一般采用三节编码法：第一节表示设备种类，第二节表示使用部门，第三节表示设备序号。第二步是将相关的技术资料整理归类，即将设备的品种、名称、规格、价值、数量、生产厂家、购买日期、使用部门、技术数据及使用说明书等有关资料按编号整理保存。

（二）制定科学的使用、操作、保养、维修规程

在设备管理中，可以采用按类归口，分片包干，将责任层层落实到班组和个人的办法。还应当制定统一的使用、操作、保养、维修制度。一般由体育场馆经营部门负责

日常养护、一级保养和小修；工程部负责二级保养、中修和大修。有的体育场馆规定，工程部只负责电源、水处理及场馆等基础设施的维修，设备维修则完全由体育场馆经营部门负责。

（三）定期考核设备管理效果

体育场馆经营的设备管理水平，对体育场馆经营活动的开展和经济效益的提高会产生很重要的影响。因此，有必要定期考核设备管理和使用效果，以评定体育场馆经营的设备管理水平。主要考核内容有：

1. 设备完好率

体育设备必须随时处于完好状态；可以用设备完好率来考核设备管理的效率。如果用 Z 代表设备的总台数，用 W 代表完好设备数量，则设备完好率 H 的计算公式为

$$H = \frac{W}{Z} \times 100\%$$

设备完好率的最佳值是 1。但是保持最佳值是很难的，因此设备完好率应该趋向于 1。当完好率明显小于 1 时，就需要加强维修管理，以保证正常营业。

2. 设备维修费用率

设备在使用过程中，每年都需要支付一定的维修费用。一定的经营条件下和时间内，维修费用越低，说明设备管理越好。设备维修的费用情况，可以用年度百元营业额的维修费用率来考核。如果用 X 表示年度维修费用，Y 表示年营业额（单位为百元），则年度百元营业额的维修费用率 F 的计算公式为

$$F = \frac{X}{Y} \times 100\%$$

第三节　体育场馆设备的保养与修理

体育设备的保养与修理是设备管理的重要组成部分，直接决定着设备的完好率和使用寿命，也影响到体育场馆的经营成本和整体经济效益。因此，体育场馆经营的管理者要重视设备的保养与修理。

一、体育设备的保养

（一）制订和实施设备保养计划

这是指按照设备的使用说明书所要求的保养项目和时间制订保养计划。要科学地

安排保养时间和保养内容，并落实到具体工作人员。内容有以下三个方面：

1. 以文字形式提出具体设备的保养要求

每启用一台设备，就应该在设备登记卡上的维护保养栏内写明该设备的保养要求。如果是进口设备，则应及时将这部分外文翻译成中文，为日后保养维修提供方便。

2. 制订每日、每周、每月、每季、每半年、每一年的维护保养计划

一般日常保养和每周保养都由服务、使用人员承担；每月、季、半年、一年的保养由专业维修人员承担。

3. 利用工作单落实保养计划

由主管或领班填写工作单。工作单上应写明保养设备的名称和保养内容。要将保养计划落实到具体人员。保养工作完成后，填写所用材料工时和保养情况记录，然后把工作单保存备查。

（二）三级保养法

三级保养法就是根据设备保养工作量的大小及难易程度，把设备保养划分为日常保养、一级保养、二级保养三个级别，并规定出相应的工作内容。

1. 日常保养

（1）保养工作人员：设备操作人员，大部分是服务员。

（2）保养部位：主要部位是设备的外部。

（3）保养时间：每天进行例行保养。

（4）具体工作内容：检查设备的操纵机构、变速机构及安全防护装置是否灵敏可靠；检查设备润滑情况，并定时、定点、定量加注相应的润滑油；检查设备易松动脱落的部位是否正常，检查附件面专用工具是否齐全；搞好设备及其周围的卫生。

2. 一级保养

（1）保养工作人员：以设备操作人员为主，维修人员为辅。

（2）保养部位：部分内部装置。

（3）保养时间：设备连续运转500小时进行一次一级保养，一般每月进行一次。

（4）具体工作内容：根据设备使用情况，对部分零件进行清洗；适当调整零件的配合间隙；清扫、擦拭设备表面和电器装置；清洗附件和冷却装置。

3. 二级保养

（1）保养工作人员：以专职维修人员为主，以设备操作人员为辅。

（2）保养部位：设备内部结构。

（3）保养时间：设备累计运转每3 000小时进行一次，一般每半年进行一次。

（4）具体工作内容：根据设备使用情况部分解体检修；对各种传动箱、液压箱、冷却箱清洗换油；更换易损部件；检修电器箱、电动机，清理电路板接插件；检查需要调整的零部件和电子器件使之恢复精度，校正水平。

每次一级保养或二级保养之后，都要填写保养记录卡，并将保养卡存入设备档案中，以备查阅。

二、体育设备的修理

设备的维护保养和修理是两个既有联系又有区别的工作，但目的是一致的，都是为了使设备正常运转，以满足经营需求。它们的工作内容是有区别的，维护保养是指设备尚在正常运行时，对发生的较小变化进行处理；修理一般是指更换可能发生故障的零部件和修复已经出现故障的设备。

在设备运行过程中，即使维护保养工作完全按规定、按计划进行，也难免发生故障。一些零部件、电器元件随着设备的运行和时间的推移会出现磨损、消耗、老化；环境的变化，如温度、湿度、有害气体等，出现意外，如电压突然升高剧烈震动、违反规定的操作等，都可能引发故障。当设备发生故障时，应该立刻修理。

（一）按确定修理日期分类修理

1. 标准修理法

其又称强制修理法或主动修理法。这种方法是根据设备零件的使用寿命，在修理计划中明确规定修理日期和调整、更换零部件等修理内容。设备在经过规定的运行时间后，不管零部件的实际磨损及运转情况如何，根据标准工艺要求，都要进行强制修理，零件也须强制更换。

这种修理方法的优点是，便于在修理前做好准备工作，组织工作简化，停机时间短；缺点是需要经常检测零件的磨损情况，修理费用大。

这种方法一般适用于必须严格保证安全运转和特别重要的设备的修理，如大型室外设备、水处理设备等。随着检测手段的不断进步，这种方法有不断扩大应用的趋势。

2. 日常检修法

体育设备在运行过程中，零部件的磨损都有一个从量变到质变的过程，故障的产生一般是先有苗头的。体育场馆经营的专业维修人员，在设备运行过程中应当经常巡查检测，即时发现、解决问题和消除事故隐患。

这种方法的优点是，对保证设备的安全运行、防止事故的发生能起到很好的作用，而且所需要的工作量也相对较少。适用于一般设备的修理，如台球设备、网球设备等。

3. 即时修理法

这是指设备发生故障，不能正常工作或完全停止运转后而进行的修理。体育设备发生故障是很难避免的，故障发生后应当及时查清产生故障的原因并尽快修复。修理工作结束后，必须认真填写修理记录表单，同时应由管理人员对修理工作进行检查、验收。

这种修理方法虽然是一种被动的方法，但在现实中却是一种经常使用的方法，也确实能解决一些问题，但是这种被动修理法不如前两种主动修理法的效果好。因此，如果能用主动修理的方法解决问题，尽量不采用这种被动方法。

（二）按修理内容的复杂程度分类修理

1. 部件修理法

其是将需要修理的部件拆下来，换上事先准备好的部件。这种方法可以明显缩短停机时间，但需要储备一定数量的部件用于更换，占用一些资金。因此，这种方法适用于那些具有一定数量同类设备的体育场馆或部门，也适用于修理一些虽然数量不多但属于关键性的设备。

2. 局部修理法

其是将整体设备划分成几个独立的部分，按顺序修理，每次只修理其中的一部分。这种方法的优点是，可以把修理的工作量化整为零，以便利用较分散的时间，从而提高工效和设备利用率。它适用于具有一系列构造上相对独立的设备或修理时间比较长的设备。

3. 同步修理法

这是将若干台在功能上相互紧密联系而需要修理的设备，安排在同一时间段内修理，以减少分散修理所耗费的时间。这种方法常用于配套设备的修理：如保龄球的自动记分系统、回球系统、升瓶系统、置瓶系统，因为它们之中无论哪个系统出了故障，都会影响整条球道的运行。

三、体育设备器材的修理制度

（1）管理人员必须严格遵守各项规章制度，充分管理好、用好体育设备和器材，必须明确管理人员的职责，坚持"谁使用、谁负责、谁维护、谁保养"的原则，确保设备和器材的正常运行。

（2）熟练掌握设备和器材的性能、操作规程、维护保养常识，确保设备和器材的正常使用，最大限度地发挥所用体育设备和器材的效益，提高利用率。

（3）认真做好设备和器材的维护保养工作，根据设备和器材的不同性质和要求，要做好防尘、防潮、防锈、防腐蚀等工作，"定人保管，定期保养"，使设备和器材保持应有的性能，经常处于完好的可用状态。

（4）设备和器材的使用人员应做好详细的使用记录，经常检查、了解设备和器材的运行情况，发现老化、损坏等情况应及时与维修部门取得联系，及时进行维修。对于不能维护检修的体育设备和器材，经管理者领导批准后，可送外单位或外请专业技术人员来进行设备和器材的维修工作。

（5）设备和器材的使用人员一定要认真做好经常性的维护保养工作，按有关规定，做好书面记录，若发现一般性故障，应及时予以排除。如出现重大故障，必须向上级主管部门汇报，要充分发挥技术协作的作用，尽快采取维护、维修措施，以保证设备和器材的正常运行。

第四节　智慧场馆的实现和管理

一、发展智慧场馆的背景和意义

智慧体育是《体育产业发展"十三五"规划》中重点推进的竞赛表演业、场馆服务业、健身休闲业、体育传媒业、体育中介业、体育用品业、体育培训业、体育彩票业等的融合体和升级版本。智慧体育的推出旨在落实全民健身国家战略，发展体育服务行业，提升体育场馆经营能力，提升场馆经营收入，着力做好体育聚集人群进行全民健身锻炼的服务工作，为盘活体育场馆资源，进而满足人民群众日益增加的体育运动需求，让体育运动成为市民的健康生活方式。

智慧体育与城市经济发展密不可分，建设智慧城市，其中体育产业是重要板块，主要实现方式是利用移动互联网、物联网、大数据、云计算等多种手段整合资源，把服务落到实处。对于城市经济发展而言，发展体育是重要的经济增长方式之一，也是一种城市健康可持续发展的模式。全民健身已成为我国的重要国家战略，体育产业也将逐渐发展为国家的支柱产业，通过市场运作促进体育产业发展，带动体育事业的进步，已经纳入我国政府的长期战略。就场馆管理运营而言，今后如何调动场馆预订、体育营销、体育培训、体育社交等领域的上下游产业链资源，打造新型智慧体育城市品牌，加大城市体育资源整合力度，促进城市智慧体育集约和协同发展是企业与政府共同的方向和目标。

国务院办公厅印发的《体育强国建设纲要》中明确指出：推进全民健身智慧化发展，运用移动互联网、物联网、云计算等新型信息技术，促进我国体育场馆活动预订、经营服务统计、赛事信息发布等整合应用，推动智慧健身路径、智慧健身步道、智慧体育公园建设。

目前我国体育场馆的运营还存在较多困难，主要源于长期以来中国体育场馆建设缺乏真正科学的综合策划和可行性研究，场馆运营管理与真正的使用需求脱节，与城市中人民群众日常生活、产业发展脱节。大多数体育场馆建设追求"标志性"的心态，导致规模攀比、外观造型凌驾于使用功能之上，忽略实际用途和使用者的感受，才造成了如今的困境。运用建筑信息模型、物联网、云计算、大数据、移动互联网、智能硬件等新一代信息技术及能源互联网技术，推行场馆设计、建设、运营管理一体化模式，将赛事功能需要与赛后综合利用有机结合，以达到增强场馆综合经营能力、拓展多产业服务领域，延伸配套和互补服务，实现最优运营效益的目标。

二、智慧场馆的实现途径

1. 开展多元化服务项目，满足市场用户的个性化需求

在"互联网+"与"大数据"背景下打造"智慧场馆"，有利于拓展和完善场馆的服务项目，进而建立技术优势承办各项国内外重大体育赛事，并为消费者提供更为优质的健身活动场所。在加快场馆场地基础设施完善步伐的同时，促进对智慧场馆无形资产的开发，吸引更多商业合作和消费，可以提升场馆经济效益。

2. 促进全民体育健身参与，加速体育场馆商业模式转型

智慧时代，体育场馆面临着产业内外各行业的竞争压力，市场化的进程导致场馆发展必须致力于商业价值逻辑的重塑。发展智慧场馆可以利用互联网、大数据、云计算等高新技术分析海量用户数据，开展周边人民群众喜欢的体育活动项目，同时结合体育产业商业结构的转型，以吸引更多的民众进行体育产品的衍生消费，进而更好地实现场馆的社会效益与经济效益的平衡。

3. 控制体育场馆运行成本，优化工作团队组织架构

在"互联网+"和大数据、人工智能等背景下利用先进的技术设备设施和科学智慧的运营管理模式，将使场馆的工作人员从简单的体力操作转向信息化智能技术操作，降低场馆的部分运营成本和人工成本，提升员工素质，提高工作效率，进而提升员工工资以及就业工作的积极性。

4. 健全体育场馆政策法规，助力政府有效宏观调控

我国有接近90%的场馆场地在建设时都是通过自筹资金或者财政拨款，政府及相关机构在运营中有绝对的控制权，因此政府是体育产业的主导者。随着体育产业和互联网事业的发展，场馆运营和管理模式也逐渐有了新的生态环境，信息化技术的进步使政府监管变得更为直观和透明，也提升了政府监管的效率。而场馆既保留政府对国有场馆的产权，又可以依靠社会授权机构对体育场馆进行更有效的市场经营。

5. 促进体育场馆无形资产开发，凸显品牌效应联动周边产业

网络环境和人们的生活空间正不断融合，这为体育场馆的发展带来了新的跨界整合，从而定义全新的体育消费场景，也帮助传统的体育场馆创造全新的服务品类和服务价值。依托场馆资源加强与高科技企业的合作，通过强商务拓展和运营整合找到接触点，彼此形成互补的品牌连接。

三、智慧场馆建设与管理的现存问题

1. 建设和运营模式单一，改革缺乏顶层设计

在我国，体育场馆大多是公共体育文化设施，具有一定的公益性和特殊性，尤其是大型场馆中心仍以政府性质的投入和运营为主导。体育产业处于初步发展阶段，相关政策与法规有待完善，场馆缺乏运营管理经验，从而导致智慧场馆的开发和运营受到制约。

2. 相关职能部门协调存在壁垒，高科技智能产品无法被充分利用

国家和政府部门已出台和制定了体育产业发展相关的政策与法规，但对于场馆服务业的扶持措施和政策还缺乏针对性、可操作性以及监管力量。政策与法规滞后于场馆实践，执行效率不高，远不能满足体育场馆改革与发展的迫切需要。

3. 场馆改造维护成本高，智慧改革心有余而力不足

体育场馆内外部的建设以及场馆高新技术的设施采购、建设和运营等都需要大量的资金。尤其未来各种赛事、活动演出对体育场馆场地提出的要求越来越高，多元化活动所需的场馆功能和用途也越来越多，使得体育场馆所要投入的成本跟着水涨船高。

4. 选址不当导致资源浪费，大型体育场馆（中心）发展不均衡

国内大型体育场馆（中心）数量增长很快，但闲置率也较高，主要原因体现在体育场馆的选址不合理、布局过于集中以及整个体育产业水平不高。只有符合城市区域发展的需要才能够发挥智慧场馆的最大效用。许多城市建设大型体育场馆缺乏充分的科学论证，没有考虑区域环境、人口密度和消费能力等因素，选址远离城中心且交通

不便利，导致场馆闲置或利用不充分。

5. 场馆管理专业人才匮乏，服务内容缺乏广度与深度

相对于其他产业市场化的进程，我国体育场馆的市场化起步较晚，受到计划经济体制和举国体制的影响较为深远。对目前场馆管理的人力资源现状的研究和分析，可以看出目前体育场馆管理专业人才培育和发展较慢，管理者和工作人员多为退役教练、运动员或者由政府直接任命，缺乏系统完善的产业经营观念。

四、我国智慧体育场馆的发展路径

1. 完善网络平台与数据中心，深入开发体育场馆服务资源

利用共享经济的互联网思维、高新技术产品的应用，在体育场馆开发建设和运营管理过程中能够有效地降低成本、提高效率，并提升服务品质。

2. 搭建网络平台基础架构，创新互联网商业营销

搭建无线局域网络、移动通信网络和传感网络，开创智慧场馆多网融合立体型基础网络架构的新局面，要从顶层设计着手，做好网络平台基础架构的设计，在硬件和软件方面给予充分支持。

3. 注重多功能场馆设计

为实现体育场馆的智慧化和可持续发展，场馆多功能设计以及节能环保将成为大型场馆中心在建造设计之初的重要标准。气膜场馆和可拆卸场馆应被重视并运用到大型场馆中心，用以开拓新项目尤其是冰雪项目的运营。

4. 政府部门主导，各行业通力合作

根据我国体育场馆产权和市场现状，要保证政府在场馆智慧化建设中的主导地位，由政府制定和完善相关政策法规，大力倡导企业与社会资本在互联网技术背景下充分参与场馆建设和运营，坚持推行体育场馆的市场化运作，提升以体育场馆为中心的品牌作用，分工明确，政府、企业和民间资本通力合作。

5. 提供全方位多层次服务，完善主流媒体传播策略

体育场馆通过"以体为主，多种经营"的不断改革，从实践出发优化场馆运营模式。树立"诚信为本、顾客至上、相互合作、实现双赢"的理念，场馆管理方与政府、企业建立互惠互利的伙伴关系，并加强与国际先进体育场馆经营管理经验的交流。思考创新服务的手段及方法，力争提供更为优质的服务。

思考与实践

1. 简述体育设备管理的特点。

2. 简述体育设备管理的基本方法。

3. 试述体育设备的修理制度。

4. 试说明我国智慧场馆建设与管理存在的问题，并提出解决办法。

第十二章

体育场馆的服务质量管理

┌─── ■学习目标 ─────────────────────────┐
│   │
│   1. 了解体育场馆服务质量管理的内涵。   │
│   │
│   2. 学习提升体育场馆服务质量的方法和途径，最终实现体育场馆 │
│   │
│ 经营优质服务的目标。   │
│   │
└──────────────────────────────────────┘

第一节　体育场馆服务质量的内涵与外延

服务质量水平，一方面取决于市场客户对服务质量的期望，另一方面则是客户实际体验到的服务水平，如果客户实际体验的服务水平高于客户所预期的服务质量水平，那么客户会产生较高的满意度，认为企业提供的服务具有较高质量，反之则认为企业提供的服务水平质量较低。

如今体育场馆的功能日益多样化，成为一种以体育场馆设施为载体，集体育、演艺、商业、文化、教育、旅游以及科技等各种业态于一体的综合体，是可以满足人民群众日益增长的体育需求的消费新场所，同时配置全民健身、体育竞赛、体育培训等服务主题，配套休闲娱乐、商业服务，是以科技、旅游等为延伸的城市性综合服务空间，具有极其丰富的运营业态，可以拉长多种产业服务链。因此，增强场馆的运营管理能力，提升场馆服务质量的水平变得尤为重要。

体育场馆的服务质量是由较多因素构成的综合概念，其中主要包括体育场馆设施、设备质量，劳务质量和体育场馆整体质量几个方面。

一、设施、设备质量

这里说的设施是指为了满足体育场馆经营需要而建造的建筑物及相关的系统，包括场地建筑、给排水系统、照明系统、信息环境及系统建设、广播电视系统和环境景观等。这里的设备则是指为体育场馆经营而购置的成套体育器材。

体育场馆设施、设备质量是一种能够满足消费者一定需要的自然属性和物理属性。具体表现在：

（1）设施、设备的功能齐全，便于操作，并且具有本体育场馆的特点。有的是指单项设备的性能；有的则是靠群体优势，由不同功能的设备构成功能的齐全性。

（2）设施、设备的可靠性。是指其在特定条件下和时间范围内，能够正常运行而不发生故障的可靠程度。

（3）设施、设备的安全性。是指在使用中其对外界环境的影响和对人们的人身安全保证。设备应该装有防止发生事故的各种保护装置，如自动报警、自动断电、自动停止等装置，能够最大限度地保护人们的安全。

（4）设施、设备的外观新颖美观。这包括体育场馆建筑设施的造型、款式、色彩等方面的美学功能，也包括体育设备在外观方面美观、新颖、高雅，符合时代潮流，与经营环境协调一致的程度。

二、劳务质量

劳务是指不以实物形式而以提供活劳动的形式满足人们某种需要的活动，是服务人员为人们提供劳务时的行为表现。我们通常所说的服务质量大多专指这种劳务质量，这是狭义的服务质量。体育场馆经营提供的劳务质量主要包括工作人员的形象及素养，即他们的仪容、仪表、谈吐和礼节礼貌；工作人员的服务技能和服务态度，包括他们提供劳务的能力和热忱度，热忱度是指服务过程中始终如一的热情、勤奋的程度；工作人员的服务效率和应变能力，包括工作人员在单位时间内所能提供的劳动服务数量和这些劳务的效果，以及当服务对象、时间、场合等条件发生变化时所能表现出来的随机应变能力。

三、整体质量

体育场馆在体育产业中处于核心地位，是承载体育产业发展的基础。体育场馆的整体质量对于整个体育产业的支持和推动作用极为重要。

体育场馆的整体质量是指体育场馆经营的综合质量水平。构成整体质量的因素很多，例如体育场馆的档次、规模、所处的环境、各部门之间协调配合的默契程度，体育项目的数量，除体育服务外所能提供的其他方面服务的数量和质量等。体育场馆整体质量水平对体育服务的质量能够产生较大影响，是评价体育服务质量较重要的因素。

第二节　提升体育场馆服务质量的方法和途径

这里所说的服务质量，是专指在经营中向人们提供劳务的质量。劳务质量管理在体育管理中占有非常重要的地位，是中低层管理者的主要工作内容。因此，提高劳务质量具有很重要的意义。其方法和途径主要有以下四个方面：

一、建立规范化的服务程序

这是指在本行业内约定俗成的基础上，在把方便最大限度地让给消费者的原则下，设计出最优的服务程序和作业方法，这些服务程序和作业方法要具有可操作性，并把它们相对固定下来形成制度。制定规范化的服务程序首先要确定服务的环节和工作任务，其次要确定服务时的先后次序。规范化的服务程序能使一些无固定形态的服务工作达到相对一致状态，便于管理人员和消费者对服务工作的评价，有利于保持服务质量的稳定。

二、制定可量化的服务标准

为了使体育服务质量具有可衡量性，要制定出符合实际的服务标准，并且要将这些标准尽可能量化。体育服务往往是与体育活动同时进行的，因此其质量标准应该规定出工作人员在每个环节的动作、形态、语言规范、时间限制等方面的内容。例如，要求工作人员站姿端正，就不能只提一句口号，应该提出具体的站姿要求，要具体确定从头到脚每一部分肢体的姿势和位置。这样既便于培训和指导，又便于衡量和检查。

三、建立严格的服务质量管理制度

服务质量是经营管理水平的集中表现，服务质量的好坏会对体育经营产生直接影响。为了保证服务的高质量，有必要建立服务质量管理制度，以便根据服务质量标准及时监督、检查、衡量、评估服务质量水平，并对不符合质量要求的服务行为提出改正要求，制定改进措施。

四、开通人们的意见反馈渠道

消费者对服务质量的评价是最客观、最权威的。消费者对服务所反馈的信息，是改进服务工作、提高服务质量的依据。人们反馈的信息中有肯定正面的，也会有否定的和有抱怨情绪的。对于前者应当继续坚持，对于后者则应当立即改进。

消费者反馈信息的渠道有以下几个：

（1）工作人员和管理者在服务过程中主动征求到的意见和感受到的顾客情绪；

（2）在经营管理中被动接受顾客提出的意见和建议，包括投诉；

（3）网络平台上消费者的评论；

（4）通过间接渠道，例如通过顾客的同事、朋友转达，通过员工的亲属、朋友反馈，通过其他部门反馈。

第三节　体育场馆经营的优质服务

体育场馆经营是一项系统工程，它由接待服务、项目服务、管理服务、营销服务等构成。服务体现在整个体育场馆经营的各个环节。服务质量的高低优劣直接影响到体育场馆的经营、声誉、形象和经济效益，因此优质的服务质量是体育场馆经营的生命线。

体育场馆经营的优质服务应该从两个大的方面去把握，即硬件部分和软件部分。硬件部分主要是指设施的建设和设备的配置，这是由体育场馆决策者决定的，这里不做深入探讨。软件部分主要是指由服务员提供的具体服务，这与体育场馆的管理者和工作人员都有十分密切的关系。为人们提供优质服务则是工作人员时刻都应高度重视并付诸行动的工作目标。

一、优质服务的概念及特征

体育场馆向人们提供的服务，以其特定的内容创造使用价值，参与商品交换，因而具有商品的一般特征。提供优质服务是商品经济中价值规律的客观要求。要想提供优质服务，就应该认识优质服务的本质，弄清其概念及特征。

（一）优质服务的概念

1. 什么是服务

谈到优质服务，首先要认识什么是服务。国家技术监督局的有关文件为服务所下的定义是："为满足人们的需要，供方与人们接触的活动和供方内部活动所产生的结果。"这个定义属于推荐性国家标准，适用范围很广。体育场馆服务就是在一定的场所和时间内，供方以提供劳动的形式满足人们合理需求的单向供应过程。这个概念中所说的"在一定的场合和时间内"是指在营业场所和营业时间内，否则就不会发生一般的服务与被服务的关系了。概念当中的"供方"是指提供服务的体育场馆，具体的提供者就是服务员。"合理需求"是指人们在购买服务产品时应与供方建立在等价交换的原则基础之上，而且，人们的需求还应符合国家的政策法令和社会道德规范。

2. 什么是优质服务

优质服务的定义是：人们在消费过程中，认为其满意度达到了期望值的那部分服务。对顾客来说，当满意度达到或超过他的期望值时，他就会认为是优质服务；当满意度接近期望值时，他会认为是一般服务；当满意度低于期望值较远时，他会认为是劣质服务。

（1）什么是期望值

期望值是指人们对所实现的目标主观上的一种估计，体育场馆服务的期望值则是人们对体育场馆或体育场馆所提供的服务可能达到的水平的良好愿望。人们对不同事物的期望值是不同的，例如对工作的期望，对生活的期望，对婚恋的期望，对饮食的期望，对体育的期望等，各不相同。期望值是个变量，它因人、因地、因事不同而有所不同，并且会随着时间的推移而不断改变。

（2）什么是满意度

其是指人们对所感受到的服务的评价与其期望值一致的程度。满意度是衡量服务质量优劣的动态标准，并且是最主要的标准。

（二）体育场馆经营优质服务的基本特征

优质服务是建立在规范化服务基础上的个性化服务。

规范化服务亦称标准化服务，它是对服务中反复出现的常规性事务，以业内共同认识为标准而提供的服务。规范化服务是具有共同特征的服务，一般情况下，它可以满足大多数人的要求。

个性化服务是指为人们提供与众不同的、有针对性特征的服务。它是规范化服务的发展和延伸。个性化服务包括情感服务、特色服务、超常服务。

1. 情感服务

情感服务是指在尊重和理解顾客的基础上，为使顾客在精神上、感情上得到亲切感的服务内容和服务行为。例如，很多体育场馆都建有顾客的档案，并且要求服务员熟悉回头客的情况，当他（她）再一次来消费时就不得简单地称呼"先生""小姐"，而应在前面加上姓氏，即"×先生""×小姐"，或姓氏加职务，"×经理""×总"。有时，根据档案还可以在人们生日那天向其道贺或赠送生日礼物。又如，当体育场馆的管理者举办活动时请这样的消费者参加，在重大节日向顾客赠送一些礼品。通过这种服务，可以使顾客感到体育场馆的管理者或服务员时刻都在想着他们，从而增进他们与体育场馆的管理者及服务员的感情。当顾客与服务的提供者的情感比较融洽时，顾客的期望值更容易得到满足，即使在服务中偶尔出现一点小的失误，也会得到他们的谅解。

2. 特色服务

特色服务是指向顾客提供具有本体育场馆特色的服务内容和服务行为。随着体育产业的消费升级，体育场馆在健身锻炼、购物和娱乐等方面的模式也迅速发展，很多传统的体育场馆已经升级为体育服务综合体。

服务内容特色多与项目有密切联系，如娱乐、餐饮、购物和私人教练等。

服务行为特色是指在具体的服务过程和服务细节方面所表现出的本体育场馆特点。例如，某网球场为打网球的顾客免费提供淋浴服务，以解除顾客运动后的疲劳；某保龄球馆对初学打保龄的顾客免费提供基础知识和技能方面的培训；某健身房免费为顾客提供专业水平的健身训练指导服务。这些服务都在不同程度上强调了某体育场馆或某项目在具体服务行为上的特色。

例如浙江宁波全民健身中心，场馆总占地面积约9.5万平方米，包含了体育建设用地和商业商务用地。项目规划包括5.8万平方米的全民体育公园、1.2万平方米的国家级配置全民健身中心、体育主题商业区，建成运营后将成为一个集休闲、娱乐、餐饮、文化、健康、运动、商务于一体的家庭体验式文化体育服务综合体。

3. 超常服务

超常服务是指体育场馆在经营过程中向顾客提供超过常规服务标准和服务范围的

服务行为。

超常服务能够满足一些顾客的特殊需求。通过超常服务，体育场馆往往会收获意想不到的效果，这会对提高自身的声誉起到很好的作用。超常服务这个口号是根据"尽量满足人们的一切正当需求的原则"而提出的。提供超常服务要经体育场馆管理者授权，并需要服务员具备良好的素质和能力。例如，某保龄球馆的服务员在球馆未向顾客承诺提供免费培训的情况下，利用业余时间教会了初学打保龄球的顾客。类似的例子可以信手拈来，不胜枚举。

二、优质服务的内涵

优质服务的关键是顾客对服务所感受到的满意度是否能达到或超过期望值，这里介绍评估优质服务的三项要素，在每个服务项目上为这些要素制定出具体的量化指标，就成了衡量标准。

（一）产品内容、特色和技术含量

服务是一种特殊的产品，服务是不可贮存的、边生产边消费的产品。服务之不同体现在其内容、特色和技术含量等方面。

（二）项目所提供的服务的内容与特色

不同的服务项目所能提供的服务是不可能相同的。从大的项目看，如餐饮业、运输业、商业、体育业，虽然同属于服务行业，但它们在所提供的服务的内容与特点等方面都有很大的差异。即使同一行业内的不同项目，其内容和特色也各不相同，如体育场馆中的游泳池、保龄球馆等，它们的服务之间也存在着差异。因此，评估优质服务要首先注意这些服务的内容及特色的区别。例如，某保龄球馆提供的服务内容除了必备的保龄球道机器和球之外还提供公用保龄鞋、滑石粉、毛巾、茶水及贵宾存球柜，并提供其他特色服务，如记分服务、培训服务、洗球服务、打孔及修球服务等。

（三）专业和技术

这是指人们能意识到的服务员所提供的服务中的专业知识和业务技能。例如保龄球服务员的裁判知识、运动知识、其他相关知识、示范能力、排除机器故障能力和其他较强的专业技术。这里说的知识和能力不光包含在看得见的服务中，还应包括看不见的服务。例如保龄球机器设备的维修和保养，都是在人们看不见的时间和地点进行的，如果服务员在这方面的能力差，机器设备的故障率就会增高，由此会引起人们的抱怨。

三、优质服务态度与行为

（一）优质服务态度

这是指人们能否感知到提供服务的员工是否友好地且自愿地为他们解决问题，并将他们的利益放在首位。人们需要的态度是：热情与诚恳、礼貌与尊重、亲切与友好、小谅解与安慰等一系列被服务者的精神需要。这些需要的产生是因为被服务者是有思想、有感情的人，而人的思想感情是复杂的、发展变化的，而且是因人而异的。这就要求管理人员和服务员通过细致的观察和分析，用心理学和统计学的理论和方法进行探讨，找出其中的一般规律来指导服务工作。

（二）优质服务行为

这是指提供服务的主要活动。供方的这些活动是为了提供某种服务，没有这些活动，人们的需求就不能满足。服务行为是为满足人们的实际需要而采取的，是使人们的满意度达到期望值的主要因素。它对服务质量的好坏起到至关重要的作用。服务行为的优劣主要体现在服务过程中服务员的主动精神的发扬和服务规范的落实。例如，在保龄球服务中饮料提供是否主动、规范；当顾客一时找不到适合自己使用的公用球时，服务员能否主动帮助挑选。再如，在游泳池或戏水乐园，发放更衣柜钥匙的服务员是很尊重地将钥匙递给顾客还是很随意地扔给他们；顾客的泳圈充气不足时能否主动帮助充气；当顾客发现丢失物品时，能否主动帮助寻找；当顾客发生溺水事故时，救护员能否及时有效地救护等。这些服务行为的优劣决定着一个体育场馆的服务档次，也能反映出一个服务员的素质和能力。

四、优质服务的特性

（一）可参与性

这是指在某些项目中，可让顾客体验参与的乐趣，并在参与中得到锻炼和陶冶。大部分体育项目的参与性都很强，例如，只有打保龄球才能体验到保龄球的魅力；网球非常有趣，它的趣味性在参与中才能体会到；跆拳道之所以发展极快、遍及各地，也是因为它具有极强的参与性，而且这种参与性还在发展。现在社会上很多新兴的体育项目都突出了参与性，因此很受人们的欢迎，如壁球、高尔夫球等。人们参与这些体育活动中的满意度在很大程度上能反映出体育场馆的服务质量水平。

（二）灵活性

由于服务的对象是有感情色彩的人，人不仅有物质需求，而且有精神需求，并且这些需求又因人而异，这就要求所提供的服务具有灵活性。这些灵活性表现在以下几个方面：

（1）营业制度方面。现在营业制度上的灵活性越来越大了，例如商店，过去都是柜台售货，现在则大部分采用开架售货的方式了。体育场馆在经营方面也有很大灵活性，灵活的做法对刺激消费、促进销售起到了很好的作用。

（2）营业时间方面。例如，某体育馆的戏水乐园在旺季采用分场次营业的方式，这样做是为了在场间休息时能够集中清理场馆，搞好卫生工作，同时在两场之间的时间段内可以引导客人消费其他项目，如保龄球、篮球、乒乓球、羽毛球等。在营业淡季则采用计时收费或不限时间的经营方式，因为这时的顾客较少，卫生工作也不需集中时间进行，同时人们的选择余地也比较大。再如有很多体育场所采用弹性营业时间。这种弹性营业时间制度能够满足大部分人对营业时间的需求。

（3）服务方式方面。服务方式也存在着灵活性。现在很多体育场馆的管理者都要求服务员主动服务，但是这种服务并不是任何时间和情况下都能得到好的效果。

（4）服务对象方面。体育服务是一个动态过程，应在服务中体现灵活性。这是因为：第一，被服务的顾客之间存在需求的差异；第二，顾客的消费过程存在着随机性；第三，体育消费过程中会出现一些突发事件。所以，体育服务应该随机应变，要求在不损害顾客利益的原则下，灵活得体地提供服务。例如，对初次来的顾客与经常来的顾客，懂得运动规则的与不懂得运动规则的，青年消费者与老年消费者，男士与女士，普通消费者与 VIP 消费者等，都要视情况灵活服务，以满足他们的不同需求。另外，对一些特殊消费者的服务则更应区分情况，灵活处理。例如遇到突然发病或受伤的消费者、醉酒的消费者、丢失物品的消费者、恶意捣乱的消费者、要求超范围服务的消费者、无成人带领的儿童消费者等，不宜采用僵硬死板的服务模式，而应灵活处理。这种灵活性能反映出一个服务员在基本素质、服务技能、应变能力、服务经营等方面的综合水平。

为了能让服务员掌握灵活服务的尺度和能力，就应该加强对服务员的培训，提高他们的素质和能力，使他们能在各自的服务岗位上做出应有的贡献。

（三）可靠性

这是指消费者在消费过程中无论出现已经商定的情况还是意外情况，都相信并依赖服务机构及其员工在以人们最高利益为重的前提下，履行承诺并提供服务。

体育场馆经营如果通过管理和宣传，使消费者对体育场馆产生很强的信任感，从而相信体育场馆的设备质量和员工的服务能力及安全保证体系都是可靠的，这就为提高消费者对整体服务质量的满意程度奠定了心理基础。在设备方面，如果人们知道某保龄球馆的球道平整度非常好并且机器设备的故障率很低，那么他们将很愿意到这个球馆打球。在卫生条件方面也是如此，曾有某大型室内游泳馆在 2018 年前后客流量不足，因为有些人对该处水的质量没有信任感，认为该游泳馆的人较多，担心通过水被传染上疾病。后来该游泳馆一方面加强了水质过滤和消毒工作，使水质指标达到了饮用水的标准；另一方面通过新闻媒体展开宣传工作，不久就消除了消费者的顾虑，来游泳馆的消费者逐渐多了起来。在安全方面，安全是人类的五大基本需求之一，在体育场馆经营中安全工作尤为重要。只有加强管理，建立较完善的安全制度和安全保证体系，才能最大限度地降低事故发生率，顾客才能放心地进行体育活动。

要让消费者相信，无论何时出现任何差错或发生任何始料不及的事情，服务提供者都能迅速主动地控制事态，并且能找到一个新的、对的、让人接受的解决方法。尽管人们都不希望发生意外事故，但完全杜绝意外事故是很困难的。关键是，当事故发生时，服务提供者要能有效地控制和妥善地处理，稳定人们的情绪，降低事故所造成的损失和影响。

（四）物有所值

当人们对体育场馆提供的经营服务感到物有所值时，他才会在价格方面认为是满意的。当他认为物美价廉、物超所值时，就会感到很满意。因此，绝大多数体育场馆都千方百计地让它们的顾客对自己的产品包括服务感到物美价廉。体育场馆出售的设备使用权、场馆、人员的服务等，都是物质性的，都是我们所说的"物"。物美和价廉是相对的，物美是建立在一定价格成本之上的。对体育场馆和消费者来讲，都不能一味地去追求绝对的物美价廉，体育场馆不可能不计成本地追求物美价廉，其否则体育场馆将无法生存；消费者也不应奢望以低价来购买高档产品，也就是说，应该以合理的费用得到满意的产品，得到相应的消费条件和服务档次。

对于体育场馆来说，经营的根本目的在于盈利，因此不可能也不应该一味地靠增加成本以求物美，更不可能一味降价竞销。体育场馆为追求物有所值可能会在价格的制定上做很多文章，除了采用常规的定价方法，如全部成本定价法、资本报酬定价法、成本系数定价法、投资成本回收定价法、时间弹性定价法等方法，还常常采用其他的方法定价，其中有撇取定价法，形象地说撇取定价法就像从汤锅里撇取浮油一样，从少数高消费者或先睹为快者那里撇取高额利润。如一些体育场所实行会员制服务，就是为了从高档消费者那里赚取利润。虽然这种定价阻挡了一部分低消费的顾客，而那些买了门票再消费的人，虽然被体育场馆撇取了利润，也认为物有所值。还有渗透定价法，这是指将某项收费明显降低，或干脆免收，而将这降低或免收的费用打入其他的收费中去。例如戏水乐园免费提供游泳圈，保龄球场免收鞋租等做法都是如此。再有垄断定价法，这是指某种项目处于独家经营的垄断时期而制定高于其价值的价格。这时虽然价格较高，但仍能吸引相当一部分顾客，它的原理与撇取定价法有点接近，但又有所区别：垄断价格只限于垄断经营期间采用，一旦垄断经营的局面被打破，垄断价格的优势也就不复存在；而撇取定价法则是任何时期都能采用的定价方法。上述这些方法有的虽然定价偏高，但顾客仍然会感到物有所值。

五、优质服务的提供

优质服务就是使人们满意度大于期望值的服务过程。根据这个原理，可以推论出如何保证优质服务就是如何使人们的满意度达到并超过期望值的问题。为了解决这个问题，首先应该将人们的期望值量化，也就是制定出令人们满意的服务标准，以及与之相应的程序手规范等；其次，便是贯彻实施这些程序和规范，使人们得到满意的服务。

（一）制定和贯彻服务制度

1. 制定服务制度的方法

这里所说的服务制度是专指在具体服务中正在执行的服务标准、服务程序和服务规范。服务标准是指为使人们获得满意的服务所应达到的量化指标；服务程序是指服务过程中服务行为的先后次序；服务规范是指为达到服务标准所应采用的具体服务方式和准确做法。体育行业的这类服务制度很多，每个项目的相应内容又不相同，因此不便一一列举。这里只就其制定方法加以介绍。服务标准、程序和规范的制定可由经理或主管人员起草，起草的内容越具体越好。起草后的草稿可向有经验的员工征求意见（一般指中层以上的员工），然再请一部分常来的顾客提意见。这样反复修改后再公布实施。

制定规范，应针对人们的期望值一条一条地制定。例如，针对因等候时间长而容易产生抱怨的问题，服务规范应有以下几个方面的内容：

（1）针对电话问询的人们对接电话慢的抱怨，规定问询台服务员必须在铃响三声之内接听。

（2）针对人们办理交款手续时的急躁心情，规定收款和开单据应该在两分钟之内完成，比较繁琐的可适当延长。

（3）根据有事做的等候比无事空耗感觉时间短的道理，采取在排队的地方增加书报、街壁画等，或者在保龄球馆、台球厅增加游艺设备，以便等候的人们消磨时间。

（4）根据已纳入服务程序的等候比不确定的等候感觉时间短的道理，规定向等候的人们赠送饮料。

（5）根据焦急的等候感觉时间格外长的道理，要求服务员对焦急的人们设法分散其注意力，如聊天、介绍一些体育知识等。

（6）根据知道结果的等候或有限的等候比不确定的等候感觉时间短的道理，规定服务员应尽量告知人们等候的时间，要求服务员熟悉业务，掌握前面正在消费的人们何时结束消费。

（7）根据有解释的等候比不加任何解释的等候感觉时间短的道理，要求服务员向人们解释等候的原因。例如在节假日到戏水乐园去的人多，有的室内戏水乐园因更衣柜不够用或出于安全的考虑而限量接待消费者。

（8）根据公平的等候比不公平的等候感觉时间短的道理，要求服务人员在消费者特别多的时间注意维持人们的排队秩序，按先后顺序服务，切忌为熟人"开后门"。

（9）根据多人等候比一个人等候感觉时间短的道理，要求服务员设法引导人们相互聊天。体育场馆管理者可考虑在容易出现人们等候的地方摆放椅子。

2. 贯彻服务制度

贯彻标准、规范和程序的第一步是对员工进行培训。培训工作是体育场馆经营管理者的重要工作。

在贯彻服务制度的过程中，管理者应该经常检查和督导，并对员工的执行情况定期做出评价。对于达到标准的服务员应给予肯定和表扬。对于未达到标准的应找出原因，并针对原因制定新的实施方案。为了保证制度的执行，员工的工资应与达标的情况挂钩。

（二）服务质量的评定和非优质服务的改进

1. 服务质量的评定

服务质量的评定对体育场馆经营具有重要意义。因为只有通过评定，才能分辨出哪些是优质服务，哪些是非优质服务；只有通过评定，才能保持优质服务，改进非优质服务。

（1）评定标准。

评定服务质量标准的核心是人们的满意度。这个满意度来自人们对服务的期望值和对所感受到的服务的比较。在评定过程中，服务质量的标准不应该是抽象的，而应该是具体的、可量化的。这就要把人们的希望和要求具体化，对每项具体的服务工作制定出衡量标准。在一般情况下，每项服务工作的衡量标准不会只有一条，有些衡量标准可多达十几条。

（2）评定主体。

体育场馆经营服务质量的评定者与体育场馆的其他服务工作一样，主要由三部分人组成：

第一部分人是消费者。这是评定者当中最有发言权者，也是最终的评定者。但是这部分人的评论往往带有个别性，不成系统。因此，需将这部分人的评论加以归纳，从而对服务质量做出全面的评定。

第二部分人是服务员。这部分人与消费者接触最多，能较具体地了解人们的期望值，因此他们的评定是很重要的。但因他们本身又是服务的具体提供者，所以容易受自身能力和个人喜好的影响，使评定缺少客观性。

第三部分人是管理者。管理者因所处的地位不同，所以对服务质量的评定可能是较系统的和全面的。但因接触消费者少于普通服务员，所以他们的评定可能不够具体和细致。

（3）评定方式。

人们评定采用的主要方式是填写评定卡、现场投诉、写意见信或表扬信以及人们之间的议论等。其中，填写评定卡是体育场馆经营主动征询意见的方式。评定卡的设计要简单、明了，容易填写。

服务员评定的方式主要有两种：一是自我评定，可采用填写评定卡或口头评定的方式；二是互相评定，例如在保龄球馆，球道服务员、收银员与维修员之间都可互相评定，这些评定可以是口头表达的，也可以是以其他方式表达的，但这些评定是客观存在的。管理者的评定是通过某种方式的调查了解，再结合客观条件而做出的评定。他们通过营业现场调查、组织专门话题讨论、暗访等调查方式收集信息，再将这些信息与消费者意见和员工评论放在一起综合归纳，然后对服务质量做出评定。

2. 非优质服务的改进

服务质量可分为优质服务、一般服务、劣质服务。这里所说的非优质服务是指一般服务和劣质服务。体育场馆为了更好地经营，就应该保持优质服务，不断地改进非优质服务。另外，优质服务的评定也不是一成不变的，它会随着时间、场合、消费者的变化而变化；优质服务的标准也是在不断修正的，因此优质服务也存在着需要改进的地方。

非优质服务的改进过程实际上就是在经营管理当中不断地发现问题、解决问题的过程，是不断有所发现、有所发明、有所创造、有所前进的过程。较具体地说，就是不断地按照 PDCA 循环的规律改进工作的过程。在这里：

P（plan，计划）阶段是针对发现的问题制定解决方案的阶段；

D（do，实施）阶段是落实计划的执行过程；

C（check，检查）阶段是改进服务过程中的供方评定和需方评定，即体育场馆经营方面的评定和消费者方面的评定；

A（action，处理）阶段是指服务业绩的分析和改进阶段。

PDCA 循环是一切管理，包括服务质量管理的科学的基本思路和工作程序，是提供优质服务和改进非优质服务应遵循的普遍规律。

优质服务是体育场馆经营能否盈利、能否发展甚至能否生存的关键，是体育场馆经营的生命线。提供优质服务是管理人员和全体员工最重要的工作。

思考与实践

1. 简述体育场馆的服务质量是由什么决定的。

2. 论述提升体育场馆服务质量的方法和途径。

3. 如何理解体育场馆的优质服务？

4. 试述体育场馆经营优质服务的基本特征。

第十三章

体育场馆经营的安全与卫生管理

■学习目标

1. 清楚体育场馆安全事故产生的原因，学习如何预防安全事故，并熟悉事故的应急处理措施。

2. 了解篮球馆、保龄球馆、台球厅、健身房、游泳池等常用场馆的卫生管理要求，创建良好的运动环境。

第一节　体育场馆经营的安全管理

随着社会的进步，体育项目的设施规模不断扩大，项目种类越来越多，体育经营管理中的安全工作也越来越重要。作为体育场馆经营的管理者，不仅要加强安全意识，而且要学习和掌握安全防护知识。体育场馆的安全管理作为社会全面安全管理工作的重要一环，近年来随着体育场馆建设规模不断扩大，设施设备不断更新换代，功能越来越多，分类越来越细，人流量持续增加，其安全管理工作面临许多新问题，新形势下研究如何加强和改进体育场馆的安全管理是摆在每一名体育场馆管理工作者面前的大课题。

一、安全事故产生的原因

安全事故产生的原因主要有四个方面，即设施设备质量方面的原因；设施设备维修保养方面的原因；消费者在使用设备设施方面的原因；体育场馆经营在管理和提供服务方面的原因。

（一）设施设备质量欠佳

在这方面，主要是所采用的设备、器械存在问题。这些问题有的是产品自身的问题，有的是使用中缺乏维护而导致的问题。比如游泳池池底、池壁、地面和墙面多用瓷砖铺成，瓷砖质量和施工质量如不严格控制就可能引发安全事故。瓷砖的棱角处如果太尖锐，就很容易划伤顾客，特别是人的皮肤经水浸泡后很容易被划伤。某戏水乐园就曾发生顾客跑动时被瓷砖划伤脚面，致使脚趾筋被划断的严重事故。另外，地面瓷砖应采用具有较强防滑性能的，否则人们容易滑倒摔伤，而且在这种很硬的地面上摔伤很可能引起骨折等严重伤害。

近些年来，各地相继建起了一些戏水乐园。水滑梯是戏水乐园的主要设施之一，但是水滑梯的质量却不尽如人意，并曾造成过一些伤害事故。例如，沈阳某戏水乐园开业初期就曾发生过因水滑梯设计施工问题而造成的伤害事故：该戏水乐园的水滑梯出口端的角度过陡，坐滑梯的顾客下滑速度非常快，由于惯性大，滑出的距离较远，而出口处的溅落池却较小，有的顾客滑入溅落池后撞到池壁上，发生了撞伤的事故。

另外，有的水滑梯的设计者为追求刺激性，把滑梯拐弯半径设计得较小，使坐滑梯的人们感受到较强的离心力的作用。根据运动原理，人在滑梯中会被离心力"悠"起来，在滑梯壁上滑动，而滑梯壁上由于没有水流润滑和散热，这种"干磨"会产生较多的热量，因而人们的皮肤往往被烫伤或人们的泳装被烫坏。

（二）设施设备保养维修不到位

这主要是指管理者对负责该设施的员工管理不到位。比如，一般情况下，台球厅环境幽雅，设施豪华，打球的人文质彬彬，无剧烈动作，不容易出现伤害事故。但是，保养维修不当也难免造成事故。

保龄球设备每天都需要认真保养，否则容易发生故障，引发事故。按照规定，保龄球道应该每天除尘、打磨、涂油。涂油的区域和油膜的厚度都应按规定要求操作，但在发球区和发球区近端，球道是不应涂油的。可是有的保养人员操作随意，在转换球道时将油拖布或落油机很随意地从发球区拖过去，使发球区沾染上球道油，这样当打球的人们踩上去时，就很容易滑倒摔伤。有的球馆就曾因此摔伤顾客，造成其骨折。

另外，保龄球的球体在长期使用过程中，会出现破损，如不及时维修或淘汰，也可能引发安全事故。特别是指孔边缘如果碎裂的话，会出现较锋利的碴口，很容易划伤使用者的手指。

现在壁球厅的四壁大多由三面硬墙、一面玻璃幕墙及玻璃门构成。其中玻璃幕墙应特别注意施工质量，并需要经常检查维修。因壁球的运动量和动作幅度都较大，打球的顾客随时都可能撞到玻璃幕墙上，很容易撞裂玻璃，造成安全事故。因此，要经常检查和维修玻璃幕墙，如发现松动、开胶、螺栓与玻璃间的弹性衬垫破损等现象时，一定要及时维修；对玻璃门更要经常检查，特别是合页部位和防止玻璃门反向开启的部件更要检修；如需更换玻璃，一定要更换中间夹胶的双层玻璃，以防止万一玻璃碎裂造成大的伤害事故。这里几次提到必须经常检修，并非耸人听闻，因为在有的壁球厅，确实发生过顾客打球撞碎整块玻璃而造成伤害的安全事故。此外，壁球厅的地面应保持稳固、清洁、干燥；否则，人们很容易滑倒摔伤。

游泳池和戏水场所的保养维修工作也非常重要。水池四周的地面应保持清洁，否则细菌很容易滋生繁殖，水藻、青苔也容易生长，地面因而很滑，顾客容易滑倒摔伤。水质的保洁也很重要，否则水的透明度就会变差，使服务人员可能看不清水下发生的事故。某游泳池的潜水区就曾发生过因水浑而未能及时发现水下溺水者，因而造成溺亡的事故。其他设备的保养也很重要，例如戏水池的回水口。一般戏水池因有鼓浪等戏水形成，所以不会像游泳池那样将回水口设在池边岸上，而是装在较浅处的水面下。当游泳池开放多次以后，顾客脱落的毛发就容易堵住回水口的水箅子，如不及时清理，就会出现不良后果：一是回水量减少，水质的清洁度降低；二是容易引发安全事故。某戏水乐园规模较大，因而回水量也较大。由于毛发堵塞了回水口的箅子，回水功率又较大，回水的负压很大，一位游泳的顾客无意间在回水口用臀部靠了一下，这就给本来负压很大的回水箅子增加了一个外力，使那耐腐蚀的塑料回水箅子一下子粉碎了，这位顾客也像拔罐子一样被回水口吸住。当该体育场馆将其救起时，他已因伤重而无法自由活动。此事虽是偶然事故，但原因的确是保养不善。

（三）消费者使用方法和活动方式不当

1. 准备活动不充分

有很多体育项目是由运动项目转化来的，有些活动比较剧烈，因此在进行这些运动之前，应当先做好准备活动，否则就可能出现安全事故。例如，游泳前如果没做好准备活动，就容易出现抽筋；在进行健身锻炼、保龄球运动、网球和壁球运动前，如没做好准备活动，就容易出现扭伤和拉伤。

2. 身体情况欠佳

人们在身体情况欠佳时，应当注意不要参与危险性和刺激性强的项目，也不要参加较剧烈的运动，例如酗酒后游泳或戏水就很危险。某戏水乐园就曾发生过一位顾客酗酒后坐水滑梯，结果被他自己的呕吐物呛死的恶性安全事故。

3. 技术水平欠佳

有的顾客的技术水平欠佳，因而动作协调性、运动持久性都很有限，在这种情况下，出现安全事故的概率就相对大一些；再加上人们在体育场所的环境里都比较兴奋，往往忽视安全，出现安全事故的概率进一步加大。例如在保龄球场，有些顾客由于动作很不协调，又用力过猛，而经常滑倒，其中个别的可能会摔伤；在游泳池和戏水乐园，往往会发生溺水事故，严重的甚至溺水而亡，而发生溺水事故的多数是游泳技术不好的人，也有的是在发生意外时，例如肌肉痉挛（俗称抽筋），因不会自救而溺水。

4. 未按操作规定控制设备

操作规定是根据机器设备的性能特征和安全要求制定的。有的顾客在使用设备时比较随意，不按操作规定去做，这就很容易引发安全事故。例如，在健身房，有很多设备都有较严格的操作要求。使用跑步机，如不按操作规定，就可能发生意外。因为按规定，使用跑步机时应将速度由慢到快逐步加速；需要停止时也应由快到慢逐步减速，当机器减到缓慢速度或停止时，运动者才能走下跑道。但有个别顾客由于某种原因从较快运行的跑道跳下，这时由于惯性很大，人特别容易摔倒。

（四）管理和服务不到位

1. 保护不当

一些体育项目的运动量很大，并且存在着一定的不安全因素。为了减少或消除这些不安全的因素，在进行这些体育活动时，就应该采取适当的保护措施，以避免出现安全事故。例如在健身房做卧推杠铃时，就应该由教练或服务员适当保护；再如在游泳池的深水区，应当配备救护员，以便在发生溺水事故时采取救护措施。

2. 操作失误

有的项目需要服务员按照严格的要求操作，以尽可能避免发生严重伤害事故。例如蹦极运动，按照规定，蹦极弹跳绳按粗细分为轻、中、重三种级别，根据蹦极者体重的不同，选用不同的弹跳绳；弹跳绳的最大长度以蹦极者不触地或触水为准；同时还应在蹦极者的脚上系上无弹性的钢丝绳，作为第二道保险绳。但是如果体重称量不准，选择弹跳绳的规格不准，绳长计算不准，就可能发生严重事故。

3. 维持秩序不当

一般的体育项目多为很多人共同参与的项目，这就需要制定相应的游艺规则并维持良好的活动秩序，一些带有危险性的活动更应如此，例如小赛车、水上摩托、水滑梯等项目。在水滑梯的滑道中放进适量的流水，人体会以很快的速度下滑，一般的滑速能达到每秒 5 米，因此容易发生撞伤、划伤、磨伤、溺水等事故。如果维持秩序不当，撞伤事故会较多、较严重。因此在项目实际运营当中，维持秩序非常重要。滑梯的出发台和末端的溅落池都应有专人负责维持秩序。出发台的服务员要控制下滑间隔，一般一条 50 米长的水滑梯约需 10 秒下滑时间，要等滑入溅落池的前一位顾客离开溅落池上岸，这时出发台才能放行后一位下滑，否则的话，就可能出现前一位尚未离开溅落口，后一位已经滑到溅落口，导致两人或多人相撞的伤害事故。在有记录的案例中已出现过颈椎骨折、腰椎骨折、脾破裂、肾损伤等严重事故。

出发台服务员还应检查顾客是否携带尖锐硬质物品，如眼镜、露在外面的钥匙等。溅落池附近的服务员应该尽快提示并帮助溅落池的人们离开溅落口，以免被后面的人撞伤。

4. 提示不及时

在容易出现安全事故的地点或时间，应该由服务员经常提示人们，以降低发生事故的概率。例如，在游泳池应当提示注意池水的深浅，应标出深水区，在浅水区也应该有提示牌，以防止喜欢跳水的人跳水时头部与池底相撞。在北京的游泳场馆，几乎每年都会发生头撞池底的严重伤害事故。其他体育项目也同样，凡是存在安全隐患的地方，都应该提示人们注意安全。例如在保龄球馆，有的顾客打球的动作很不规范，如果不及时提示其改正动作，那么不但打不出好球，还可能因动作不规范而滑倒摔伤。

二、安全事故的预防

体育场馆或安全事故的预防工作显得尤为重要。预防工作做好了，可以减少很多事故，减少很多处理事故所带来的麻烦和损失，从而降低营业成本，这对体育场馆是十分必要的。

（一）全面增强安全意识，系统加强安全管理

1. 树立安全系统的管理意识，强调以预防为主的安全管理原则

安全系统的构成要素包括人、物、能量、信息四个方面，系统安全防控思路是指通过追求人、物、制度、文化等诸要素的和谐、可靠、安全、统一，使各种危险因素始终处在受控状态，进而逐步趋近于本质性、恒久型的安全目标。系统安全防控思路

的优势在于系统中的每个环节、每个单元都在系统相互作用中，形成关联性整体，即使系统中部分环节出现问题，系统依然可以通过自身的平衡机制再次达到平衡，从而确保不会出现重大安全隐患。系统安全控制的主要方式手段表现为超前预防、根源控制、闭环管理、应急处置及持续改进。

超前预防就是要最大限度地掌握安全事故防范工作的主动性、积极性，采取预防性的措施和方法，将传统的外迫性安全管理指标转变成现代的内激性安全目标管理。体育场馆在超前预防主要工作有：一是定期组织安全形势分析，定期开展安全自查，定期组织督导整改，及时排查安全隐患，解决萌芽状态的安全问题。二是在大型活动保障工作前要开展安全风险评估，对于专业领域的安全风险评估，如建筑结构安全评估、抗自然灾害风险评估等，还须邀请知名专家参与评估，做到安全风险心中有数，趋利避害。

根源控制是针对各单位安全管理特点，抓准安全管理的重点、难点及要害部位，及时发现、解决、疏导或控制重点问题。一是加强对重点人员的管控，如老人、小孩、残疾人员等。二是对重点要害部位加强"人防""物防""技防"的投入与监管。对于重点要害部位，在人员配备、经费投入、检查督导方面加以资源倾斜，确保重点安全阵地的稳固，从而以点带面确保整体安全稳定。三是及时对有安全隐患的设施设备进行维修或更换，确保设施设备不留安全隐患。四是加强对重大保障任务的管理，如果体育场馆承担部分大型保障任务，如集会、典礼等，必须有明确的计划安排，充足的人力资源保障，制定各项处置预案，配齐防护器材等，确保大型保障任务安全顺利完成。

闭环管理就是将管理的各个过程连接成封闭的回路，使管理系统从决策、实施、反馈、调整、再实施，连在一起形成闭环，避免决策与具体落实相互脱节，杜绝了小问题、小隐患在系统中不断循环积累并演变为大问题、大隐患而对系统产生重大影响。

应急处置就是在面对安全问题和重大事故时，管理人员能够通过之前制定的预案，结合自身在平时安全培训中不断积累的能力素质，及时处理险情，并指导现场其他人员采取科学合理的保护自身生命财产的应急行动。为提高应急处理能力，事先必须要有完备的应急处理预案，必须建立健全应急处理机构，必须要定期组织演练。

持续改进就是通过安全管理实践经验的不断积累以及安全事故教训的警示，持续对系统中的人、物、制度、文化等诸要素制定改进措施，使得系统不断在发展动态中更新完善，并形成更高层次的稳定，从而杜绝重特大安全事故，有效降低安全风险，减少事故发生。如定期针对一段时间内安全检查中发现的普遍性、典型性问题隐患，集思广益研究解决整改措施，确定措施后及时跟踪整改落实成效，如果效果不佳再研究对策，如果效果好举一反三进行推广，一旦条件成熟，将固化下来成为一项新制度规定，巩固改进成果。

体育场馆经营的全体工作人员都应该强调以预防为主的安全管理原则和安全服务意识。用什么手段来提高安全服务意识呢？首先是培训。通过培训，使服务员认识到安全服务的重要性，认识到安全服务给体育场馆、给消费者、给服务员带来的益处，提高服务员贯彻以预防为主的安全管理原则的自觉性；通过培训，使服务员认识并熟悉安全管理制度，并能提高处理安全事故的能力。培训的内容应涉及设备安全、人员安全、消防安全、治安安全等方面。

2. 加强对顾客的疏导服务

安全管理涉及的重点场所和重点部位，特别是对大型体育场所，由于顾客流量较大，有时会出现拥挤现象，容易发生安全事故，如挤伤、踩伤等。另外，人多拥挤也给小偷作案提供了方便。这时，管理和服务人员就应该特别注意加强疏导服务，维持好现场的秩序，以防止发生伤害或失窃事故。

在一般情况下，人们到有危险的地方时会非常谨慎，但也有例外。例如让一个不太会游泳的人独自到深水区去游泳，他会有恐惧感。但当浅水区几乎没有人，而深水区人又很多时，那个不太会游泳的人也会想不妨到深水区玩一会儿，他的恐惧感由此减少。其实危险因素对他来说一点也没有减少，由于人较多，个别人出了事却不容易被岸上的救护员发现，反而增加了危险。这种时候，服务人员就更应该注意疏导和提示，以减少出事故的可能性。

在体育场馆经营的安全管理中，还应该注意总结经验，摸索规律，找出容易发生安全事故的地点和时间，以便及时发现引发事故的苗头，采取相应防范措施，防患于未然。某戏水乐园总结出容易引发溺水事故的 13 种情况，并用于提示服务员，对防止溺水事故的发生起到了很好的作用。这 13 种情况是：

（1）坐水滑梯者落入溅落池后站立不起来；

（2）游泳技能较差的人误游到深水区；

（3）鼓浪时惊慌失措者；

（4）恋人相拥在水中；

（5）大人背着小孩游泳；

（6）小孩独自游泳或独自在泳圈中漂流；

（7）老年人独自游泳；

（8）在水中忘情地嬉戏打闹者；

（9）体质较弱者独自游泳；

（10）随便跳水者；

（11）仰卧在大型泳圈里的成人漂流者；

（12）较长时间潜泳者；

（13）鼓浪时仍坐在浅水平台的老人和儿童。

对于这些情况，救护员应采取主动式服务，即主动提示人们防止发生危险，注意游泳安全，或将其引导到安全地带。

3. 加强与体育场馆安保部，与公安、消防部门的合作

安保部是体育场馆专门负责安全保卫的职能部门。安保部全面负责安全保卫工作，包括营业场所的治安管理、体育场馆的财产安全管理和消防安全管理。安保部的工作与体育场馆经营的工作有密切联系，体育场馆经营为人们提供服务的过程中需要安保部的协作与配合，在预防和处理安全事故或消防事故时应接受安保部的指导与帮助，以便共同为人们提供安全的服务。

公安部门和消防安全部门是政府的执法部门，是制定治安管理制度和消防安全管理制度的权威机关，在检查治安保卫工作和消防安全工作及处理相关事故的工作中具有权威性，拥有执法权。体育场馆经营在经营工作中经常与公安部门和消防部门发生联系，接受监督、检查、指导，这对维持正常营业秩序、搞好经营工作具有非常重要的意义。

（二）建立完善的安全制度和安全管理体系

体育场馆经营的管理人员应该特别重视安全管理，把安全工作放到重要的议事日程中，注意培养全员的安全意识，并且应建立和完善各项安全制度，包括安全管理制度、全天候值班制度、定期安全检查制度、安全操作规程以及安全事故登记和上报制度。

安全管理的最主要目的是保证人们的生命及财产安全和员工的安全。在某些存在危险性的体育活动开始前，特别是一些大型游乐项目，应该对人们进行安全知识讲解和安全事项说明，并具体指导人们正确使用设备设施，确保人们能够掌握正确的动作要领。某些体育项目对人们的健康条件有要求，或不适合某种疾病患者参与，例如游泳池、蹦极等项目，应该在该项活动的入口处以"警示"方式予以公布；在体育活动进行过程中，应密切注意人们的安全状态，适当提醒人们注意安全事项，及时纠正人们不符合安全要求的行为。体育场馆经营还应保护员工的安全：应该加强员工的安全

操作技术培训，未取得专业技术上岗证的，不得从事操作带电的设备；开展经常性的安全培训和安全教育活动；建立安全检查工作档案，每次检查都要填写检查记录表单，检查的原始记录由责任人签字后存档。

体育场所应该具备完善的安全设施：各体育场所、公共区域均应设置安全通道，并时刻保持其畅通无阻；在游乐场各游乐区域（封闭式的除外），按规定设置安全栅栏；严格按照消防规定设置防火设备，配备专人管理；安装报警设施，并设置警报器和火警电话标志；露天水上体育场所应设置避雷装置；配备处理意外事故的应急救护设施设备。

安全管理工作还必须做到组织落实，要建立完善的安全管理体系，包括安全操作保证体系和安全维护保证体系。安全管理工作是一个复杂的系统管理工程，各个系统中的要素都必须相互支撑、相互协调，达到平衡，才能确保安全。安全管理系统最为重要的五个要素是安全管理制度、安全管理队伍、安全防范设施、安全防范技术、安全应急预案。

首先是要建立健全安全管理制度。安全管理制度是一个单位通过长期工作中积累的大量风险辨识、评价、控制技术，以及安全事故教训的累计所探索和总结出来的客观规律，通过法定程序总结固定下来，发布并要求所属人员遵守，可防止工作中安全管理的随意性，有效降低人为因素导致的安全风险。

其次是要建设一支专业高效的安全管理队伍。人是安全管理的主导，在安全管理的系统中人是最积极、最主要的因素。建设一支专业高效的安全管理队伍，发挥人的主观能动性，能有效统筹、调动、发挥系统内的资源，发现并弥补系统中的漏洞，解决系统中的问题，在安全系统中起至关重要的作用。一支专业高效的安全管理队伍通常包括五大要素，一是身心素质过硬、专业能力突出的人，二是专业科学的业务培训，三是精良的装备配备，四是严格的岗位责任及考核机制，五是有效的激励机制。

再次是要建设完善的安全防范设施和采用先进的安全技术手段来加强安全管理。人的因素虽然是主导因素，但也需要物的辅助。现阶段人力资源是最宝贵的资源，同样也是成本最高的资源，在条件允许的情况下，提高安防设施标准和采用先进的安防技术手段来加强安全管理，不仅可以弥补人员数量、精力方面的不足，还有利于将信息化手段运用于安全管理当中，促进安全管理由定性管理向定性与定量相结合发展。最终形成人防、物防、技防等手段有机结合。

最后是要制定科学周密的应急处置预案，并定期演练。体育场馆必须根据自身的实际需要制定相应的应急处置预案并定期开展演练。如《突发事故处理预案》《消防火警人员疏散预案》《停电应急处理预案》《重大疫情处理预案》等必备的应急预案，并定期组织演练，确保险情发生时，所属人员依旧能够有条不紊地开展工作，把安全风险降到最低。

三、安全事故的应急处理

2007年颁布的《中华人民共和国突发事件应对法》定义突发事件为"突然发生，造成或者可能造成严重社会危害，需要采取应急处置措施予以应对的自然灾害、事故灾难、公共卫生事件和社会安全事件"。突发事件一般分为自然灾害类、事故灾难类、公共卫生类和社会安全类四类。体育场馆突发事件虽然具有突发性、不确定性、多样性、危害性和影响广泛性等突发事件的共性特点，但由于场地限定性（封闭环境内）、群体单一性（健身者）、运行半开放性（非教学时段）等一些自身特性，体育场馆对外开放突发事件的类型一般为社会安全类突发事件。应急管理体系是指在一定管理范围内，由应急管理的主体、过程、规范和应急保障共同构成的使突发事件应对活动得以顺利进行的管理体系。目前，我国突发事件的应急管理体系是"一案三制"，也即突发事件应急管理预案、应急管理体制、应急管理机制和应急管理法制。其中，应急管理机制是应急管理体系中具体执行突发事件应对与处置职能的核心部分，是应急管理中各种"制度""方法""运作功能"的总称。一般而言，突发事件应急管理机制主要由运行机制、监控和预警机制、应急处置与协调机制、事后恢复评估机制所构成。其中，应急处置与协调机制又是应急管理机制的核心部分，而应急救援则更是重中之重。应急救援是针对突发事件或特定灾害而保证应急救援预案的具体落实所需要的组织、人力、物力等各种要素及其调配关系的总和，是应急预案届时能够落实的保证。对安全事故的处理虽然属于被动管理，但是在体育场馆经营的过程中，却是不可避免的。对安全事故的恰当处理，能避免事故扩大，有效地减少事故带来的损失。

（一）一般安全事故的应急处理

1. 擦伤或切割伤的应急处理

擦伤，一般伤口较浅，出血不多，因而可用卫生棉稍加挤压，以挤出少许被污染的血液；如果伤口很脏，则可用清水冲洗后再用酒精消毒，然后再用创可贴或纱布包扎。

切割伤，多为锋利物所伤，其伤口比擦伤要深。如果伤口较浅，可参照擦伤的应急处理进行；如果伤口较深或很深，流出的血是鲜红色的且流得很急，甚至往外涌，则可判断为动脉出血，这时首先应设法止血。可采用压迫上血点的方法，即压住伤口近心部位的动脉，再经简单创面处理后迅速将伤者送医院治疗。如果手指或脚趾被全部切断，应马上用止血带扎紧伤口，或用手指压住受伤的部位止血，将断指用无菌纱布包好，把伤者连同断指立即送医院手术治疗。注意在夏天最好将断指放入冰桶护送，禁止用水或任何药液浸泡，也不要做其他处理，以免破坏再植条件。

2. 扭伤和拉伤的应急处理

扭伤和拉伤多因人们在参与体育活动中姿势不正确或用力过猛所致。由于肌肉或韧带已经损伤，会伴有较强的疼痛感。发生这类事故时，服务员应该马上扶伤者坐下，然后查看扭伤或拉伤的部位，观察伤势。如果伤势不严重，可以喷一些"好得快"之类的局部外用药，并嘱咐伤者注意休息。此时，如果伤者决定终止消费，服务员应协助办理相关手续。如果伤较重，服务员在对伤者进行简单护理后应嘱咐他马上去医院治疗。同时，应立刻将事故情况逐级上报，由体育场馆经营经理决定是否派服务员陪同伤者去医院。

3. 骨伤的应急处理

若骨伤有出血现象时，应先止血，然后包扎。包扎出血伤口后再固定，可用水板、杂志、纸板、雨伞等可找到的物品作支撑物，固定伤骨。不要试图自己扭动或复位。固定夹板应扶托整个伤肢。固定时，应在骨突处用棉花或纱布等柔软物品垫好，以减少伤者痛苦，然后用绷带包扎。包扎的绷带要松紧适度，并要露出手指或脚趾，以便观察血液流通情况。包扎后应当立即送医院治疗。在体育服务中，有可能遇到颈椎创伤，这时候更要认真对待，切不可掉以轻心。应急处理时应将伤者平移至担架或木板上，并迅速送到医院治疗。

（二）溺水事故的应急处理

溺水事故是水上乐园、室内外游泳场馆易发的事故，严重者往往导致溺水死亡。一旦发生溺水事故，进行现场急救十分必要。其过程如下：

（1）立即清除溺水者其口鼻内的污物，检查口中是否有假牙。如有，则应取出，以免假牙堵塞呼吸道。

（2）垫高溺水者腹部，使其头朝下，并压拍其背部，使吸入的水从口、鼻流出。这个过程要尽快，不可占过多时间，以便进行下一步抢救。检查溺水者是否有自主呼吸，如没有，应马上进行人工呼吸，方法是：使溺水者仰卧于硬板上或地面上，一只手托起其下颚，打开气道，另一只手捏住其鼻孔，口对口吹气，约每分钟16~18次。

（3）在做人工呼吸的同时，检查溺水者的颈动脉，以判断心跳是否停止。如心跳停止，则应进行人工呼吸的同时进行体外心脏按压，方法是：双手叠加对溺水者心脏部位进行每分钟 60~80 次的按压。

（4）迅速将溺水者送医院急救，在送医院途中不要中断抢救。

（三）火灾事故的应急处理

在公共体育场（馆）、游泳馆等封闭建筑中参与健身活动时，建筑物的火灾风险等级、应急预案设计等是安全健身环境构建的重要环节之一。怎样预防火灾，制定合理的消防措施，实施有效的应急疏散方案一直是公共体育场（馆）的重大课题。公共体育场（馆）总建筑面积较大，功能复杂，聚集人数多，安全疏散和救援工作困难，因此制定合理的应急疏散预案对保障人身安全至关重要。在发生火灾时，体育场馆经营员工应该立即采取应急措施，以防止火灾的扩大和蔓延。应急措施如下：

（1）当发现糊味、烟味、不正常热度时，应马上寻找产生上述异常情况的具体部位，同时将发生的情况逐级上报。

（2）当火灾情况紧急时，应马上打店内报警电话。报警时要讲清火灾的具体地点，燃烧物质，火势大小，报警人的姓名、身份和所在部门及所处位置。

（3）如有可能，则应立即扑救，然后再报警。在扑救过程中应注意保护现场，以便事后查找失火原因。

（4）如果火情十分紧急，应立即打碎墙上的报警装置报警，同时拿上本区域的轻便灭火器进行自救灭火。

确认火情时应注意：不要草率开门，可先试一下门体，如无温升可开门察看；如温度已高，可确认门内有火情。此时如房间内有人，则应设法救人；如果房间内无人，则应做好灭火准备后再扑救。开门时不要把脸正对开门处，以免烧伤。

（四）治安事故的应急处理

体育场馆经营在服务中，对治安事故应采取以下几项措施：

（1）主动巡查，注意疑点。服务员在服务中应经常巡查，仔细观察，发现可疑的人应采取继续观察、主动服务等方式，进一步了解和掌握情况。

（2）出现事故，尽快报案。一旦出现治安事故，服务员应马上向本部门报告，情况严重时，可立即向安保部报案，然后再向本部门汇报。

（3）紧急情况，及时处理。有些事故应立即采取紧急措施，避免事态扩大，造成更大损失，例如制止毁坏公共财物、阻止小偷行窃等。

（4）采取措施，保护现场。遇有重大案件发生，服务员在报案后应注意保护现场，以便于安保部门或公安部门侦破案件。在公安部门侦破案件过程中，服务员应实事求是地主动反映情况，提供线索。

第二节 体育场馆经营的卫生管理

体育场馆经营的卫生管理关系到消费者的卫生安全，也关系到体育场馆的声誉和形象，在很大程度上影响到体育场馆的经营。体育场馆经营卫生工作的特点是工作量大，重复率高，各项目要求存在差异。工作量大是由于体育场馆经营项目种类多、设备数量大，又由于设施设备与人们接触多；重复率高是由于人们流动量大、设备使用频率高，有的设备每换一位顾客就要搞一次卫生，同样的卫生工作每天都要多次重复；各项目要求存在差异是由于各项目之间在内容、设备结构、使用方法等方面都存在很大差异，卫生要求和工作内容也不一样，有的地方需要对水质消毒（如游泳池），有的地方需要对器具消毒，有的地方需要用拖布擦拭，有的地方需要专用工具除尘和打磨（如保龄球道）。

一、篮球馆的卫生管理

（一）篮球馆的卫生清洁规定

（1）铺设竣工后保养 7~10 天方可使用。

（2）篮球场是供运动员训练和比赛及健身锻炼所用，不得作他用。

（3）跑道边缘应加以保护，不得任意掀动，如道牙损坏应立即修补。

（4）运动员必须穿专门的运动鞋，钉子长度一般不超过 7 毫米，如有较长钉的运动鞋则不允许在塑胶跑道上使用。

（5）严禁车辆行驶、堆压重物和锋利之物刺划，以免损害运动地面塑胶，影响使用寿命。

（6）避免接触有机溶剂、化学药品、烟蒂及火种。

（7）地面保持清洁，可以用水清洗，如不小心洒上油污可以用 10% 氨水或洗涤剂擦洗干净。

（二）篮球馆卫生质量标准

（1）地板（或地胶）：平整光亮，无粉尘，无油迹。

（2）篮板及篮架：平整光亮，无粉尘，黏贴物的黏度符合要求。

（3）多个球场之间的隔离区：整洁无尘，无杂物。

（4）球筐及篮球：干净无尘，无污渍，无油污。

（5）球员座椅：整洁干净，无污迹，座椅及其附近无杂物、无烟头、无饮料渍。

（6）记分台及电脑显示屏：保持干净，无静电吸附的尘灰，无手迹。

（7）公用球及球架：光洁整齐，无尘，无汗迹或污迹。

（8）服务台：台面干净整洁，台下无乱放的杂物和垃圾。

（9）大厅地面及墙壁：整洁无尘，无污迹，无杂物及垃圾。

（10）布景板：整洁干净，用手拂拭不应有明显灰尘，色彩鲜明。

（11）维修工作间：整洁干净，井然有序，地面无垃圾。

二、保龄球馆的卫生管理

（一）保龄球馆的卫生清洁规定

（1）发球区：用尘拖除尘，然后用地面抛光机打磨，每天一次。使用频率不高时可只用尘拖除尘，不必每天抛光打磨。

（2）球道：用专用除油拖推除球道油，然后用打磨机打磨，再用涂油机涂油，无涂油机的球馆可用油拖人工上油。

需要说明的是：上述两项清洁要求是对美国宾士城 GSIO 硬质合成球道而言，如果是其他品牌或型号的球道，其清洁要求会有所区别。

（3）置瓶区：每天用除油拖除油，然后用除尘拖擦净。

（4）球沟及回球道盖板：每天用半干拖把除尘，每周一做彻底清洁。

（5）回球机：每天用抹布擦拭，每周二做彻底清洁。

（6）球员座椅：每天擦拭椅面和靠背，每周三做彻底清洁，包括擦拭椅腿及清理座椅附近的角落。

（7）记分台及电脑显示屏：每天擦拭。

（8）公用球及球架：每天擦拭，由晚班员工下班前做。

（9）服务台：每天吸尘、擦拭，每周四做彻底清洁。

（10）公用鞋：每用一次喷一次消毒除臭剂，每晚下班前再统一擦拭、消毒一次。

（11）大厅地面：每天开业前用半干拖把擦拭，营业期间发现污迹随时清理，每周请绿化卫生管理部彻底清洗一次。

（12）布景板：每周五用尘拖除尘，然后用抹布擦拭。

（13）保龄机房：每天用拖把擦拭一次，每周做一次彻底清洁。

（14）维修工作间：每天打扫卫生一次。

（15）置瓶机：每天擦拭机台总数的 1/15，即每台机器每半个月擦拭保养一次。

（16）保龄瓶：每月用清洁剂擦洗一次。

（二）保龄球馆卫生质量标准

（1）发球区：平整光亮，无粉尘，无油迹（主要指球道涂油时不要把球道油遗落在发球区）。

（2）球道：平整光亮，无粉尘，球道油的油膜厚度符合要求。

（3）球沟及回球道盖板：整洁无尘，无杂物。

（4）回球机：干净无尘，无污渍，无油污。

（5）球员座椅：整洁干净，无污迹，座椅及其附近无杂物、无烟头、无饮料渍。

（6）记分台及电脑显示屏：保持干净，无静电吸附的尘灰，无手迹。

（7）公用球及球架：光洁整齐，无尘，无汗迹或污迹。

（8）服务台：台面干净整洁，台下无乱放的杂物和垃圾。

（9）公用鞋：鞋面无污迹，皮面颜色新鲜，鞋内无杂物，无脚臭味。

（10）大厅地面及墙壁：整洁无尘，无污迹，无杂物及垃圾。

（11）布景板：整洁干净，用手拂拭不应有明显灰尘，色彩鲜明。

（12）保龄瓶：整洁干净，无污迹。

（13）维修工作间：整洁干净，井然有序，地面无垃圾。

（14）置瓶机：无明显油污和灰尘，无杂物。

三、台球厅的卫生管理

（一）台球厅的卫生清洁规定

（1）台呢应该每天吸尘，如有条件，可用背负式吸尘器，吸尘后用呢刷将台呢的绒毛刷顺。

（2）台边及台脚：每天用抹布擦拭干净。

（3）球杆、架杆、记分牌：每天用干布擦拭。记分牌的铜字和架杆的铜头如有锈迹，可用擦铜油擦拭。

（4）台球：每天用干净的软布擦拭。

（5）高椅、沙发、茶几：其木质部分和玻璃部分用抹布擦干净，其布质椅面或沙发面用吸尘器吸尘。

（6）球台照明灯泡及灯罩：每周用于抹布擦拭一次。

（7）服务台及吧台：服务台每天擦拭、整理。吧台应每天擦拭并消毒，酒具和饮料杯每使用一次都要消毒一次。

（8）大厅地面及墙壁：地面每天吸尘，墙壁应视质地不同而采用相应的清洁方法。

（二）台球厅卫生标准

（1）台呢：无污迹，无尘土，色泽鲜明，绒毛柔顺。

（2）台边及台腿：光洁无尘，无污迹。

（3）球杆、架杆、记分牌：球杆、架杆光洁滑润，无汗迹。记分牌无尘土，铜质部分无锈斑、无汗迹。

（4）台球：球面光洁、色彩鲜亮。

（5）高椅和沙发：木质部分光洁、无污迹，布质和皮质部分无灰尘、无污迹、无褪色。

（6）服务台及吧台：台面干净整洁、无杂物，玻璃和石质部分光洁明亮。吧台用具除直观干净外，还应符合卫生检疫标准。

（7）灯泡和灯罩：保持光洁，无明显灰尘。

（8）地面和墙壁：墙面壁饰整洁美观，无蛛网、灰尘、污迹、脱皮，地面洁净，无废弃物和卫生死角，地毯上无饮料污迹。

四、健身房的卫生管理

（一）健身房的卫生清洁规定

（1）服务台及接待室：服务台台面擦拭干净，服务台内物品摆放整齐，地面用拖布擦拭，墙面除尘。沙发和茶几清理、擦拭干净。

（2）更衣室：地毯吸尘，更衣柜用抹布擦拭，然后喷洒清新消毒剂，更衣坐凳每天用消毒药液擦拭消毒，拖鞋每天用药液浸泡消毒。

（3）健身室：地毯吸尘，墙面除尘，器械用抹布擦拭，器械与身体频繁接触的部分如手柄、卧推台面等，每天用消毒药液擦拭。

（4）淋浴室：每天冲洗并消毒，淋浴器手柄擦拭干净。

（5）卫生间：每天冲洗地面、墙面、马桶，然后用消毒药液擦拭消毒，镜面、马桶盖、水箱手柄、洗手池手柄等都要用干抹布擦净。

（6）休息室：地面吸尘，墙壁除尘，沙发吸尘，电视柜、电视机、茶几擦拭，烟缸清洗，垃圾桶内的垃圾随时清除。

（二）健身房卫生标准

（1）服务台及接待室：天花板光洁无尘，灯具清洁明亮，墙面干净、无脱皮现象，地面无污迹、无废弃物；服务台面干净整洁，服务台内无杂物；沙发、茶几摆放整齐，烟缸内的烟头及时清理。

（2）更衣室：地面干净无尘，无走路留下的鞋印；更衣室内无卫生死角、无蟑螂等害虫；更衣柜表面光洁、摆放整齐，柜内无杂物；为人们提供的毛巾、浴巾等物摆放整齐。

（3）健身室：天花板和墙面光洁无尘，地面干净，无灰尘，无废弃物；健身设备表面光洁、无污迹，手柄、扶手、靠背无汗迹，设备摆放整齐；光线柔和，亮度适中。

（4）淋浴室：墙面、地面无污迹，下水道通畅，室内无异味；淋浴器表面光洁，无污迹，无水渍。

（5）卫生间：墙面、地面光洁；马桶消毒符合要求，无异味；镜面无水迹，光洁明亮；水箱手柄、洗手池手柄光洁。

（6）休息室：墙面、地面无灰尘、无杂物，沙发无尘，茶几干净，用品摆放整齐；电视机表面干净无尘，荧光屏无静电吸附的灰尘，遥控器无灰尘、无汗迹；室内光线柔和，亮度适中，空气清新。

五、游泳池的卫生管理

（一）游泳池及戏水乐园的卫生清洁规定

（1）打扫迎宾服务台卫生：擦拭台面镜面，整理抽屉、票箱，清理服务台内地面及垃圾箱。

（2）打扫更衣室：营业前冲洗地面，营业中发现卫生情况不良随时擦洗，营业结束后清理更衣柜，并对更衣柜凳消毒，清理垃圾桶。

（3）打扫泳池周围场馆卫生：地面防滑砖每天先用清洁剂刷洗，然后用清水冲洗；营业前将躺椅、茶几擦拭一遍，烟缸洗净；营业中随时擦洗，垃圾桶及地面要经常清理。

（4）打扫强制喷淋通道和浸脚池卫生：强制喷淋通道需每天刷洗，下水道箅子经常清理；浸脚池每天营业前冲洗干净后放入新水并按规定的剂量投入消毒药。

（5）打扫淋浴室卫生：经常冲洗淋浴室，每天营业前用清洁剂刷洗地面和墙壁，经常清理下水道箅子；注意补充浴液。

（6）打扫卫生间卫生：冲洗地面，刷洗马桶和小便池，刷洗洗手池，并对马桶、小便池、洗手池进行消毒；擦拭镜子。

（7）打扫墙壁卫生：洗刷台阶、假山，擦拭窗台、通风罩，擦洗池壁。

（8）做好水质卫生处理：每天营业前用水下吸尘器吸掉水下污物，为加药泵添加消毒药，清除回水口的毛发及污物。

（二）游泳池及戏水乐园卫生标准

（1）迎宾服务台：台面整洁干净，无灰尘、无杂物，台内无垃圾、无散乱的废票根。

（2）更衣室：地面干净，无污物、无鞋印、无水迹、无垃圾；更衣柜内外整洁，柜内无杂物、无遗落物品、无蟑螂等害虫；镜面光洁明亮，无水迹、无印迹。

（3）淋浴室：墙面和地面的瓷砖光洁，无污迹污渍、无水迹；下水道流水通畅，水箅子无堵塞现象；浴液补充及时。

（4）强烈喷淋通道和浸脚池：墙面、地面无污迹，喷头喷水通畅，下水道通畅；浸脚池池壁无污迹，池水无污物，消毒药浓度符合要求，余氯含量保持在 5～10mg/L。

（5）游泳池四周场馆：地面无垃圾、无积水、无青苔；茶几、躺椅整洁干净，无污迹；营业前烟缸内无烟头，营业中烟缸内的烟头不得多于四个；垃圾桶外表干净、无污迹，桶内垃圾经常清理。

（6）游泳池墙壁：墙面、假山、台阶无污迹，无垃圾；窗台、通风罩无灰尘、无杂物；游泳池壁无水垢、无污迹。

（7）卫生间：地面无积水、无污迹，马桶内外无污迹，小便池无尿渍，洗手池无污迹、无水垢；镜面光洁明亮，无水迹、无印迹；卫生间内无异味。

（8）游泳池水：水质清澈透明，无污物、无毛发；消毒药投放准确、及时，残留氯的含量保持在 0.3～0.8mg/L，pH 值保持在 6～8。

思考与实践

1. 简述体育场馆安全事故产生的原因。

2. 论述如何预防安全事故。

3. 试述溺水事故的应急处理。

4. 简述健身房的卫生标准。

第十四章

体育场馆经营经理的岗位设置和管理禁忌

■**学习目标**

1. 学习体育场馆经营经理在体育场馆的地位和作用，明确经理的权力和责任范围，熟悉经营经理的工作特点和工作内容，清楚经理应该具备的职责和素养。

2. 明晰体育场馆经营经理在经营过程中应当避免的管理错误，总结经验，形成一套行之有效的管理模式。

第一节　体育场馆经营经理的岗位设置

体育场馆经理人是指通过市场化选聘、依靠运营管理体育场馆而获得报酬的专业人才，即体育场馆的总经理、副经理等（事业单位的场馆负责人在工作性质上有所差别）。场馆经营经理需要负责制定本场馆的发展战略以及制订各项工作计划，协调相关资源，组织实施各项工作计划，对潜在风险进行预估，做好预案，协调相关部门，保障场馆工作协调有序进行，分配、监督、控制本场馆管理人员各项任务进展，做好本场馆高层管理人员的管理和考核。场馆运营工作内容的复杂性决定其必须具备出众的项目管理能力、秩序管理能力、思考能力、客户管理能力、团队建设能力、学习能力、人际关系能力。体育场馆经营经理是体育场馆经营的最高领导者。体育场馆经营经理业务水平的高低和工作能力的强弱，对体育场馆经营会产生十分重要的影响。因此，本节将主要介绍体育场馆经营经理这个岗位的相关内容。

一、体育场馆经营经理在体育场馆的地位和作用

（一）体育场馆经营经理的地位

体育场馆管理体系一般可以划分为两个方面、四个层次。两个方面是横向划分的，即一线部门和二线部门。一线部门是指直接参与服务创造收益的部门，如培训部、营销部等；二线部门是指间接参与服务的部门，包括财务部、工程部、安保部、人事部等部门。四个层次是纵向划分的，是指执行决策层、管理层、督导层、操作层，与此相对应的岗位是总经理、部门经理、主管、服务员。这里的执行决策层是指具体的经营决策层，并不是最高决策层，最高决策层是指董事会这个层次。体育场馆经理属于一线部门的管理层。场馆经理不仅是管理体系中的执行者和指挥者，还扮演着更多复杂多变的角色，对内需要解决场馆出现的各种问题、完善场馆各项制度，对外需要联络各方资源、树立场馆良好形象。

（二）体育场馆经营经理应发挥的作用

1. 上传下达作用

将执行决策层的经营决策和经营方针传达给下属；将体育场馆经营的经营情况和经营信息反映给总经理。

2. 参谋作用

体育场馆经营经理对本场馆的经营情况比较熟悉，能够对体育场馆的经营方针或经营管理提出建议，起到参谋作用。他的有些建议要写出可行性报告，例如新增体育项目或器械等。

3. 体育场馆经营的日常经营管理作用

体育场馆经营经理应发挥管理体育场馆经营的作用，使体育场馆的经营工作正常运行。

4. 体育场馆经营内部的决策作用

这是指体育场馆经营经理职权范围内的决策，如领班的任免、岗位的设定、人员的调配、经营方式的选择等。

5. 体育场馆行业发展的联络和监听作用

这是指体育场馆经营经理职权范围内的联络和监听，如联络合作伙伴和同行、关注行业发展动态、积极学习新技术知识等。

二、体育场馆经营经理的权力和责任范围

（一）体育场馆经营经理的权力

1. 经营管理权

体育场馆经营经理具有体育场馆经营内各项目的经营管理的决策权力，通过行使这个权力使体育场馆经营得以正常营业。

2. 人事调配权

这是指岗位设置、员工配备以及对先进员工奖励和对后进员工处罚的权力。

3. 财务初审权

这是指对体育场馆经营内的工资报表、采购申报单等的初级审批权力。

4. 奖金分配权

这是指对由体育场馆总经理批下来的奖金额度制定向各分部门分配的比例、标准、数量的方案的权力。

（二）体育场馆经营经理的责任范围

1. 对上级负责

完成总经理、主管副总经理指派的工作任务。

2. 对下级负责

体育场馆经营经理在一定条件下应代表下属员工，为他们谋利益。

3. 对消费者负责

这是指体育场馆经营经理应该负责提高本部门的服务质量，为消费者提供满意的服务。

4. 对行业负责

体育场馆经营经理应该注重职业道德水平，提倡敬业精神，成为行业的骨干力量，为本行业的发展做出贡献。

5. 对自己负责

体育场馆经营经理应该严格要求自己，提高自身的素养和能力，不断地自我完善。

三、体育场馆经营经理的工作特点和工作内容

（一）体育场馆经营经理的工作特点

1. 经济性强

体育场馆经营的好坏，会对体育场馆的总营业额产生很大的影响。所以，经济效

益如何与经理有着直接的关系。

2. 管理性强

体育场馆经营的项目多，岗位设置也多，而且各项目、各岗位的差别又很明显，因此管理难度也较大。这就要求体育场馆经营经理加强管理，推动体育场馆经营活动的开展。管理的内容很多，从管理的形式和方法上分，有目标管理、标准化管理、全面质量管理、制度管理、现场管理等；从管理对象的属性上分，有人员管理、设备管理、费用管理；从管理的层次上划分，又可分为项目管理、班组管理。总之，管理贯穿于体育场馆经营运行的始终。

3. 人际关系的协调性强

体育场馆经营经理不但需要协调人际关系，而且要有较多的感情投入。从理论上分析，体育场馆经营经理的协调能力应占其总能力的1/3。其协调的对象包括四个方面：对上级，需要与总经理、副总经理、总会计师等领导协调；对下级，需要与下属主管、普通员工协调；对平级，需要与工程部等部门协调；对外，需要与文化局、公安局等管理部门及电台、电视台、报社等媒体协调。

（二）体育场馆经营经理的工作内容

体育场馆的经营项目较多，有些大型体育场馆的体育项目达到几十个。体育场馆经营的特点之一就是项目多、服务人员多、工作头绪多、接触人员多。因此，体育场馆经营经理应该在全面了解本部门工作的基础上，将众多工作分清轻重缓急，安排顺序，做到有条不紊、忙而不乱。下面就其工作内容分别加以介绍。

1. 计划工作

计划工作包括以下几个方面：

（1）制订体育场馆经营及其所属各项目的经营目标和管理目标的实施计划：应按年、季度、月订出计划，确定完成计划的责任人、检查人和确定进度要求。

（2）制订促销计划：销售工作主要是公关销售部的工作，但很多体育场馆采用全员销售的方法，而体育场馆经营的员工对体育项目的促销有很多优势，因为他们了解体育项目的娱乐性、参与性、观赏性、运动性等特性，因此可以激发人们的消费欲望。因此，体育场馆经营经理应有促销计划。

（3）制订成本支出计划：体育项目的经营成本虽然较少，但在经营中却不能没有成本支出计划，例如经营保龄球，向对取得优良成绩的客人馈赠礼品，就需考虑成本等。

（4）制订物料消耗计划：保龄球馆公用球及客用保龄鞋、游泳池地面清洗消毒液等的物料消耗应有计划。

（5）制订项目更新计划和设备更新计划：不断更新项目才能稳定消费者。有些设备，例如健身房应该每年更新一部分器材设施，台球厅的球台、球杆和球都应适时更新。项目、设备更新事先应计划好。

（6）制订员工的日常培训计划：大型体育场馆往往设有专职培训部，中小型体育场馆一般由人事部设专人担任培训工作。但是专职的培训人员不能解决全部培训问题，特别是体育场馆经营的项目多，每个项目又有其特殊性。因此有针对性的培训必须由体育场馆经营经理来做，这就需要有每个项目的培训计划。

（7）制订考察计划：体育场馆经营的服务项目、服务内容、服务方式和标准都发展很快，因此体育场馆经营的领导及下属主管、领班都应有机会外出考察，以开阔眼界，更新观念，搞好服务，增加效益。外出考察应有计划。

2. 主持会议

体育场馆经营经理应定期召开下属主管会议或联席会议。这种会议视各体育场馆经营情况不同可以灵活安排，可以每天一次，或每两天一次；也可以每周一次，或每两周一次。

会议内容如下：

（1）传达部门经理办公会议的有关内容，将经理办公会上总经理布置的工作向有关人员布置，并落实实施措施。

（2）听取汇报，检查上一日程工作计划的完成情况，布置下一日程的工作安排。

（3）了解营业情况，根据实际情况制订改进计划。

（4）了解员工服务情况、思想情况、遵守规章制度情况、设备运行情况等，并对不良情况进行研究并制定改进措施。

另外，体育场馆经营经理还应参加或主持某设施项目的员工交接班会议。这是因为参加员工会议可以了解到一些情况，可以同时接触较多的员工，易于与他们产生思想共鸣及共同语言；可以直接向员工布置重要工作，以引起员工的共同重视；通过参加由主管主持的会议，了解他们的工作能力和工作方法，可以辅助他们做好工作；对一些问题直接表态，可以树立正气、抑制歪风。

3. 巡视和检查

这是实行走动管理的重要方法之一。通过巡视、检查可以了解到很多实际情况，以便及时发现和处理问题。在巡视、检查过程中应注意以下几方面的问题：

（1）检查员工的精神状态、服务态度、服务规范和仪容仪表等方面的情况。

（2）了解和掌握设施设备的运行情况，例如健身房器械是否有故障，保龄球的回球机或升瓶机是否运转正常，游泳池的水处理循环系统是否正常，台球厅球台台呢有否破损，等等。

（3）了解消费者对设施项目的评价，对服务的满意程度，对服务有何特殊要求，等等。

（4）及时处理人们的投诉，尽量把问题在萌芽状态中就处理好，

（5）了解员工工作中的困难，及时处理他们的抱怨。

（6）检查营业场馆的卫生情况，督促员工做好卫生清洁工作。

4. 汇报与沟通

汇报是指向上一级领导报告情况；沟通是指与其他部门通报情况。体育场馆经营经理的汇报与沟通工作包括以下几个方面：

（1）出席总经理召开的例行会议和其他业务工作协调会，报告体育场馆经营各项工作的进展情况及取得的成绩、遇到的问题，提出改进工作的建议，并提出需要总经理出面协调和解决的困难与问题。

（2）出现重大突发事件时要及时向主管副总经理或总经理汇报，并汇报自己处理该事件的思路和方法，以取得理解和支持。

（3）当本部门的经营项目或经营策略发生变化时，汇报与相关的营业部门的沟通情况。

5. 体育场馆经营经理的工作时间安排

一般情况下，体育场馆经营经理工作时很紧张，因此应该有较强的时间观念，还应善于应用系统工程的方法统筹安排工作。

四、体育场馆经营经理的职责和素养

（一）体育场馆经营经理的职责

1. 全面主持体育场馆经营工作的职责

体育场馆经营经理的一切行为必须向总经理负责。其工作的指导思想必须建立在一切为推行总经理的经营方针和经营思想的基础之上，将体育场馆的整体经营方针和经营思想落实在体育场馆经营运行当中，保证各项任务的顺利完成，并在体育场馆经营中起到良好的促进作用。

2. 经营职责

体育场馆经营经理应该为完成或超额完成总经理下达的营业指标而努力工作。体

育场馆经营经理应该通过对本部门的人、财、物的利用和控制，尽最大努力为人们提供满意的服务，从而达到满意的经济效益。

3. 行政管理职责

这里的行政管理是指体育场馆经营内直接营业以外的日常管理，例如交通安全、伙食补贴、考勤统计、文体活动、时事学习、参观访问等。体育场馆经营经理应当努力做好体育场馆经营的行政管理工作，建立并不断完善体育场馆经营的规章制度，使体育场馆经营的日常管理建立在科学的管理基础之上。

4. 教育和督导职责

体育场馆经营经理应当经常教育和督导下属人员遵守规章制度，要求和督促员工认真执行服务规范，为人们提供优质服务。在对员工进行教育和督导的过程中，体育场馆经营经理应当以身作则、言传身教，应当在仪容仪表、遵守制度、工作态度、劳动技能等方面严格要求自己，起到表率作用。

5. 制定编制和培训下属的职责

体育场馆经营经理应该制定本部门各营业项目的人员编制，根据经营需要合理调配员工，提高他们的工作效率，从而提高体育场馆经营的经营效益。

体育场馆经营经理还担负着培训下属的职责。培训应包括两方面：一方面是关于遵守规章制度的培训；另一方面是关于服务技能、技巧方面的培训。只熟悉服务技能、技巧的员工不能算是好员工，只会遵守规章制度而不懂服务技能的也不能算是好员工。为了使员工达到并保持能够上岗服务的标准，体育场馆经营经理就应当经常组织和领导培训工作，有时还应当亲自担任培训教师。不但新员工需要培训，老员工也需要培训。因此，做好培训工作是体育场馆经营经理的一项重要职责。

6. 做好考核工作的职责

体育场馆经营经理应当做好对各项目主管的考核工作，定期对他们的工作做出全面、准确的考核评估，适时地肯定下属在工作中取得的成绩，指出他们的缺点和不足之处，指导他们做好各自分内的工作。

7. 及时处理本部门发生事故的职责

体育场馆经营设施项目多、客流量大、消费者复杂，各种矛盾和事故随时都可能发生。可能发生的事故分为两类：一类是消费者投诉；另一类是尚未引起投诉的内部问题，如设备严重故障、内部员工之间的较尖锐矛盾。体育场馆经营经理应当经常深入经营现场，随时收集人们的意见，并注意了解经营情况，对已经发生的投诉和矛盾，采取积极对策，妥善处理，尽量避免矛盾激化。要有敏感性，随时注意巡视和检查，努力把事故消灭在萌芽状态之中。

8. 处理好公共关系的职责

体育场馆经营经理必须处理好与外部环境的关系。这包括与消费者的关系、与管理部门的关系和与外部的关系。必须认识到：从人格上讲，服务人员与被服务对象——消费者的关系是平等的；从职责和义务上讲，服务人员与消费者之间的关系是不平等的主客关系，因此作为服务人员（包括经理）应该尽量满足消费者的要求，使他们得到满意的服务。此外，体育场馆经营经理还要处理好与政府职能部门工作人员的关系，配合如公安、消防、文化、体育、卫生、工商等部门人员的工作。只有处理好上述关系，才能创造出一个良好的经营环境。

9. 激励职责

体育场馆经营经理应该善于激励员工，调动员工的积极性。应该恰到好处地鼓励先进者、批评后进者，通过各种激励手段奖勤罚懒，使员工发挥出最大的主观能动性。根据员工的素质、能力、特点、工作表现和实际工作需要，对员工进行合理的调动，提拔表现好又有工作能力的员工，淘汰不称职的员工，最大限度地发挥激励职能。

（二）体育场馆经营经理应具备的素养

1. 文化程度

应具有高等学校大专毕业以上学历或同等学力；应持有国家主管部门颁发的相应的上岗资格证书；有一门以上外语交流能力和电脑应用能力。

2. 工作资历

具有三年以上体育场馆管理和服务经验，其中至少应有两年以上部门经理或主管工作经验。

3. 道德修养

具有较为完美的人格：实事求是、正派廉洁、宽容大度、讲究信义，并且具有开拓意识和勇于创新的进取精神。

4. 知识结构

应具备体育场馆管理基础理论知识，具备体育、娱乐知识和相应的设备使用、保养知识，还应具备体育场馆经营的管理知识和销售知识。

5. 业务能力

具有领导和管理才能，在组织能力、指挥能力和凝聚能力等方面都具有较高的水平，能够控制和利用体育场馆经营的人、财、物等条件为体育场馆创造良好的经济效益。

6. 协调能力

具有较强的处理人际关系的能力，能够较好地协调部门之间和部门内部的人际关系，能够与体育场馆良好地合作，造就部门的团队精神。还应善于处理好与外部环境的人际关系。

7. 服务技能

体育场馆经营经理应具有丰富的服务经验和较强的服务技能。应该有较强的示范能力，能在必要时亲自为消费者提供符合规范的服务。同时，还能将这些经验和能力传授给部下，指导部下不断地提高业务能力，为消费者提供优质的服务。

8. 认识能力

体育场馆经营经理应具有对体育经营过程中的表象（经过感知的客观事物在头脑中再现的形象）进行分析、综合、判断、推理等认识能力，能够通过一系列的思维过程，总结出工作规律，并通过运用这些规律解决管理和服务工作中出现的问题，使工作顺利开展。

9. 身体素质

身体健康，心理素质良好。爱好运动和娱乐活动。

第二节　体育场馆经营经理的管理禁忌

一、拒绝承担个人责任

若想发挥管理效能，个人就应当勇于承担责任。人们在面对责任时有两种行为模式：一种是重实践型，另一种是重辩解型。重实践型的人的思想方法在哲学上属于唯物主义思想方法，即持有物质第一性、精神第二性的观点，是一种实事求是的观点；重辩解型的思想方法属于唯心主义诡辩论的思想方法。

重实践者是敢于承担责任的人，特别是在挫折和失败面前更能显出这些人的英雄本色。重辩解者一遇事情总爱辩解，这种人往往不尊重事实，而抓住事物外表上、形式上对自己有利的条件来掩盖事实真相，把失败归咎于外在原因，是一种责任转嫁型的人。这种人讲话，常常站在自己是牺牲者的立场上，总是试图把自己装扮成一个无辜者，希望博得同情。例如，当总经理发现游泳池的员工有在岗上睡觉的情况时，有的体育场馆经营经理可能会这样解释："这都是因为游泳池主管不负责任，员工不自觉造成的……"但是，勇于承担责任者会说："这是我的责任，我没教育好下属。"又譬如，某台球厅服务员私放自己的亲友来打台球被发现时，不负责任的经理可能会担心这样的丑事张扬出去而影响自己的声誉，怕被别人认为自己管理不善，因而设法把知情者的范围缩到最小。这样虽然当时掩盖了问题，却可能给今后的管理带来隐患。这样的经理显然是不称职的。

优秀的经理应当勇于承担责任。其实，敢于负责，敢于承认自己的失误，不一定会使事情恶化，反而可能会使其向好的方向转化。另外，不懂装懂也是一种不负责任的态度。当遇到自己不懂的问题时该怎么办？负责任的话，可以这样来回答："这个问题很重要，我会向专家请教的。"或者可以说："等我考虑一下再回答你。"这样的经理是负责任的，能够得到赞同和拥护。

二、不能激发部属的士气

体育场馆经营经理的主要管理职能就是通过激发和调动本部门员工的积极性，领导他们去完成工作任务，从而达到经营目标。因此，不能激发士气的人不配当管理者。

体育场馆经营经理应当善于激发部属的士气。激发士气的方法有两类，即鼓动和褒奖。鼓动是指用语言、文字等手段激发部属的士气，如较大活动前的动员报告、班组会上的讲话都是为了鼓动士气。另外，可以利用壁报、报纸等形式鼓动士气。鼓动士气的手段不仅限于语言，"身先士卒""以身作则"更属于鼓动的好方法。

褒奖是指表扬和奖励。褒奖能够使员工认识到自我，认识到自己的重要性，提高自豪感，从而焕发出更高的工作热情。褒奖下属的方式很多，但有几点需要注意：①直接当面褒奖：直截了当的褒奖能够起到鼓励先进、批评落后的立竿见影的效果；②间接褒奖：这是被褒奖人不在场时的奖励，能对体育场馆其他工作人员起到鞭策的作用，而当这个信息传到当事人的耳朵时，会使他感到振奋，有时还会起到意想不到的作用；③集体褒奖：明显的成绩是褒奖的重要条件，集体褒奖能够调动各方面的积极性，使团队精神得到巩固和加强；④褒奖应依对象而异：对年轻员工应热情鼓励，对年龄较大的员工要注意语言准确，对有的人一个会心的微笑就可能起到鼓励作用，对有的人则需大张旗鼓地表扬；⑤不要随意褒奖：例如，即使在公司成立纪念日表扬资深员工，也要先看他们的表现和业绩；⑥褒奖勿过度：不要花言巧语，只做表面文章，因为这种不实事求是的态度会引起员工的反感，降低经理的威信；⑦不以地位论功劳：创新的酬劳本应体现在薪资中，事实上体育场馆的任何创新若与当事人职务有关，就不需加以褒奖；⑧不要把褒奖和提职混为一谈：对已确认的功绩不立刻奖赏，而以提升当事人职务作为报偿是不明智的，因为有功绩的人不一定是有管理能力的，"英雄雷锋不一定胜任当营长"。

三、忘记自己在团队中的角色

体育场馆经营经理担当的角色是多方面的：执行者、领导者、管理者、培训者、知情人。体育场馆经营经理如果忘了自己的角色，就不可能做好工作。

第一，体育场馆经营经理是执行者，他应该执行决策层的指令。这里的决策层是指决策管理层，即总经理、主管体育经营的副总经理及其他处于这个层次上的领导者。作为执行者，体育场馆经营经理应当忠实、谨慎，否则就可能招致上司的反感或不信任，这对于一个部门经理来说，将会形成潜在的危机，如果潜在危机变成了现实，那么就无从发挥自己的长处了。须知，在当今，奉献你的长处和优点的钥匙不掌握在你自己手里，而是掌握在你的上司手里。

第二，体育场馆经营经理是本部门的领导者。领导者的作用就是出主意和选干部。作为领导者，应该具备站在高处发号施令并带领部属朝着决策者指示的方向前进的能力。如若不然，就会导致威信降低，失去群众信任。

第三，体育场馆经营经理是管理者。作为管理者，应该通过自己的有效管理，使体育场馆经营顺利进行，否则就会完不成上级交待的主要任务，这将失去担任体育场馆经营经理的基本条件，就可能会失去继续当体育场馆经营经理的机会。

第四，体育场馆经营经理是培训者。作为培训者，他应该是下属的导师，能在业务工作上对下属予以培训，并且应该在很多方面具有示范能力；否则，他就很难对下属提出准确的要求，也就不会成为一个好的管理者。

第五，体育场馆经营经理是知情者。体育场馆经营经理应该最了解体育场馆经营的情况。这就需要不断地深入实际，仔细观察，才能做到心中有数。体育场馆经营经理不但应该了解经营情况，而且应该了解下属员工的思想情况，这样才能成为下属的朋友，才能赢得大多数员工的真心拥护。但是，在与员工接近时要注意自己的言行，以避免可能对下属产生的不良影响。由于体育场馆经营经理是本部门的主要领导，一般情况下，所属员工都愿意与之建立良好的关系，以利于自己待遇和职位的提升，但这对经理来说不完全是好事。因此，贤明的经理往往不在本部门内建立过于亲密的人际关系。这一点与前面谈到的做员工的朋友并不矛盾，因为前者是针对大多数员工而言，后者是针对个别员工而言。

四、无法与部属一对一地相处

一个成功的管理者能够把握每个员工本质上的差异，知道他们的性格、特长、优点、缺点，能够对他们施以个别管理和人格化的管理，使他们发挥各自的能力，共同做好体育场馆的经营工作。

优秀的经理能够随时观察到每个人的变化，随时与部属沟通。只要一看到员工有异常情绪，例如生气、沮丧、紧张等现象，就会与之沟通，并设法帮助他们解决问题，化解不良情绪。如果体育场馆经营经理不能与部属一对一地相处，不能化解不良情绪，那么这种不良情绪就可能四处扩散，就像毒气一样，会对周围的人产生不良影响。这对体育场馆经营是十分有害的。

五、忘记利润的重要性

利润是体育场馆经济效益的主要指标，没有利润，体育场馆就没有生命力，就无法生存。从宏观上说，"万道理，千道理，经济搞不上去就没道理"。从微观上说，"千道理，万道理，利润上不去就没道理"。体育场馆经营管理的目的就是通过组织业务经营活动来获得良好的经济效益，也就是获得较高的利润。体育场馆经营的特点是经营项目多、服务人员多、接触人员多、工作头绪多。这众多的工作给体育场馆经营经理的压力很大，他每天都要接触项目管理、人员管理、设备管理、费用管理等事务性工作。有的体育场馆经营经理整天忙忙碌碌，却分不清轻重缓急，往往忘了利润的重要性，这是很不应该的。须知忘了利润就是忘了主要工作目标，这样的经理就是个不称职的经理。因此，体育场馆经营经理应当时刻记住利润的重要性，努力提高本部门的经济效益。

六、拘泥于枝节而迷失了方向

有的体育场馆经营经理固执地追究某些小事的对与错，花费太多的精力在一些小问题上。这样往往会挤占解决重要问题的时间与精力。有些问题是不宜过多地纠缠的，中国改革开放的先导者邓小平同志处理这类问题的方法值得我们学习。在改革开放的初期，对怎样进行改革的问题，理论界和各方面有很大争论，邓小平同志当机立断：对这个问题暂不争论，先干起来再说，可以让后人来评论这件事。就体育场馆经营来说，很多问题也是如此，常会争论不休。例如，关于健身培训中心的市场定位问题：是实行会员制，不接待散客；还是主要接待散客，尽管管理难度大。体育场馆经营经理应当花大力气引导部属，思考怎样经营才能使效益最大化这个主要问题。

七、与部属不能平等相处

体育场馆经营经理与员工的关系至少应该是：体育场馆对重要客户不做的事，对员工也不应该做。譬如，如果体育场馆从不惹消费者心情不好，那么，同样也不应该惹部属生气。当然，这应该建立在共同遵守体育场馆规章制度的前提条件之上。美国罗森柏斯旅行管理公司提出过很新的体育场馆管理理念："消费者第二，员工第一"。它的基本思想是：仅仅强调为消费者服务是不够的，因为没有幸福的员工，就很难有快乐的消费者。这种提法正确与否，我们一时还难下结论。但可以肯定的一点是：经理与员工要平等相处，经理要尊重员工，这样员工才会尊重经理。因此，体育场馆经营经理在日常工作中要多一点微笑管理，对员工多一点尊重，因为尊重是人的五种基本需求之一，你满足了员工的基本需求，员工就会焕发出工作热情。有一则顺口溜很能说明这个道理："你把下属当人待，下属为你出牛劲。你把下属当牛待，下属把你当猴耍。"

八、不能制定工作标准和工作目标

工作标准是衡量工作好坏的准则，是对管理工作和服务工作的强制性规定。

体育场馆经营经理对各项工作，特别是对具体服务工作，都应该制定出相应的质量标准，而且这种标准应该尽可能是具体的量化指标。这样做一方面能保证服务质量的水平，另一方面便于检查与考核。制定工作标准是体育场馆经营经理必须具备的工作能力之一。

但是在现实工作中，有的体育场馆经营经理没有制定出工作标准。这可能有三种情况：第一种情况是因为个别经理能力欠缺，缺乏制定标准的思维能力或文字表达能力，这样的经理基本素养太低。第二种情况是个别体育场馆经营经理对制定工作标准的重要性认识不足，对制定标准抱无所谓的态度，这种情况多见于一些小型体育场所。第三种情况是个别经理因为自己水平低，但又不想让下属看出来。他们的工作标准就是随意性，今天这样说，明天那样说，总让下属摸不着头脑，跟不上他们的思路和标准的变化，以显示其"能力"高出下属一筹。这种做法是管理中最为忌讳的、最不可取的。

工作目标是指工作要达到的境地或水平。目标管理是当代科学管理所提倡的一种管理方法。这是指管理者与下属一起研究制定计划的目标和实现目标的行动方案，并以此来指导和考核下属的工作实绩。体育场馆经营经理应该制定体育场馆经营的工作目标，否则就会迷失方向，就会缺少工作的动力，就会成为一个盲目的经理。体育场馆经营目标管理的时间划分应分为月度目标、季度目标、年度目标；目标的项目划分应分为经营目标、成本目标、利润目标、管理目标等，甚至还应包括计划生育、交通安全等方面的内容。

九、过于相信部属天生的实务能力

每个员工天生的资质是不一样的：智商、情商有高低之分，能力也有强弱之分。一般情况下，特别聪明的天才和特别愚笨的庸才都不多。人的知识和能力是从后天的学习和实践中得到的。因此，不应该过于相信员工天生的实务能力。

新员工做不好工作的原因有三：一是不熟悉工作的具体内容；二是不知道工作的方法和程序；三是碰到了伤害工作热情的人和事。为了提高员工的工作能力，特别是由于上述前两条原因而需要提高能力的员工，最明智的办法就是对他们进行有效的培训。没有不经任何培训就能完全胜任工作的员工，员工常常是素质不同，接受培训的程度有所区别罢了。体育场馆经营经理应当重视培训员工工作，不要过于相信他们天生的工作能力。

十、视而不见下属的懈怠

有的体育场馆经营经理无视下属的懈怠，放任自流，这是非常有害的。产生这种现象的原因主要在经理自己：一是这位经理想以这种不加制止的工作方法求得懈怠员工的高兴，这种经理是乞求者；二是这位经理采取漠视的态度，是希望问题自然消灭，这种经理是个好好先生；三是没有能力当面指出员工的错误，这种经理是个失职者。放任部属懈怠，让其养成坏习惯容易，但要想员工改掉一个坏习惯却没那么容易了。统计表明，在放任和改变一个坏习惯所耗费的精力上，存在着 1∶3 的比例，即放任部属所节省的时间为 1 小时，再改变这种坏习惯所耗费的时间就是 3 小时。那么，在发现部属懈怠时体育场馆经营经理应该怎么办呢？应该立刻制止，但制止时的态度和口气不一定非强硬不可；最好是马上沟通，譬如与其说"你浪费了时间"，还不如说"你的报告迟了一天"，但话要说得具体准确。一旦努力沟通之后问题仍没有得到解决，那应该做进一步的处理，譬如较严厉的批评、发过失单、调离岗位等。

十一、现行绩效考核指标不完善

根据对一些职业经理人的访谈发现在场馆经理的薪酬体系中，绩效薪酬占比很大，但是其激励效果不佳，主要原因为大多绩效考核指标为财务定量指标，例如年收入、年利润、利润增长值等经济量化指标，多为静态指标，诸如公众满意度、投诉率等动态指标较少。且绩效指标并没有针对经理人的工作内容制定，以场馆赛事 IP 为例，场馆运营的核心内容就是赛事 IP，强大的赛事 IP 不仅可以增加场馆收入，还能带动周边消费，增加场馆及城市的影响力，但目前多数场馆并没有对场馆经理人引进的赛事 IP 数目及质量进行考核。财务指标没有弹性，如果当年市场情况较差，场馆营收达不到考核标准，场馆经理人则无法获得绩效奖金，因此如当年营收与考核指标相差很少，可能会导致经理人的短期行为；反之，则可能会导致偷懒行为。考核指标重经济效益轻社会效益，这样可能会导致经理人过度追求经济效益，忽视社会效益，从而对提供公共服务方面的工作敷衍了事，降低公共服务质量。

思考与实践

1. 简述体育场馆经营经理应发挥的作用。
2. 试述体育场馆经营经理的工作特点。
3. 简述体育场馆经营经理应具备的素养。
4. 论述体育场馆经营经理应当避免的管理错误。

第十五章

体育场馆经营的日常管理制度

■学习目标

1. 了解体育场馆日常管理制度的制定依据和方法；清楚体育服务员岗位职责与素质要求。

2. 熟悉游泳池、保龄球馆、台球厅、高尔夫球场、健身房、旱冰场、滑雪场、体育比赛或表演等活动的服务管理制度。

第一节　体育场馆日常管理制度的制定

随着《"健康中国2030"规划纲要》的颁布，新时代体育事业的发展要以更高标准、更严要求进行，为了更好地满足人们对美好生活的向往、对体育娱乐的多样化需求，使体育场馆业向好向快发展，并使体育场馆服务员的工作规范和服务质量保持在较高水平上，体育场馆经营应该制定服务程序和服务标准。这也可使日常管理和检查督导有统一的标准和依据，更加合理高效地维持体育场馆的运营。

服务程序是指服务员为人们提供服务的先后次序，是服务的流程。

服务标准是指衡量服务水平的准则和尺度，是检查和评估服务质量的依据。

一、制定规章制度的依据

（一）消费者的需要

我们提供服务的对象是消费者，我们提供服务的目的是满足顾客多元化的消费需求。只有满足了消费者的需求，体育产业才能向好向快发展。体育场馆经营业是体育产业重要的组成部分，体育场馆的生存和发展要依靠并满足消费者的需求。所以，在制定有关的服务规定时首先要依据消费者的需要而进行，将消费者需求放在第一位。这一点，在体育场馆经营中表现得尤为突出，例如健身房根据不同顾客的身体状况提供一对一私教服务、保龄球馆根据不同水平的消费者提供难度不同的赛道等。

（二）行业的需要

体育场馆经营与商业、餐旅业的服务有不同之处，它不是直接提供物质销售服务，而是提供以一定物质条件为基础的服务。体育服务的目的是使人们通过体育活动消除在工作和生活中产生的紧张和疲劳，使身体和情绪得到放松和愉悦，特别是在快节奏、高压力的时代，人们更需要通过体育来缓解身心疲惫，良好的体育服务就显得尤为重要。因此，关于体育服务的规定，应该根据体育行业的特点，结合体育场馆自身的特征制定具有差异化的规章制度。

（三）体育场馆的需要

体育服务的规章制度应按照体育场馆的特点和档次的不同而有所不同，例如大众游泳馆和私人会所泳池的规章制度应是有所区别的。不同的体育场馆关于服务程序、服务规范、服务标准各不相同，各体育场馆要在满足消费者基本体育需求的基础上有所延伸和拓展，这是制定相应的规章制度的依据。

（四）法规和道德规范

体育服务的程序、规范和标准都应该在不违反国家法规和社会道德规范的前提下制定。保障体育场馆举办各类活动的合法性，以保障人民群众的生命安全和财产安全，维护体育场馆经营和举办活动的秩序。

二、制定规章制度的方法

在制定规章制度时，首先应该由体育项目的管理人员或熟悉体育服务且有一定文字表达能力的员工结合本体育场馆的特色草拟初稿；其次召集一部分有经验的服务和管理人员对初稿进行讨论和修改；再次邀请一部分经常光顾本项目的消费者对修改稿提出意见和建议，采纳合理之处做修改；最后把经过修改和润色的文字规定向服务员进行宣传并试行。过几个月后，再组织服务员和常客对试行的规定提出进一步修改的意见，补足缺失之处，调整不合适条例。这样，经过反复修改并经有关领导部门批准认可的规章制度才能定稿和实施。

三、体育服务员岗位职责与素质要求

体育场馆经营的规章制度既体现了管理者对本部门员工的整体要求，又体现了体育场馆经营全体员工的共同要求，更体现了体育场馆对消费者负责的态度。当每个员工意识到为了体育场馆的发展、繁荣，也为了自身的长远利益，应当共同承担一定的义务和责任，应当遵守共同的秩序、准则，公平地对待自身、对方和消费者时，就产生了对制度的需要和执行制度的自觉性。制度是体育场馆经营员工在工作中的行为指南，是全体员工应遵守的内部法规。合理良好的制度能够激发员工的积极性和自觉性，保障体育场馆的高效运营。员工岗位职责与对他们的素养要求应是体育场馆经营制度的基本内容。由于体育行业发展迅速，并且众多的体育项目各具特色，有些项目甚至具有非常独特的个性。因此，每个项目的员工岗位职责和素质要求就不可能完全一样，制定规章制度不可千篇一律，针对不同的项目应体现差异化，以更好满足顾客的需求，保障其消费体验。

（一）岗位职责

（1）服务员要熟悉所在项目的历史背景、发展状况，熟悉该项目的活动规则、动作要领和设备的使用方法。

（2）准备齐全营业所需的相关用品并保证这些用品处于完好状态。

（3）主动了解顾客的情况，对于初次来该项目消费的顾客，应主动介绍本项目的内容和特色，帮助其尽快掌握和熟悉本项目的相关知识，保障其在参与过程中的安全。

（4）当顾客在本项目进行体育活动时，热情主动地为顾客提供服务。例如记分服务，排除设备故障，指导动作要领，提示注意事项等。

（5）注意顾客在消费过程中的愿望和要求，合理引导消费，不可有强迫顾客消费的行为，随时解答顾客提出的问题和困惑，解决他们遇到的困难。

（6）准确录入相关信息和记录。使用现金支付时，服务人员要开具小票等凭证；采用网络支付方式一定由服务人员和消费者当场确认金额和账单无误。

（7）固定岗位的服务员（如服务台岗、水滑梯出发台岗等）在当岗时必须坚守岗位，不得擅离职守。有特殊情况需要离开时必须向领班请示，经同意后方可离岗。

（8）流动服务岗的服务员必须不停地巡视检查，及时为顾客提供服务。

（9）观察和了解顾客的情况，根据有关规定谢绝不符合规定的顾客来本项目消费。例如，谢绝酗酒者，患有高血压、心脏病和皮肤病患者进入游泳池等。

（10）如果发生意外事故，应首先采取相应的紧急措施，然后及时向上一级领导报告；紧急情况可以越级报告，以保证顾客安全。

（11）做好本项目的营业场馆和设备的卫生工作，为顾客提供良好干净的消费环境。

（12）按照规定经常检查、保养和维修本项目的设备和器材，使之处于良好的运行状态。

（13）注意保管好服务所用的器具，发现损坏或丢失应及时采取措施并向领班报告。

（14）顾客需要运动项目的陪练时，经领班同意可以陪练。陪练时要态度认真、动作准确、掌握心理、控制分寸，尽量提高顾客的兴趣，增加顾客的消费忠诚度。

（15）维护营业场所的公共秩序：当人员增多时要注意疏导；遇到不遵守公共秩序的顾客，应当婉言劝阻，保障其他顾客的安全，防止踩踏等事故的发生，必要时逐级向上级报告。

（16）当顾客离去后，要及时清理检查设备，发现问题及时向主管报告。

（二）对服务员的素质要求

人的素质在心理学方面的含义是指人的神经系统和感觉器官先天性的特点。日常生活中，素质也指人的素养，即平日的修养。

从管理学的角度看，素质应包括一个人的先天性的特点和后天的修养及能力。这里讲的对服务员的素质要求就是从这两个方面来谈的，但更多的是对后天的修养和能力的要求。对服务员的素质要求与服务员的聘用标准既有联系又有区别：素质要求是制定聘用标准的原则；聘用标准是素质要求的量化指标。

下面是对体育场馆服务员的素质要求：

（1）文化水平：具备职业高中毕业水平或同等学力，以及一定的外语能力和计算机能力。现代智慧体育场馆要求服务人员能够熟练操作智能设备，智能化控制场馆日常经营活动。对专业技术较强的岗位，如游泳救护员、教练等，此项要求可适当放宽。

（2）资历要求：有一年以上体育场馆工作经历，含半年以上体育项目服务经历，熟悉体育场馆管理流程和业务内容。

（3）专业知识：熟悉体育场馆服务的基本知识，掌握某项或某几项体育项目的专业知识，包括项目知识、运动知识、裁判知识、技能知识、设备知识等。

（4）业务能力：有较高的专业水平。普通岗的服务员应具备完成一般接待服务工作的能力；特殊岗的服务员除此外还应具备所在岗的服务。

（5）道德修养：为人正派，诚实可靠，待人热情，乐于助人，能吃苦耐劳，有奉献精神，富有责任心和上进心，有努力做好本职工作的主动精神。

（6）有较强的处理人际关系的能力：一方面，能够以礼待人，尊重顾客的人格和愿望，热情服务，主动满足顾客的合理需求，因为只有当顾客处在平等的、友好的、和谐的气氛中，并且其自我需求得到满足、某些消极的心理因素得到缓解时，服务才能较好地发挥效能；另一方面，服务员应该乐于接受领导，并且能友善地对待同事，团结协作，处理好与领导及同事之间的关系。

（7）有与时俱进的学习能力：能够不断更新自己工作所需技能和知识，掌握学习的方法，保持进步的观念，例如健身教练要定期外出学习更新自身知识和技能。

（8）体质状况：身体健康，体力充沛，精力旺盛，富有活力，能承担一定强度的体力工作，同时能够承担部分夜班工作。

（9）形体形象：无明显生理缺陷，形体胖瘦适中，各部分比例协调、线条优美；五官端正，形象良好，具有亲和力。

（10）性格气质：大部分体育服务员的性格最好是外向型的，热情、乐观、豁达。各种气质类型的人都适合做服务员，只是不同项目、不同岗位对气质类型的要求各不相同，如胆汁质属于兴奋型，适合做较激烈运动的工作，如游泳池救护员、网球陪打员；多血质属于活泼型，适合担任流动岗位，如保龄球球道服务员；抑郁质属弱型，由于其具有观察敏锐、办事认真的特点，适合做设备保养和保管工作。最好的情况是上述几种气质特点都不太典型的综合型气质，因为这样的服务员适应性比较强，容易胜任更多岗位的工作。

第二节　体育项目服务管理制度实例

这里主要介绍各体育项目的服务程序及相关标准，这是从各项目的个性的角度来介绍的。因为各项目的内容和形式有较大区别，有关的服务程序和服务质量标准是根据它们的特点而制定的，相互之间有较大区别，所以很难一概而论。

一、游泳池的服务管理制度

（一）普通游泳池服务程序

（1）服务人员每天提前5分钟到岗，换好工服，到服务台签到并查看交接班记录，落实上班次交办的工作。

（2）检查游泳池水质、水温，根据检查的情况合理地投放次氯酸钠或优氯净；打捞水中杂物；用水下吸尘器吸除水底沉积物；整理池边座椅和躺椅，清理池边卫生；清理机房、泵房，保证地面无积水和杂物，机身无尘土，设备、工具摆放整齐。

（3）顾客到来时应主动迎接，请顾客填写登记表，为顾客发放智能手牌，并为顾客指示更衣柜位置，主动为顾客提供浴巾和拖鞋。

（4）提醒带小孩的顾客注意照看自己的小孩，为小孩佩戴救生圈等安全防护设备，不要让儿童到深水区游泳。

（5）顾客游泳时，服务员和救护员应时刻注意水中的情况，如果发现异常，应及时救护，以保证顾客游泳安全。

（6）根据顾客需要，适时提供饮料和小食品，要问清种类、数量，为顾客提供支付二维码，并用托盘将食品送到顾客面前。注意提示顾客在游泳时不宜饮用烈酒，不宜饱腹。

（7）顾客离开时，应注意及时检查更衣柜，收回顾客的智能手牌，退回押金，并在系统中上录入顾客离开的时间。

（8）在服务过程中，注意随时擦干台面、地面的水迹，更衣室内的服务员要注意及时清理香皂头、垃圾、浴巾，保持卫生状况良好。

（9）营业结束时，收齐更衣室物品，检查游泳池，确认再没有人之后关灯锁门，将钥匙及物品交服务台，并按规定做好交接班记录。

上面的服务程序适用于一般体育场馆经营的游泳池，但对于豪华体育场馆的大型游泳池特别是对社会开放的大型戏水乐园来说，就显得过于简单了。下面介绍一套关于大型戏水乐园的服务程序。

（二）戏水乐园服务程序

1. 戏水乐园迎宾岗服务程序和规范

（1）迎宾员（检票员、收发钥匙服务员统称迎宾员）每场提前10分钟到岗。

（2）清理本岗卫生，包括迎宾服务台、台面、抽屉的卫生（对检票员而言），擦洗按摩池、打扫地面卫生。

（3）迎宾员将钥匙手牌取出清查核对，将查清的钥匙分成双号类、单号类，录入电脑系统中，记清场次、时间；如发现与上场数量不符，立即向主管汇报；将钥匙取出放在钥匙桌上，准备迎接顾客的到来。

（4）迎宾员面对顾客站好，双手自然相握在腹前，双脚并拢自然站好，在开场前面带微笑，处于服务状态。

（5）迎宾员要灵活地随着顾客的到来向顾客说明本园的开场时间，请顾客耐心等候；在与顾客交谈中，语气、语调要平稳适中，语速不要过快、过慢，声音不要过高、过低，语言要规范："先生（小姐），对不起，请您稍等，现在里边正在清扫卫生，到点我们准时开场，请原谅。"（备注：在人们多而准备工作就绪时，可提前5～10分钟开场。）

（6）迎宾员在正常营业时，发现有人较早退场（如在1小时以内），应主动向其打招呼，询问缘由，语言要规范："先生（小姐）您怎么这么早就出来了，是否水冷？您对我们的服务有意见吗？"迎宾员如发现顾客意见较大时，应主动向顾客解释一些情况，然后向领班、主管汇报，并把顾客的意见写在本上以便主管查阅。

（7）迎宾员在顾客出来时，应主动向顾客收回钥匙手牌，语言要规范："先生（小姐）您的钥匙，谢谢，欢迎您再来。"如在晚上应道："祝您晚安。"

（8）迎宾员在顾客交回钥匙后，应主动向顾客说明浴室热水方向和吹风机的使用方法，语言要规范："先生（小姐），使用吹风机时，请轻轻按一下那个白色按钮。"

（9）迎宾员要严格控制每场的人数，严禁超员，保障每位游客的安全。旺季时要向顾客做好解释工作："现已满员。为了让大家有更加愉快的体验，为了大家的安全，请您玩下一场。"

（10）迎宾员在每场清场后，不要生硬地催顾客交钥匙，可以委婉地说："各位先生（小姐），请您抓紧时间洗浴，我们还要为下一场做好准备，谢谢您的合作。"

（11）在即将开场前1分钟，迎宾员应声音清晰地告诉顾客："大家好！请各位准备好纸质票或购票二维码，我们就要开场了，祝大家玩得愉快。"正常检票时，迎宾员应主动说："上午（下午、晚上）好，先生（小姐），欢迎您光临，请您打开票或二维码。"

（12）迎宾员开始检票，将"戏水乐园"一栏撕下，投入票箱，将票根还给顾客，或利用仪器扫描顾客手机上的二维码检票。对带小孩的顾客应提示："请您带好您的小孩，注意不要到深水区。"

（13）迎宾员应对顾客说："先生（小姐），这是您的更衣柜钥匙手牌，×号"，并用手势指示方向，"请往里走"。在给顾客唱号时应吐字清楚。

（14）迎宾员在正常营业时，应提供问询服务，当有顾客来到台前问询时，应主动解答顾客的问题，语言要规范："您好，我有什么可以帮助您吗""请您去公关前台询问"；当顾客问到戏水乐园的一些情况时，应主动将本园的开放时间、内部设施、收费情况、服务情况向顾客做出回答。

（15）迎宾员应在每场清场前1小时主动提醒顾客，语言要规范："先生（小姐），还有1小时我们就要清场了，您看时间够吗？如果您觉得时间不够，下一场我们将在××点钟开场，欢迎您下一场再来。"

（16）当顾客丢失钥匙手牌时，应主动对顾客说："先生（小姐），请不要着急，您好好想想钥匙丢失在什么地方了，让我们的服务人员帮您找一找。"在没找到时应对顾客说："先生（小姐），实在对不起，钥匙丢失了，按规定您应当赔偿×元钱。"

（17）当顾客走后再次清查钥匙，将钥匙数清，按单、双号录入在电脑系统中，记清时间、场次，如发现数量不符，应向主管汇报。在系统录入完毕后，请主管在后台验收。

（18）将钥匙摆放整齐并锁好，为下一场营业做好准备工作。

2. 戏水乐园更衣室服务程序和规范

（1）顾客持更衣柜钥匙手牌进入更衣室时，服务员应引导其到达与钥匙号对应的更衣柜前，请顾客使用手牌感应打开柜门（在人较少时）。

（2）顾客更衣后，提醒顾客将手牌戴在手腕上，以免随手放置，丢失落下。

（3）顾客更衣完毕后，应该提醒他们锁好更衣柜并检查是否关闭。

（4）如有儿童单独入场，应细心照顾，帮助打开更衣柜、锁好，将钥匙系紧，并陪同他们进入戏水乐园与家长会合，特别注意儿童的安全。

（5）注意顾客的身体情况，对年老体弱者应主动提醒注意安全；发现皮肤病患者、酗酒者、高血压、心脏病等不适宜参与此项目的人要加以劝阻，以保证池水的卫生和顾客的安全。

（6）如发现顾客带入酒类或玻璃瓶装的饮料，应及时劝阻并收回，确保乐园内顾客的安全。

（7）顾客淋浴时，不要催促。待顾客淋浴完毕，及时将水龙头关紧，以免浪费。发现淋浴设备有损坏的，应立即报告主管通知工程部门修理。

（8）顾客离园后，应立即查看更衣柜，如有顾客遗留的物品，应立即向主管报告，在电脑系统里匹配更衣柜主人及时与其联系。

（9）发现手牌有感应不良、不好用的，及时向门口服务员通报、登记，以便尽快修好。

（10）发现有人丢失物品或有可疑人员时应上报主管或保安部门领导，确保尽快处理所遇到的问题。

（11）服务人员不要将自己的物品摆放在营业区域或顾客的视线内。

3. 戏水乐园滑梯岗服务程序

（1）服务员提前10分钟上滑梯，打扫所在岗（包括地面、滑梯）以及沙滩椅的卫生，每天早晨用1∶200的清洗消毒液擦拭消毒。

（2）积极主动指导顾客按顺序排队，每次间隔15秒滑下一人，不可拥挤和争抢滑下。

（3）提醒顾客不要配戴眼镜（除水镜外）坐滑梯，不要头朝下或两人以上一起滑滑梯（家庭滑梯可以双人同时下滑），不可采用危险姿势滑下。

（4）顾客如有疑难问题时，应主动帮助解决；如顾客对规定不理解，要耐心解释并说明违反规定的后果，耐心劝阻避免发生争执。

（5）如有解决不了的问题，应及时上报主管或领班，请上级领导介入沟通和解决。

（6）场间休息时将各波池球（用来增加情趣的漂浮在水面上的五颜六色的塑料球）捡回池中，特别是散落在地面的波池球，防止顾客踩到滑倒，并冲洗干净，以待下一场继续使用。

（7）下班前，再次打扫滑梯入口处的卫生。

4. 戏水乐园救护员服务程序

（1）必须严格遵守员工手册所规定的各项规章制度。

（2）按时到岗，开班前会、班后会。

①换好整洁的工作服，开班前会；

②服从领班的安排和调动，不可随意迟到、早退和换岗；

③开始营业时准时到达自己的工作岗位，换好泳装，带上哨，穿上有"救生员"字样的T恤衫。

（3）做好开业前的准备工作：

①泳池清洁：将池底沉积物吸净，池壁擦净；

②服务设施清洁，水滑梯保持清洁，做到每周不少于两次检查水滑梯有无损坏，并及时除去水锈及污物；

③检查水温、室温，保持水温在26℃~28℃，室温在28℃~30℃；

④各岗上备好救生圈和救援设备，确保能第一时间进行救援；

⑤检查安全提示设备是否正常。

（4）顾客进入游泳池后，救护员应端坐在救护岗椅子上，眼睛注视水中的顾客，不可随意离岗和看手机。如发现异常情况，应马上采取相应的救护措施，紧急时应立即跃入水中救护。

（5）每场清场后，应巡视检查自己所负责的区域内是否还有未走的顾客，有无顾客遗落的物品，并搞好卫生，为下一场营业做好准备工作。场间应将波池球捡回池中。

5. 游泳池服务质量标准

（1）服务人员应该熟悉游泳池的工作内容和服务程序，能够按照服务程序和服务规范为顾客提供热情周到的服务。

（2）具有游泳池设施、设备的维护、保养知识和清洁卫生知识；具有水上救护知识和能力；具有处理应急事件的能力。

（3）能区别不同的接待对象，对不同对象采取差异化的接待方法。能够准确运用迎接、问候、告别的礼貌语言。对常客和回头客能使用冠以姓氏或职衔的尊称。服务态度主动热情。

（4）接待顾客预订时应主动热情、用语规范，客人姓名、住房号、使用时间记录准确、复述清楚，并取得顾客的确认。

（5）顾客来游泳时，应准确记录顾客的姓名、到达时间、更衣柜号码等（非体育场馆所属的公共游泳池可以不必记录）。顾客更衣后，主动引导顾客进入游泳池。顾客游泳期间，要照看好客顾客的物品，谨防遗失。顾客休息时，应主动询问他们是否需要提供饮料或小吃。顾客离开时，服务员应主动道别并欢迎其再次光临。

（6）提供安全服务。在顾客入门时，要提醒顾客注意游泳安全。在服务过程中，如果观察到有饮酒过量者或身体不适者，应主动劝其离开游泳池到一旁休息，或请专业人员检查。专职救生员应认真坚守岗位，注意水中顾客的情况，发现异常情况时，应及时采取有效措施，必要时救生员必须跃入水中紧急救护。在服务过程中，应防止发生顾客衣物或贵重物品丢失事故，更不允许发生溺亡事故。

二、保龄球馆服务管理制度

（一）服务程序

（1）上班前。服务员签到，换工作服和保龄鞋。

（2）开班前会。检查着装和仪容，领班分派任务，提出具体要求。

（3）营业开始。服务员站立在自己的岗位上迎候顾客，并向顾客问好。

（4）服务员引导顾客到收银台买单开道；并询问顾客是否需要办理会员卡，能享受一定折扣；收银人员根据顾客的要求收款、开单、打开球道，并告诉顾客到第几球道打球。

（5）服务台的服务员主动帮助顾客选择合适的公用鞋，并向顾客赠送一次性球袜。

（6）球道服务员主动询问并引导顾客到相应的球道，请顾客坐下换鞋。

（7）当顾客换好鞋后，服务员主动协助顾客选择合适的保龄球，即球的重量和指孔这两个条件都要适合，特别是要注意询问顾客是否学习过保龄球。挑选完毕后询问顾客是否需要提供饮料服务。

（8）在打球过程中，服务员应注意顾客的情况，对不会打球的初学者可适当讲解动作要领及瞄准方式，防止初学者因动作不标准而受伤；对不会记分的要讲解记分规则。同时，还应提醒顾客注意看好所携带的衣物，提醒带有小孩的顾客要照看好儿童。

（9）注意设备运行情况，发现问题及时处理或尽快通知维修员来修。对违规打球的顾客要注意劝阻并告知其正确的打球方法，例如提前掷球打了扫瓶板，抛球太高造成球道损伤——软质球道特别容易损伤。

（10）顾客打满所购球局后还要续局时，服务员应主动上前询问并代为到收银台办理续局或将付款二维码拿至顾客身边方便其办理。办完续局手续后应将单据及找回的钱款交给顾客，并讲清所用钱数、续局时间及剩余钱数。

（11）顾客打完球后，服务员应提示顾客，将换下的球鞋还回服务台（有的球馆是由服务员还回）；顾客临走时应提示带好所携带物品，并与其道别。

（12）顾客离开球道后，服务员应立刻清理休息区和发球区，将保龄球归位。检查是否有顾客遗落的物品，将顾客未还的球鞋还回服务台，将多余的球放回球架，做好接待新一批顾客的准备。

（二）保龄球馆设备维修保养程序

1. 日常保养程序

（1）检查运行交接班记录。

（2）开机运行，检查各系统是否运转正常。

（3）检查各道球瓶数。

（4）电脑记分系统清零。

（5）机器设备清洁保养。

（6）球道的除尘、去油。

（7）上球道油。

（8）每周各球道打磨清洁一次。

2. 月度维修、保养程序

要求：维修人员划分责任区，每位技师按规定时间和内容进行维修及保养。

（1）机器传动部分：检查电机、齿轮、皮带轴、链条、链轮等，保证机器运转正常，并按规定上油。

（2）机器的框架：检查置瓶盘、升瓶器架等有无松动、开焊、开裂或变形，并及时解决所发生的问题。

（3）电器部分：检查送电箱、电脑箱、控制箱、线槽、电线、电缆、开关、电磁铁等是否有效，清洁保养，保持电脑记分系统准确有效。

（4）置瓶区：置瓶器及瓶、两侧板、橡胶皮、挡球板保持良好状态。

（5）回球机：清洁、保养，使其运转正常，无异常声响。

（6）机器表面除尘，机器下面清理杂物。

3. 季度维修、保养程序

时间：利用每年淡季3月、5月、9月、11月进行。

（1）检查、调整、更换各类受损皮带。

（2）紧固、调整、焊接、加固变形及开焊的机架。

（3）更换落瓶袋、回瓶槽、垫布（壁毡）。

（4）宽皮带垫木拆下、加固。

（5）更换开裂及损坏的持瓶器（保龄球机器上的部件）。

（6）机器除尘。

（7）置瓶区维修（划伤球、卡扫瓶板等）。

（8）更换磨损的扫瓶轮，调整、维修扫瓶系统。

（9）液压减振器补充液压油及维护保养。

（10）调整各链条张力，更换磨损件，加油。

（11）检查轴、轴承的磨损情况，更换磨损的各种轴承、轴辊等。

（12）所有螺栓紧固。

（13）检查、维修、更换挡瓶橡胶。

（14）检查回球加速器，更换电机座轴套。

（15）修理、调整分瓶器。

（16）检查、修理球沟及回球沟，并吸尘。

（17）检查、维修升球机，修理、更换导轨皮条及升球轮。

（18）检查电器线路开关是否正常有效，并除尘。

（19）检查扫瓶电眼、犯规线电眼是否有效、齐全，并排除。

（20）检查、测量球道的水平度，并做适当调整。

（21）检查、清洁电脑显示屏。

（三）保龄球馆服务质量标准

（1）服务员应该熟悉保龄球的运动规则和记分方法，具有一定的保龄球运动水平，能够清楚地向顾客讲解保龄球运动基本知识和技法。熟练掌握保龄球馆的服务程序，服务行为符合规范。

（2）服务员应着工作服上岗，服装整洁，仪表端庄。

（3）服务时态度和蔼，面带微笑，有主动精神。能根据顾客的预订和球馆营业情况合理安排球道，避免冲突。

（4）顾客打球期间，提供巡视服务：服务时，热情周到；操作设备时，准确、规范，保证自动回球、记分显示、球路显示等设备正常工作。

（5）对顾客运动中出现的违反球馆规定的行为应该善意劝阻，保障球馆正常经营和顾客消费体验；对顾客之间发生的纠纷能够有效地排解，维护球馆的正常营业秩序。

（6）保证设备运转正常。维修人员着岗位服装上岗，随时注意设备运行情况。发生一般性故障时，能够在3分钟内排除。设备出现严重故障时，应与顾客协商调换球道。每天营业前后，做好各种设备的检查、维修，保证营业正常进行。

（7）保龄球馆的专职教练员或陪练员服务时，关于运动知识、运动规则、记分方法等应给顾客讲解清楚，示范要动作标准、规范，应能掌握顾客的心理活动和陪练分寸，激发顾客的兴趣。

（8）球馆的柜台服务员、球道服务员、维修服务员、陪练员和配套酒吧服务员等，应具备整体服务意识，密切联系，协调配合，共同为顾客服务，联动解决顾客遇到的各类问题，顾客满意程度应高于95%。

三、台球厅服务管理制度

（一）台球厅服务程序

（1）上班前。服务员签到，换好工作服。

（2）班前会。检查着装、仪容，领班分配具体任务，提出要求。

（3）打扫卫生，吸扫地面，擦台帮，刷台面，擦服务台，倒洗烟灰缸，清理垃圾桶，将球台苫布叠整齐。

（4）开业准备，核对计数表记录，各岗服务员到位，门岗和服务台岗站好，准备迎接顾客。

（5）开业服务，门岗服务员向顾客致以问候，迎入厅内。

（6）服务台岗服务员为顾客在系统中登记时间和台桌，开记录单，收押金。

（7）大厅服务员将顾客引导到自己负责的区域内的球台旁，负责将球摆好，对于初学者，告知其基本的规则和手法，并询问其是否还有其他服务要求。

（8）顾客结束消费后，责任区的服务员应清点检查客人所用的台球设备是否完好，如有问题，应及时通知服务台；如无问题，则应将球和球杆摆放整齐，并保持球台周围的清洁卫生。

（9）顾客结账后，服务台服务员应向其致谢并询问其消费体验，如顾客提出任何意见和建议，应及时记录。顾客离去时，门岗服务员应表示欢迎再来。

（10）对投诉的顾客，一般服务员能解决的，应立即予以解决；不能解决的，应及时向主管、经理汇报请示，然后再行处理，不可擅自决定。

（二）台球厅服务质量标准

（1）服务人员应熟悉台球厅工作内容和服务程序，掌握台球比赛的规则和记分方法，有一定的示范指导能力。

（2）服务员能准确使用礼貌用语，能区别不同服务对象，对常客能称呼冠以姓氏的尊称或职衔；对新顾客能主动介绍本球厅的特色和服务内容。

（3）门口迎宾服务员应面带微笑，上身稍微向前倾，站在门口迎接并主动问候后，引导顾客进入球厅。

（4）柜台服务员为顾客登记、开单、开计时器等要准确快捷，要在两分钟内完成。陪练时应适度掌握输赢尺度。

（5）球场组织比赛时，应预先制定接待方案，与各方人员协调好流程，确保比赛当天的任务成功完成；预先清理场馆，协调好比赛活动与其他打球的散客之间的关系，避免发生冲突，合理调配球桌的位置和数量。

（6）顾客打球期间，服务员应在球场边巡视服务，随时注意顾客的需求和反应，如顾客有其他消费需求要及时询问并满足。发现顾客不适时，及时提供急救药品和器材，并及时拨打急救电话。

四、高尔夫球场服务管理制度

（1）换好工作服，准时到服务台签到上岗。

（2）打扫场馆卫生：

①模拟高尔夫人造草皮需吸尘，座椅和茶几擦拭干净，烟缸清洗干净。

②城市高尔夫地面应扫净，球道吸尘，钢网椅和茶几擦拭干净，烟缸清洗干净。

③高尔夫练习场发球区地毯应吸尘，座椅和茶几擦拭干净，烟缸清洗干净，发球垫摆放整齐，撑开太阳伞（大风、大雨天不撑太阳伞）。

（3）打扫服务台范围内的卫生：服务台面擦净，用玻璃水擦拭玻璃架，地毯吸尘。

（4）将球、手套、球鞋等用品摆放整齐。

（5）检查各种客用物品有无损坏，严禁出租有松动、开裂现象的球杆，避免因客用设备问题和顾客出现争执。

（6）面带微笑，使用礼貌用语迎接宾客，主动介绍球场规定，根据顾客需要做好登记收款工作，主动帮助顾客存放个人物品，然后引导顾客进入场馆。

（7）注意观察顾客的运动姿势，主动提供技术指导，初学者可为其讲解高尔夫球的知识和规则；经常巡查场馆和设备，发现问题及时处理。

（8）适时为顾客提供面巾，推销酒水和其他用品，请顾客们按需取用，不可强制消费。

（9）根据顾客需要提供记分服务，并做好服务记录，如有其他服务需要，在能力范围内尽量满足。

（10）当顾客离开后及时收球，清点租用物品数量并检查是否完好，随时搞好卫生工作，并检查有无顾客遗失物品，如有遗失及时联系失主。

（11）营业结束前应清点用品，检查球场和机器（模拟高尔夫）设备是否完好，运行正常，做初步的清理卫生（顾客走后）。

（12）营业结束后做一次全面卫生和安全检查，确认正常后关断电源并锁门。

五、健身房服务管理制度

（一）开业前的工作程序

（1）主管提前20分钟到安保部领取各门钥匙打开门。

（2）将照明灯打开。

（3）召集班前会，布置一天的工作，安排员工岗位，提出工作要求，并传达上级指示和各种注意事项，检查仪容仪表。

（4）做好营业前的清洁工作。

（5）备好营业用品：

①各种单据、表格及文具等。

②客用毛巾、浴巾、短裤。

③餐厅内各种餐具、器具及饮品。

（6）将客人视线内的所有物品、器具等有序摆放。

（7）准备工作完成之后，由主管或领班检查，不合格之处应重做，直到达到标准为止。

（8）组织员工进行晨练热身，保证以最好的精神状态面对顾客。

（9）所有营业前准备工作做妥之后，再次检查员工仪表仪容是否合乎标准，然后进入营业状态。

（二）健身房服务程序

（1）服务员见到顾客要主动问候欢迎。

（2）当顾客到柜台办理消费手续时，柜台服务员首先要有礼貌地打招呼，如是新顾客，询问其具体要求，录入系统，办理完简单的手续后请顾客到收款员处交款；如是会员，应询问其卡号或手机号，登记入系统中；所有的顾客消费都应计入系统中，便于统计健身房运营数据。

（3）顾客付款后服务员要询问有无其他要求，然后指引顾客到他们所要消费的项目，提供必要的服务，例如为顾客提供储物柜和温开水等。

（4）如顾客借用或租用本部物品，服务员应以礼貌态度示意顾客此物品完好，并提醒顾客用毕归还。

（5）顾客归还物品时，服务员要检查物品是否完好，如有遗失和损坏礼貌要求顾客提供相应赔偿。

（6）顾客如对本部提供的设备、器械在使用上有不明白之处，服务员应做适当讲解，特别是针对自由器械类易造成损伤的器械，要提醒顾客注意安全、量力而行。

（7）如果顾客所要消费的项目已有预订或被其体育场馆人员占用，服务员应引导顾客进行其他项目的消费，并合理告知顾客调换原因。

（8）顾客离开时，服务员应提醒其将所使用的本部物品交回服务台；在特殊情况下服务员要协助解决。

（9）当顾客离开消费区域后，服务员应立即做简单的清洁工作，包括地面、家具、烟灰缸及座位等。

（10）当顾客离去时，服务员要向顾客致谢并欢迎下次再来。

（三）健身房吧台服务程序

（1）见到顾客要主动问候欢迎。

（2）当顾客要求用饮料和食物时，要听清顾客要求，服务要及时准确。

（3）顾客点餐时，服务员要注意下单是否清楚准确，点餐完毕后请顾客确认，并告诉顾客离开时到服务台结账。

（4）顾客离开时，及时把顾客用过的餐具清理干净，收拾好桌面迎接下一位顾客。

附1：饮料收款程序

（1）吧台不收现金，顾客点饮料时由吧台服务员使用点餐机开出饮料单。

（2）服务员开出饮料单后，服务台自动打印清单并及时准备。

（3）柜台服务员保存好所有单据，等顾客到服务台结账时出示并由客人核对无误后，到收款员处交款。

附2：库房出入库程序（饮料、客用品）

（1）月初根据计划安排，录入系统中的申领单并打印，交给体育场馆经营秘书。

（2）待到通知后，到体育场馆库房将申领的饮料、客用品等领回存于小库房，清点数量，无误后在系统中做好入库记录。

（3）出库时，按每次取用物品的名称和数量在系统中备份明确，做好记录。

（4）做到一天一清点，确保物账对应，如发现存在不对应情况，及时查账发现漏洞之处。

（5）月底在系统中提交库房清点表，再根据需要填写申领表。

（6）主管对各库房情况进行不定期的检查、监督，并对库房存在的安全隐患及时处理。

附3：交班及营业后工作程序

（1）早班与晚班交接班时，应将交接情况填写在交接班表上并签字，注意班次的衔接，不得出现两班之间因工作交代不清而工作混乱。

（2）交接时召集全体员工开交接班会，布置工作，安排岗位，传达上级指示，振作精神。

（3）晚班员工上班后按岗位对整体环境做简单的整理及清洁。

（4）营业结束前将营业用品整理好放回原位。

（5）服务员将未被客人送还的毛巾等收回，点清数量后在清点本上做好记录。

（6）服务台人员核对当日所有营业用单据，并在系统中提交至上级主管审查。

（7）主管除指挥停业前的各项工作外，还应检查场馆是否有火灾隐患及其他不安全隐患。

（8）切断所有电器的电源，关闭所有指示照明、空调系统等。

（9）将大门、后门等锁好，将钥匙交到保安部，结束一天的工作。

（四）健身房服务质量标准

（1）服务员应该熟练掌握健身房的工作内容、工作程序，熟悉各种健身设备的性能、作用与使用方法，能够指导人们使用健身设备。

（2）在为顾客提供服务时精神饱满、态度热情、服务周到。服务员能够准确使用礼貌服务用语，对顾客来有迎声，走有送语。对常客，服务员能够礼貌地称呼其姓名或职衔。

（3）顾客预订或咨询电话打进来时，应在铃响三声之内接听。接听预订电话时，应将预订顾客的姓名、预订内容、预订时间记录准确，预订顾客到达时能快速在系统中查询到其预订信息并提供相应的服务。

（4）顾客来健身房消费时，服务员应主动接待，尽快为顾客登记姓名或健身俱乐部会员卡号，及时准确地为顾客提供更衣柜钥匙、毛巾等用品。

（5）顾客在进行健身锻炼时，服务员应随时注意顾客的安全。当顾客卧推杠铃时，注意适当提供保护服务；当发现顾客使用超过自己本身能力的重量时，要及时提醒其注意安全、量力而行。

（6）健身房备有急救药箱、小型氧气瓶及急救药品。如果顾客出现不适现象，应及时采取有效措施。顾客在运动过程中如果发生碰伤或其他伤害事故，应及时提供急救药品并周到地照顾。

六、旱冰场服务管理制度

（1）做好营业前的卫生清洁工作：旱冰场馆面；旱冰场冰面；不锈钢栏杆；租鞋部内部；顾客换鞋座位区；入口处服务台内外；花木植物及垃圾桶；音乐喷泉平台；小卖部内外；洗手间内外。

（2）查对旱冰鞋数量，检修旱冰鞋。

（3）调整灯光音响设备。

（4）修整个人仪表，准备开始营业。

（5）售票人员备足入场券和备用零钱，并摆放好收款二维码，准时到岗。

（6）门口服务员负责检票和维持入场秩序，并引导顾客到租鞋服务台。

（7）根据换鞋券每券一双发给顾客，撕下存根备查。

（8）顾客换下的私用鞋交柜台保管，服务员发给顾客取鞋号码牌。

（9）顾客进入旱冰场，服务员应随时巡视服务，发现顾客摔倒或出现意外，要及时进行救助。

（10）顾客溜冰结束后，门口服务员站立两旁向顾客告别并欢迎再次光临。

七、体育比赛或表演等活动的服务管理制度

（1）对上述项目，业务上的安排应由体育场馆经营、公关部等有关部门协调配合，必要时成立接待小组，以便安排工作。拟一份详细的方案交到管理层审批，经批准后再与体育场馆有关部门一起统筹安排。

（2）若需要布置场馆或改变其他设施，应请工程部和其他部门协助配合拟定一份装修计划。

（3）当某项活动与餐饮有关系时，应与餐饮部经理共同协商，安排工作，合理统筹数量时间等内容。

（4）门口服务员在门口检票并随时提示顾客注意事项，维持入场秩序。

（5）厅内服务员应有礼貌地将顾客引导到指定的座位上。

（6）注意照顾老幼或行动不便的顾客，特别提醒带小孩的顾客照看好自己的孩子。

（7）服务员注意随时提示顾客不要在禁烟区吸烟。

（8）在比赛或表演前，清洁员必须不断地打扫卫生，保持厅内环境干净整洁。

（9）比赛或表演期间，服务员应维持场内秩序，避免有小孩乱跑大叫影响比赛。

（10）比赛或表演结束后，服务员与保安员共同协助顾客有序退场，防止人群拥挤发生踩踏事件。

（11）服务员迅速清理场馆，并协助卫生清洁人员搞好现场卫生，为下一次活动做好准备。

（12）检查是否有顾客遗失贵重物品，将捡到的物品归纳收好在前台，等失主前来领取。

八、滑雪场服务管理制度

（一）开业前的工作程序

（1）购票大厅、雪具大厅、雪场负责人提前20分钟到安保部领取各门钥匙打开门。

（2）将室内照明灯打开。

（3）召集班前会，清点员工人数，布置一天的工作，安排员工岗位，提出工作要

求，并传达上级指示和各种注意事项，检查仪容仪表。

（4）做好营业前的清洁工作，包括室内清洁和雪场雪面的清洁。

（5）备好营业用品：

①各种门票、单据、表格等。

②更衣柜的钥匙手牌。

③各类雪具：雪服、雪鞋、头盔、手套、安全护具等。

④滑雪场餐厅内各种餐具、器具及饮品。

（6）将客人视线内的所有物品、器具等有序摆放；将雪场卫生清理干净，保持室内室外环境整洁。

（7）准备工作完成之后，由各区域负责人检查，有疏漏之处应及时补足，特别是涉及游客安全问题的方面。

（8）组织教练员进行热身试滑，检查雪道是否安全，有无尖锐物品，保证提供最安全的设施和最专业的服务给顾客。

（9）所有营业前准备工作做妥之后，再次检查员工仪表仪容是否合乎标准，然后进入营业状态。

（二）滑雪场的服务程序

（1）服务人员在门口迎接顾客进入滑雪场，保安引导顾客将车辆停放整齐。

（2）服务员引导未购票的顾客至购票大厅购票后进入雪具大厅，已在网上购买滑雪票的顾客直接进入雪具大厅。

（3）购票大厅的服务员要询问清楚顾客的购票人数、需求、购票类型等，为顾客推荐最合适的滑雪套票，并提醒带有小孩的顾客为小孩购买儿童票以及保险。

（4）告知顾客凭借购票单据或电子门票到结算处缴纳押金，并办理滑雪单。

（5）雪具大厅的服务员为持有滑雪单的顾客提供衣柜手牌，人数较少时，引导其到达雪服领取处领取雪服，并将随身携带的物品存放在衣柜中。

（6）雪具大厅的服务员要听清顾客的鞋码，并为其选择合适的滑雪用具，如雪鞋、滑雪板、头盔、手套等，帮助顾客将雪服和雪鞋穿戴整齐。

（7）滑雪教练带领顾客进入滑雪场，帮助顾客拿好滑雪板，并讲解正确的滑雪姿势、起身姿势、注意事项等，并礼貌征求顾客是否需要请教练带领滑雪。

（8）如顾客同意聘请滑雪教练，和顾客沟通好价格及时间，保护好顾客的安全并根据其滑雪运动基础教授适合的内容。

（9）滑雪结束后，带领顾客返回雪具大厅脱下雪鞋、雪服等，换好衣服后，由服务员检查顾客雪具是否完好无损、数量齐全。

（10）检查完毕后，收取顾客更衣柜手牌，并将押金退回至顾客。

（11）办理完结算手续，有序引导顾客离开雪具大厅，原路返回至停车场。

（三）滑雪场服务质量标准

（1）滑雪场教练员应该熟练掌握滑雪知识、滑雪动作及紧急情况下的救护，能够指导、帮助、保护顾客使用滑雪板并使其感受滑雪运动的乐趣。

（2）在为顾客提供服务时精神饱满、态度热情、服务周到。服务员能够准确使用礼貌服务用语，对顾客来有迎声，走有送语，特别是雪具大厅服务员帮助顾客穿戴雪具时要耐心周到。

（3）顾客预订或咨询电话打进来时，应在铃响三声之内接听。接听预订电话时，应将预订顾客的姓名、到达人数、到达方式、预订套票内容、到达时间记录准确，预订顾客到达时能快速在系统中查询到其预订信息并提供相应的服务，节约顾客时间。

（4）顾客到达滑雪场消费时，服务员和教练员应主动接待，尽快为顾客开票登记，及时准确地为顾客提供合适尺码的雪具、更衣柜钥匙等用品。

（5）滑雪场为顾客提供的装备和护具要定期消毒、清洁，并准备与滑雪场接待规模相当的雪具大厅，为每位顾客都能提供干净舒适的雪具。

（6）顾客在雪道滑雪时，教练员应随时注意顾客的安全。当顾客要挑战高难度雪道和动作时，注意提醒其危险性；为不同基础的顾客选择适合其水平的雪道，并及时提醒其注意安全、量力而行。

（7）滑雪场内的食品、饮料、旅游商品等明码标价，不可存在强制消费和欺瞒顾客的行为。

（8）滑雪场内备有急救药箱、小型氧气瓶及急救药品。如果顾客出现不适现象，如缺氧、休克等，应及时采取有效措施。顾客在运动过程中如果发生碰伤或其他伤害事故，应及时提供急救药品。

思考与实践

1. 论述制定体育场馆规章制度的依据。

2. 简述体育服务员的岗位职责。

3. 试述体育场馆服务员的素质要求。

4. 简述体育比赛或表演等活动的服务管理制度。

参考文献

[1] 傅钢强，刘东锋. 智慧体育场馆驱动模式与发展路径 [J]. 体育文化导刊，2020 (12)：92-97.

[2] 方春妮，刘芳枝. 新冠肺炎疫情危机下武汉方舱医院建设与体育场馆功能拓展的研究 [J]. 武汉体育学院学报，2020，54 (12)：5-11.

[3] 李向朝，何元春. 从定位到补位：当前公共体育场馆社会化改革中的地方政府角色再研究 [J]. 北京体育大学学报，2020，43 (11)：55-62.

[4] 付紫硕，陈元欣. 国外智慧体育场馆建设经验及启示 [J]. 体育文化导刊，2020 (10)：40-46.

[5] 吕万刚，曾珍. 基于公众感知的大型体育场馆公共体育服务质量评价与实证研究 [J]. 体育学刊，2020，27 (5)：59-67.

[6] 张瑶，高晓波. 大型体育场馆服务利益相关者权责关系 [J]. 体育学刊，2020，27 (5)：68-75.

[7] 张文亮，陈元欣，杨金田，等. 体育场馆体育与健康服务供给研究 [J]. 体育文化导刊，2020 (9)：92-97, 104.

[8] 董红刚，孙晋海. 大型体育场馆治理模式风险评估 [J]. 体育与科学，2020，41 (5)：106-113.

[9] 张琬婷，郭振，陈怡莹，等. 体育场馆绿色行为内涵、实践与实施路径 [J]. 北京体育大学学报，2020，43 (9)：57-64.

[10] 陈元欣，邱茜. 我国体育场馆公共服务居民获得感的时代意蕴、内涵特征、评价维度及其应用 [J]. 体育科学，2020，40 (9)：14-25, 52.

[11] 高振杰，张瑶. 大型体育场馆资产证券化过程中的风险管理 [J]. 体育学刊，2020，27 (4)：71-77.

[12] 焦长庚，戴健. 大型体育场馆公私合作模式的风险评估与管控研究：基于AHP-模糊综合评价法 [J]. 沈阳体育学院学报，2020，39（4）：114-123.

[13] 方雪默，陈元欣. 公共体育场馆经营权改革后公共体育服务存在问题及对策 [J]. 体育学刊，2020，27（3）：32-38.

[14] 郑娟，郑志强. 大型体育场馆公共服务协作治理的理论及实践 [J]. 体育学刊，2020，27（3）：39-44.

[15] 陈元欣，陈磊，刘恒，等. 公共体育场馆功能改造之理论逻辑与现实困境：以洪山体育中心为例 [J]. 上海体育学院学报，2020，44（5）：37-46.

[16] 陈元欣，邱茜. 体育场馆公共服务供给机制的动态性与发展性 [J]. 上海体育学院学报，2020，44（4）：11.

[17] 王骏，刘海荣，何宁宁，等. 高校体育场馆对外开放突发事件的应急管理机制研究 [J]. 沈阳体育学院学报，2020，39（2）：125-132.

[18] 李京宇，陈元欣. 国外体育场馆社会影响研究的综述 [J]. 首都体育学院学报，2020，32（2）：140-145.

[19] 刘彩凤，靳厚忠. 体育场馆冠名权杠杆作用机理及其实现路径研究 [J]. 天津体育学院学报，2020，35（2）：189-194.

[20] 梁冬冬，高晓波，王露露，等. 大型体育场馆服务中制度失效及对策研究 [J]. 体育学刊，2020，27（1）：60-65.

[21] 江涵逸，陆亨伯，黄会，等. 新政背景下我国体育场馆PPP项目融资约束问题研究 [J]. 中国体育科技，2019，55（11）：62-72.

[22] 陈洪平. 可行性缺口补助在体育场馆PPP中应用：补助工具及选用 [J]. 天津体育学院学报，2019，34（6）：474-478.

[23] 金银哲，李柏，夏晚莹. 新时代体育场馆困境及发展路径研究 [J]. 沈阳体育学院学报，2019，38（6）：55-61.

[24] 董红刚. 美国体育场馆治理演进的反思及启示 [J]. 体育学研究，2019，2（5）：38-45.

[25] 由文华，邹航，何胜. 体育场馆规划设计研究：基于相关学科视角 [J]. 西安体育学院学报，2019，36（6）：698-702.

[26] 孙成林，陈元欣，高嵩. 新中国成立70年我国大型体育场馆建设发展研究 [J]. 西安体育学院学报，2019，36（6）：655-664.

[27] 刘朝霞. 我国大型体育场馆运营风险与防范研究 [J]. 西安体育学院学报，2019，36（5）：574-579，593.

[28] 王继生，丁传伟，孙泽. 新时代背景下体育场馆深化改革的目标及路径 [J]. 体育文化导刊，2019（8）：72-77.

[29] 杨效勇，乔玉，张瑶，等. 大型体育场馆空间布局对城市发展的影响 [J]. 体育学刊，2019，26（4）：58-62.

[30] 黄鄢铃子，陈元欣. 全球著名体育场馆运营经验与启示 [J]. 体育文化导刊，2019（7）：100-104.

[31] 姬庆，陈元欣. 公共体育场馆委托管理服务合同研究 [J]. 成都体育学院学报，2019，45（4）：29-35.

[32] 柴王军，沈克印，李安娜. 国家体育治理的空间逻辑：公共体育场馆法人治理类型、评价与路径 [J]. 武汉体育学院学报，2019，53（7）：43-50.

[33] 郭旗，梅洪元. 基于数据分析模型的寒地中小型体育场馆功能优化研究 [J]. 建筑学报，2019（S1）：135-139.

[34] 高晓波，郑慧丹，王春洁. 大型体育场馆不同服务主体供给产品多样化研究 [J]. 体育学刊，2019，26（5）：79-85.

[35] 孙一民. 体育场馆的"营"与"建"[J]. 建筑学报，2019（5）：39-42.

[36] 郝海亭，郇昌店，徐晓敏. 我国部分学校体育场馆面向社会开放的管理机制研究 [J]. 首都体育学院学报，2019，31（3）：221-225.

[37] 周彪，陈元欣，姬庆. 基于整体性治理的公共体育场馆经营权改革后政府监管体系构建研究 [J]. 中国体育科技，2019，55（4）：43-48.

[38] 李艳丽. 国外体育场馆 PPP 模式应用经验及启示 [J]. 体育文化导刊，2019（4）：105-110.

[39] 郝海亭，徐晓敏，于作军，等. 大型体育场馆与城市协同发展的路径探析 [J]. 北京体育大学学报，2019，42（4）：42-49.

[40] 李湘浓，朱焱. 基于 IPA 分析民营体育场馆服务质量评价与改进研究 [J]. 北京体育大学学报，2019，42（4）：50-57.

[41] 董红刚. 代理·治理：大型体育场馆 PPP 模式的理论析辨 [J]. 天津体育学院学报，2019，34（1）：38-43，51.

[42] 曹江，李寿邦. 全民健身视域下体育场馆供需矛盾研究 [J]. 体育文化导刊，2019（1）：71-76.

[43] 宋顺，刘志清，王永平. 微信公众号优化体育场馆运营策略分析 [J]. 体育文化导刊，2019（1）：83-87.

[44] 钱学峰，田茵，罗冰婷. 学校体育场馆向社会开放的协同治理机制探析：以

体育社会组织的功能释放为视角 [J]. 沈阳体育学院学报, 2019, 38 (1): 39-45, 51.

[45] 陆诗亮, 李磊, 解文龙, 等. 国际奥委会可持续发展理念下的冬奥会冰雪体育场馆设计研究 [J]. 建筑学报, 2019 (1): 13-18.

[46] 张立新. 高校体育场馆社会开放影响因素及实施策略 [J]. 体育文化导刊, 2018 (12): 87-91.

[47] 高旭. 对体育场馆行业增值税征管问题的思考和建议 [J]. 税务研究, 2018 (12): 118-121.

[48] 王钊, 谭建湘. 广州市公共体育场馆公益性开放财政补贴措施研究 [J]. 体育学刊, 2018, 25 (6): 73-78.

[49] 王玉珍, 邵玉辉, 杨军. 比较与启示: 中美大型体育场馆公共财政补贴的对比研究 [J]. 天津体育学院学报, 2018, 33 (6): 528-536.

[50] 李柏, 金银哲, 朱小涛. 基于 CiteSpace 的国际体育场馆知识图谱分析及启示 [J]. 沈阳体育学院学报, 2018, 37 (6): 57-64.

[51] 郑文林, 朱菊芳. 两权分离改革下江苏省体育场馆绩效评价的困境及对策 [J]. 体育文化导刊, 2018 (10): 93-98.

[52] 高晓波, 王治力. 提高大型体育场馆体育健身休闲服务质量的供给侧改革对策 [J]. 体育学刊, 2018, 25 (5): 63-68.

[53] 赵雪梅, 缪佳, 白雪峰. 奥林匹克体育场馆的流变逻辑及启示 [J]. 体育文化导刊, 2018 (9): 138-142.

[54] 李明. PPP 大型体育场馆项目契约治理路径及框架体系构建的实证研究 [J]. 首都体育学院学报, 2018, 30 (5): 414-417.

[55] 邹月辉, 孙法亮. 公共体育场馆混合所有制改革风险规避研究 [J]. 沈阳体育学院学报, 2018, 37 (5): 42-46.

[56] 陈磊, 陈元欣. 美国大型体育场馆运营中 PPP 模式应用研究 [J]. 首都体育学院学报, 2018, 30 (4): 297-301.

[57] 郑芒芒, 陈元欣. 国外大型体育场馆冠名权开发研究及启示 [J]. 体育文化导刊, 2018 (6): 119-124.

[58] 于萌, 张琬婷. 基于"三次售卖理论"的大型体育场馆盈利模式 [J]. 体育学刊, 2018, 25 (3): 62-66.

[59] 倪晓茹, 肖娟娟, 肖丹丹. 基于模糊物元可拓的体育场馆大型活动风险识别研究 [J]. 沈阳体育学院学报, 2018, 37 (3): 52-59.

[60] 邹本旭, 王熙默, 曹连众, 等. 我国中小城市体育场馆建设规模指标体系构建研究 [J]. 武汉体育学院学报, 2018, 52 (5): 36-41.

[61] 黄亨奋, 杨京钟, 郑志强. 公共体育场馆体育消费与财税宏观激励的关联度研究 [J]. 西安体育学院学报, 2018, 35 (3): 257-263.

[62] 黄昌瑞, 陈元欣, 何凤仙, 等. 美国大型体育场馆的盈利模式及启示 [J]. 体育文化导刊, 2017 (12): 126-131.

[63] 董传升, 邵凯. 我国体育场馆 PPP 模式困境与中国化应对策略 [J]. 沈阳体育学院学报, 2017, 36 (6): 19-25.

[64] 徐磊. 学校体育场馆社会共享中信任机制的构建 [J]. 沈阳体育学院学报, 2017, 36 (6): 26-31.

[65] 王登峰. 学校体育场馆向社会开放的理念与策略 [J]. 上海体育学院学报, 2017, 41 (6): 1-3, 33.

[66] 刘辉. 我国大型体育场馆项目 PPP 融资法律问题研究 [J]. 武汉体育学院学报, 2017, 51 (11): 48-53.

[67] 吴宾, 武恩钧. 我国高校大型体育场馆运营模式的优化模型建构 [J]. 体育文化导刊, 2017 (10): 119-124.

[68] 郝海亭. 困境与突破: 大型体育场馆免费低收费开放财政补助政策分析 [J]. 沈阳体育学院学报, 2017, 36 (4): 42-48, 83.

[69] 孔庆波, 张玲燕, 熊禄全. 体育场馆资源无形资产的开发与管理研究 [J]. 西安体育学院学报, 2017, 34 (5): 540-545.

[70] 徐磊. 我国学校体育场馆资源社会共享的困境与对策 [J]. 体育文化导刊, 2017 (7): 110-113, 119.

[71] 郭艳华. 发达国家大型体育场馆建设的国际经验 [J]. 武汉体育学院学报, 2017, 51 (7): 44-48.

[72] 周瀚翔, 崔笑声. 双线交织: 体育场馆边界空间的弹性改造研究 [J]. 装饰, 2017 (7): 24-25.

[73] 刘仁盛, 庞立春. 全民健身实施背景下体育场馆社区化建设问题探讨 [J]. 沈阳体育学院学报, 2017, 36 (3): 55-58, 66.

[74] 江广和. 陕西高校体育场馆供给侧改革研究 [J]. 体育文化导刊, 2017 (6): 134-138.

[75] 柴王军. 基于 Preker-Harding 模型的大型公共体育场馆事业单位体制改革模式评价 [J]. 武汉体育学院学报, 2017, 51 (6): 13-23.

参考文献

［76］李艳丽，李怡然. 市场化下我国体育场馆众筹模式研究［J］. 体育学刊，2017，24（3）：56-60.

［77］叶晓甦，唐惠琎，熊伟，等. 既有体育场馆PPP项目收益系统仿真研究：考虑交易成本［J］. 成都体育学院学报，2017，43（3）：22-29，61.

［78］许月云，陈霞明. 区域体育场馆运营现状与发展对策研究：以侨乡泉州为例［J］. 山东体育学院学报，2017，33（2）：46-51.

［79］于文谦，张琬婷. 二次售卖理论视角下大型体育场馆运营模式研究［J］. 山东体育学院学报，2017，33（2）：16-21.

［80］李明，刘世磊，徐凤琴. 基于PPP模式下大型体育场馆契约治理内外部机制的CFA模型构建与验证性研究［J］. 沈阳体育学院学报，2017，36（1）：13-18，24.

［81］傅钢强，杨明. 大数据时代体育场馆余裕时间动态定价研究［J］. 体育与科学，2017，38（2）：90-98，107.

［82］马勇，郑勤振，刘林，等. 基于无线传感技术的体育场馆室内空气环境监控系统设计［J］. 武汉体育学院学报，2017，51（3）：70-76.

［83］谢羽，许云鹏，黄文武. 我国体育场馆的大跨度空间结构选型探讨［J］. 首都体育学院学报，2017，29（2）：110-113.

［84］刘辛丹，庞亮，许纳，等. 西澳大型公共体育场馆群管理运营中政府职能的作用和启示［J］. 西安体育学院学报，2017，34（2）：140-146.

［85］李海影，李国. 大型体育场馆室内环境质量模糊综合评价模型［J］. 武汉体育学院学报，2017，51（2）：54-59.

［86］丁云霞，张林. 两权分离背景下公共体育场馆委托经营管理模式的应用［J］. 北京体育大学学报，2017，40（2）：24-29.

［87］刘亚娇，吴桂宁. 新形势下我国高校体育场馆建设思考［J］. 体育学刊，2017，24（1）：96-100.

［88］张琴，易剑东，董红刚. 地方政府兴建大型体育场馆的激励结构与约束机制［J］. 天津体育学院学报，2017，32（1）：26-30.

［89］舒宗礼，王华倬，夏贵霞. 新型城镇化背景下我国县域公共体育场馆配置研究［J］. 上海体育学院学报，2017，41（1）：18-24.

［90］余胜茹，谭刚. 西方大型体育场馆发展历程回顾［J］. 体育文化导刊，2016（12）：175-180.

［91］张文亮，王强，杨金田，等. 大型体育场馆与体育社会组织互助发展分析［J］. 成都体育学院学报，2016，42（6）：17-22，78.

[92] 叶晓甦，许婉熔，徐青. 基于多目标的大型体育场馆 PPP 项目的融资性研究 [J]. 成都体育学院学报，2016，42（6）：12-16.

[93] 魏琳，廉涛，何天皓，等. 上海市大型体育场馆公共体育服务质量评价：基于公益开放时段的实证分析 [J]. 武汉体育学院学报，2016，50（12）：48-54.

[94] 张冰，鞠传进，周洁璐. 我国体育场馆运营业相关政策演变及建议 [J]. 西安体育学院学报，2017，34（1）：48-54.

[95] 由文华，侯军毅，何胜. 学校体育场馆服务模式的创新研究 [J]. 西安体育学院学报，2017，34（1）：55-59.

[96] 陈元欣，杨金娥，王健. 体育场馆运营支持政策的现存问题、不利影响与应对策略 [J]. 上海体育学院学报，2016，40（6）：24-29.

[97] 李艳丽. 我国体育场馆国有资产混合所有制改革研究 [J]. 体育与科学，2016，37（6）：49-53，109.

[98] 何斌，席玉宝，王郓，等. 美国高校大型体育场馆的建设与运营 [J]. 武汉体育学院学报，2016，50（10）：58-64.

[99] 曹璐. 国外城市公共体育场馆服务大众体育发展经验及对我国的启示 [J]. 北京体育大学学报，2016，39（10）：38-45.

[100] 赵海燕，马松，曹秀玲，等. 大型体育场馆环境质量主观评价指标体系构建与实证研究 [J]. 首都体育学院学报，2016，28（5）：412-418.

[101] 何军. 高校体育场馆运营管理过程中的模式选择与优化策略 [J]. 西安电子科技大学学报（社会科学版），2016，26（5）：21-25.

[102] 肖荷，刘东锋，龙利红. 移动互联网技术在体育场馆开放中应用的市场分析 [J]. 体育文化导刊，2016（9）：110-115.

[103] 杨京钟，郑志强. 公共体育场馆体育消费财税激励的学理因由及推进策略 [J]. 武汉体育学院学报，2016，50（9）：11-16.

[104] 耿宝权. 大型体育场馆 LBPF 融资模式的风险和收益分析 [J]. 北京体育大学学报，2016，39（9）：12-16，23.

[105] 高玖灵. 大型体育场馆设施如何有效供给：评《大型体育场馆设施供给研究》[J]. 大学教育科学，2016（4）：142.

[106] 李显国. 近代我国体育场馆的建造与经营 [J]. 体育文化导刊，2016（7）：126-130.

[107] 傅钢强. 大数据时代体育场馆余裕时间的利用 [J]. 上海体育学院学报，2016，40（4）：50-53，72.

[108] 赵子建，张汪洋，巩月迎. 学校体育场馆公共服务跨界合作模式研究［J］. 体育文化导刊，2016（6）：126-131.

[109] 陈文倩. 我国大型公共体育场馆体制改革模式研究［J］. 西安体育学院学报，2016，33（3）：295-298.

[110] 舒宗礼，夏贵霞，王定明. 城镇化进程中我国县域体育场馆供给机制的创新［J］. 体育学刊，2016，23（3）：60-65.

[111] 郑美艳，王正伦. 我国公共体育场馆服务外包项目多元监管模式发展研究［J］. 中国体育科技，2016，52（2）：25-30.

[112] 舒宗礼，王华倬. 城镇化进程中我国县域公共体育场馆市场化配置风险与监控研究［J］. 首都体育学院学报，2016，28（2）：100-104.

[113] 姚小林. 2002—2022年：冬奥会举办城市体育场馆规划发展趋势［J］. 武汉体育学院学报，2016，50（3）：35-41.

[114] 陈元欣，王华燕，张强. “营改增”对体育场馆运营的影响研究［J］. 体育文化导刊，2016（2）：126-131.

[115] 郑美艳，王正伦，孙海燕. 公共体育场馆服务外包综合质量评价体系的构建［J］. 体育学刊，2016，23（1）：72-75.

[116] 王永为，张海霞. 雾霾天气下体育场馆活动对策研究［J］. 体育文化导刊，2016（1）：20-22，56.

[117] 李安娜. 我国大型公共体育场馆产权制度改革的区域差异研究［J］. 武汉体育学院学报，2016，50（1）：27-35.

[118] 谭刚，谭洁. 大型体育场馆运营取向分析［J］. 体育文化导刊，2015（12）：112-117.

[119] 孙竞波，张俊，刘书白，等. 湖北省高校体育场馆管理研究［J］. 体育文化导刊，2015（12）：122-126.

[120] 曾小松，陈小蓉，李旺，等. 深圳大学体育场馆的有效管理［J］. 体育学刊，2016，23（1）：76-79.

[121] 孙成林，陈元欣，张波. 21世纪以来欧洲国家体育场馆建设发展研究［J］. 西安体育学院学报，2016，33（1）：1-9.

[122] 罗丽娜，杨思瞳. 移动互联网时代背景下体育场馆资源的信息化分类与编码［J］. 首都体育学院学报，2015，27（6）：569-571.

[123] 陈元欣，姬庆. 大型体育场馆运营内容产业发展现状、问题及对策［J］. 首都体育学院学报，2015，27（6）：483-487，511.

[124] 刘传海，王清梅. 冰雪体育场馆设计理念思考 [J]. 体育文化导刊，2015 (11)：99-105.

[125] 郑美艳，孙海燕. 公共体育场馆服务外包承接商选择决策机制研究：一个尝试性理论建构与解释框架 [J]. 沈阳体育学院学报，2015，34 (5)：63-68.

[126] 张文亮，陈元欣. 大型体育场馆在公共体育服务体系中的职能分析 [J]. 西安体育学院学报，2015，32 (6)：668-674.

[127] 李震，郭敏，陈元欣，等. 大型体育场馆动态监测体系研究 [J]. 武汉体育学院学报，2015，49 (9)：12-19，30.

[128] 杜朝辉. 大型体育场馆运营绩效评价体系研究 [J]. 成都体育学院学报，2015，41 (5)：39-43.

[129] 伍谍. 大型体育场馆的城市文化表征：以广州天河体育中心为例 [J]. 体育文化导刊，2015 (8)：114-117.

[130] 陈日升，赵贤华，牛丽丽. 广州市集中型与分散型体育场馆的经济效益比较研究 [J]. 体育文化导刊，2015 (7)：119-123.

[131] 黄义军，任保国. 我国城市体育场馆服务全民健身存在问题及发展策略研究 [J]. 西安体育学院学报，2015，32 (5)：539-547，590.

[132] 车雯，陆亨伯，郝思增. 公共体育场馆免费开放的对策研究 [J]. 体育文化导刊，2015 (6)：23-26.

[133] 肖华，夏树花，王钦澄. 公共体育场馆民营化管理模式研究 [J]. 沈阳体育学院学报，2015，34 (3)：13-16，26.

[134] 王钊，谭建湘，王敏. 体育场馆公共服务研究 [J]. 体育文化导刊，2015 (5)：17-20.

[135] 郭雯婧. 民营资本运营公共体育场馆障碍研究 [J]. 体育文化导刊，2015 (5)：21-24.

[136] 吴香芝，王明伟，陈元欣. 我国公共体育场馆健身休闲经营的困境与出路 [J]. 体育文化导刊，2015 (5)：127-130.

[137] 南音. 我国公共体育场馆资源配置探析 [J]. 体育文化导刊，2015 (5)：139-142.

[138] 郑美艳，孙海燕. 公共体育场馆服务外包运营的困境与治理路径 [J]. 体育文化导刊，2015 (5)：143-146.

[139] 曾建明，王健，蔡啸镐. 1960—1997 年美国四大体育联盟场馆的区域分布特征及其成因：兼论对我国体育场馆优化布局的启示 [J]. 武汉体育学院学报，2015，

49（2）：22-27.

[140] 张文亮，陈元欣. 市场竞争不足对我国大型体育场馆运营的影响分析 [J]. 沈阳体育学院学报，2015，34（1）：28-33，39.

[141] 王会宗，李佳薇. 基于经济学原理的高校体育场馆合理定价研究 [J]. 西安财经学院学报，2015，28（1）：50-55.

[142] 孔庆波，熊禄全. 体育场馆运营回头经济的形成与实现路径 [J]. 体育学刊，2015，22（1）：33-40.

[143] 孔庆波，熊禄全. 城市社区与学校体育场馆资源的共生发展研究 [J]. 首都体育学院学报，2015，27（1）：38-42.

[144] 王龙飞，王朋. 税收政策在美国职业体育场馆建设中的作用及其启示 [J]. 西安体育学院学报，2015，32（1）：33-39.